보석 같은 잠언 이야기
어떻게 살 것인가?

How do we have to live?

보석 같은 잠언 이야기 **어떻게 살 것인가?**
How do we have to live?

1판 1쇄 발행 2024년 9월 20일
1판 1쇄 인쇄 2024년 9월 20일

지은이	이수근
펴낸이	정신일
편집	홍소희
교정	김윤수
펴낸곳	크리스천리더
일부총판	생명의 말씀사 (02) 3159-7979
등록	제 2-2727호(1999. 9.30)
주소	부천시 중동로 100 팰리스카운티 아이파크 상가 301호
전화	032) 342-1979
팩스	032) 343-3567
출간상담	E-mail:chmbit@hanmail.net
홈페이지	www.cjesus.co.kr
유튜브	크리스천리더TV

ISBN : 978-89-6594-372-3(03230)

정가 : 13,000원

- 이 출판물은 저작권 법에 의해 보호받는 창작물이므로,
  무단 복제와 무단전재를 할 수 없습니다.

- 잘못된 책은 구입하신 곳에서 바꿔드립니다.

다윗의 아들 이스라엘 왕 솔로몬의 잠언이라
이는 지혜와 훈계를 알게 하며 명철의 말씀을 깨닫게 하며
지혜롭게, 공의롭게, 정의롭게, 정직하게 행할 일에 대하여 훈계를 받게 하며,
어리석은 자를 슬기롭게 하며 젊은 자에게 지식과 근신함을 주기 위한 것이니
지혜 있는 자는 듣고 학식이 더할 것이요 명철한 자는 지략을 얻을 것이라
잠언과 비유와 지혜 있는 자의 말과 그 오묘한 말을 깨달으리라
여호와를 경외하는 것이 지식의 근본이거늘
미련한 자는 지혜와 훈계를 멸시하느니라
(잠 1:1-7)

The proverbs of Solomon son of David, king of Israel:
for attaining wisdom and discipline; for understanding words of insight;
for acquiring a disciplined and prudent life, doing what is right and just and fair;
for giving prudence to the simple, knowledge and discretion to the young
- let the wise listen and add to their learning, and let the discerning get guidance -
for understanding proverbs and parables, the sayings and riddles of the wise.
The fear of the LORD is the beginning of knowledge,
but fools despise wisdom and discipline.
(Proverbs 1:1-7, NIV)

머 리 말

세상 사는 방법을 알려주는 책은 수없이 많습니다. 그런 처세술 책이나 자기 계발서는 인기도 높아서 서점의 베스트셀러 코너에 항상 빠지지 않습니다. 그런데 문제는 많은 성도들이 인생의 참 지혜가 성경에 있다는 걸 알면서도 막상 지혜가 필요할 때 성경의 잠언보다는 그런 세상 저자들의 책에 손이 먼저 가는 것 같다는 사실입니다. 그리고 사실 성경을 꾸준히 읽는 사람들도 잠언만 집중해서 묵상할 시간이 그리 많지는 않습니다.

그래서 세상 사는 지혜 얻기를 원하는 모든 성도들과 그리고 아직 교회는 다니지 않더라도 성경이 들려주는 지혜를 알고 싶어 하는 모든 분에게 이 책을 드립니다. 주로 제가 2020년 가을철에 "보석 같은 잠언"이라는 제목의 시리즈로 설교했던 내용을 중심으로 구성했습니다. 이들은 "나를 위한 잠언"과 "관계를 위한 잠언" 각 일곱 편으로 이루어져 있습니다. 사실 모든 잠언이 나를 위하면서 또 관계를 위한 잠언입니다. 그래도 이렇게 나누니 좀 더 이해가 쉬워진 것 같습니다. 주로 잠언을 중심으로 했으며 전도서와 같은 다른 성경 본문들도 자주 인용되었고, 신학적인 내용보다는 우리 삶과 관련된 이야기를 중심으로 다루었습니다. 순서대로 읽으셔도 되고 필요한 부분부터 읽으셔도 아무 상관 없습니다.

아무리 시대가 변했어도 성경은 변하지 않고 항상 그 자리에 있었습니다. 잊고 살던 우리만 바보였습니다. 이 책을 읽는 모든 분들이 보석 같은 인생의 지혜를 꼭 발견하게 되시기를 주님의 이름으로 기도드립니다. 그리고 이 책을 통해 오직 한 분 주님만 영광 받으시기를 기도드립니다. 아멘.

이수근 목사

추천의 글

잠언은 이 땅에 사는 자들을 위한 하늘의 지혜로 가득 찬 책입니다. 지식과 지혜는 다른 것입니다. 지혜는 지식을 우리의 삶에 적용하는 하나님이 주신 능력입니다. 잠언서 안에는 수천 년 전의 이스라엘 백성들에게나 21세기 현대인들에게나 공통적으로 적용될 수 있는 보석 같은 귀한 진리들이 풍성하게 숨겨져 있습니다.

이번에 이수근 목사님이 그 귀한 진리들을 알기 쉽고 은혜롭게 정리하고 요약해서 이런 귀한 책을 저술하게 된 것을 하나님께 감사드립니다. 이 목사님은 병원 환자들에게도 그리스도의 사랑으로 최선을 다하시지만 이렇게 하나님의 말씀을 증거하는 일에도 누구보다 열심을 다해 힘쓰고 있습니다. 같은 침례교 목회자로서 선버로서 그리고 이 복잡다단한 세상을 "어떻게 살 것인가"를 항상 고민하며 살아가는 한 사람의 그리스도인으로서 이 귀한 설교집의 탄생을 진심으로 축하드립니다. 특히 복잡한 신학 이야기보다 일상생활에서 흔히 경험할 수 있는 내용들이 많이 나오기 때문에 이해하기에 쉽고 적용하기에 큰 도움이 되는 실제적인 책입니다.

모쪼록 이 책을 읽으시는 모든 독자들이 우리를 위해 독생자를 주신 사랑의 하나님께서 우리에게 세상 살아가는 지혜들을 얼다나 섬세하게 주셨는지 잘 발견하게 되시기를 주님의 이름으로 축원합니다

한국침례신학대학교 총장 피영민 목사

[순 서]

머리말

추천의 글

1. 나를 위한 잠언

1. 게으른 자의 변명(잠 26:13-16)_Excuses of the sluggard • *10*

2. 욕심의 끝은 어디인가(잠 30:7-9)_The end of greed • *27*

3. 마음을 지키라(잠 4:23)_Guard your heart! • *45*

4. 돈, 축복인가 저주인가(잠 22:1-2,4)_Money: Blessing or Curse? • *62*

5. 끝이 안 좋은 교만(잠 18:12)_Pride that ends badly • *79*

6. 자기 일에 능숙한 사람(잠 22:29)_A man skilled in his work • *98*

7. 여호와가 인도하시다(잠 3:5-6)_God leads us • *115*

2. 관계를 위한 잠언

8. 혀의 힘(잠 18:21) Power of the tongue · *136*

9. 부모에 대한 잠언(잠 17:6) Proverbs talking about parents · *153*

10. 누가 나의 친구인가(잠 27:10) Who is my friend? · *170*

11. 속이지 않기(잠 11:1) Not to be dishonest · *187*

12. 화가 날 때(잠 16:32) When you feel angry · *205*

13. 곤고한 자를 위한 손(잠 31:20) Hands for the poor · *224*

14. 여호와를 경외하라(잠 1:7, 9:10) Fear the Lord! · *241*

Chapter 1

나를 위한 잠언

1. 게으른 자의 변명 _ Excuses of the sluggard

‖ 잠언 26:13-16 ‖

게으른 자는 길에 사자가 있다 거리에 사자가 있다 하느니라 문짝이 돌쩌귀를 따라서 도는 것 같이 게으른 자는 침상에서 도느니라 게으른 자는 그 손을 그릇에 넣고도 입으로 올리기를 괴로워하느니라 게으른 자는 사리에 맞게 대답하는 사람 일곱보다 자기를 지혜롭게 여기느니라

"개미와 베짱이"의 원래 버전 vs 순화 버전

우리가 어릴 때부터 귀에 못이 박히도록 들어오던 동화가 있습니다. 학교에서도 듣고 집에서도 듣고 다들 그 동화책이 집에 한두 권씩은 다 있었습니다. 그게 뭘까요? 바로 "개미와 베짱이" 이야기입니다. 게으르게 살다가는 폭삭 망한다는 이야기입니다. 이거 모르면 간첩이 아니라 외계인이죠.

개미들은 1년 내내, 정말 한여름 철에도 땀 뻘뻘 흘리면서 열심히 일했습니다. 그래서 양식을 충분히 저축했고 겨울에는 저축한 양식을 꺼내 먹으며 여유롭게 지냈습니다. 그런데 베짱이는 1년 내내 노래만 부르면서 빈둥거렸고 결국 겨울이 와서 먹을 게 없어지니까 개미들을 찾아갑니다. 하지만 베짱이는 야박하게 쫓겨나고 나중에 그 베짱이를 다시 본 개미가 없었다는 말로 이야기는 끝이 납니다. 이솝우화의 원래 버전은 정말 이렇게 끝납니다.

그런데 결론이 좀 잔인합니다. 아무리 여름철에 빈둥대는 꼴이 보기 안 좋았어도, 그래도 먹을 게 없다고 찾아온 이웃을 그냥 쫓아내는 건 굉장히 잔인한 겁니다. 원작에 보면 개미들이 베짱이를 쫓아내면서 이런 말까

지 합니다. "여름에는 노래를 부르며 살았으니 겨울에는 춤이나 추고 살아라." 잘못은 했지만 그래도 이렇게까지 비꼬면서 쫓아내는 건 전혀 교육적이지 않습니다.

그래서 오늘날 애들이 읽는 동화책에는 결론이 굉장히 순화되어 있습니다. 제가 여러 동화책을 확인해 봤는데, 다들 하나같이 베짱이가 개미를 찾아가자 개미들이 베짱이를 따뜻한 난로 앞에 앉히고 맛있는 음식을 대접했다고 나옵니다. 이런 순화 버전은 전 세계가 공통입니다. 그리고 그 책들은 다들 이런 멘트로 끝났습니다. "베짱이는 결심했다. 앞으로는 열심히 일한 다음에 놀아야지."

이건 정말 교육적인 결론이 아닐 수 없습니다. 원본은 잔혹한 스릴러에 가까운데 동화는 참 훈훈합니다. 디즈니에서 만든 애니메이션을 보니까 거기는 여왕개미까지 등장해서 이런 말을 합니다. "우리를 위해 연주하고 노래하면서 이 겨울철을 함께 보내자." 정말 동화스럽지 않습니까?

그런데 원본이건 그걸 각색한 동화이건 간에 우리에게 공통적으로 주는 강렬한 교훈이 있습니다. 그건 바로, 게으르게 살면 반드시 그 값을 치를 때가 온다는 것입니다. 상황이 좋을 때는 잘 모릅니다. 하지만 상황이 갑자기 나빠지면 게으른 자는 심지어 생명의 위기까지 갈 수 있습니다.

저는 게으른 사람을 좋아하는 사람을 만나본 적이 없습니다. 하나님은 어떠실까요? 성경이 부지런하게 살았던 사람들 이야기로 가득하고 특히 구약 잠언에 게으른 자에 대한 경고가 많은 것만 보아도 우리 하나님이 누구보다 게으른 자를 싫어하신다는 사실은 분명합니다. 그런데도 사람들은 점점 게을러지기 일쑤입니다. 왜일까요?

이런 말이 있습니다. "부지런한 사람은 방법을 찾고, 게으른 사람은 핑계를 찾는다." 그렇습니다. 핑계 없는 게으른 사람은 찾기 힘듭니다. 다들 게으른 이유가 있습니다. 그래서 오늘은 잠언에 나오는 "게으른 자의 변명" 이야기를 해보려고 합니다.

특별히 우리는 코로나 때문에 "사회적 거리 두기"라는 명목으로 인터넷으로만 예배드려야 했던 긴 시간을 보낸 경험이 있습니다. 게으르게 살기 딱 좋은 때였습니다. 주일날 교회 안 간다고 아무도 잔소리하지 않는 세상이 올 줄 누가 알았겠습니까? 하지만 코로나를 틈타서 사탄 마귀가 역사했습니다. 그래서 코로나가 끝나고 이제 시간이 꽤 지났지만 아직도 온라인 예배만 드리는 분들이 계십니다. 물론 건강상의 이유 때문에 그런 분들도 계실 겁니다. 하지만 온 성도가 함께 모여 한마음과 한목소리로 찬양드리고 예배드리던 그 감격이 점점 기억에서 사라지고 있다면, 지금 영적 게으름의 지름길에 서 계신 겁니다.

그리고 만약 오늘 잠언 26장에 나오는 네 가지 핑계들이 여러분의 핑계와 비슷하다면 오늘 이 글은 바로 여러분을 위한 글입니다. 그동안 신앙이 나태해지셨던 분들은 자신을 꼭 돌아보시기를 바랍니다.

1. "길에 사자가 있다!"

"게으른 자는 길에 사자가 있다 거리에 사자가 있다 하느니라" (잠26:13)

게으른 자의 첫 번째 변명은, "길에 사자가 있다"는 겁니다. 사자가 어디에 있다고요? 길에요. 그런데 사실 길에는 사자가 없습니다. 사자는 그의 생각 속에만 있습니다. 그는 일어나지도 않은 일들을 상상만 하고 두려워하면서 움직이지를 않습니다. 구더기가 무서워 장을 못 담그는 사람입니다. 잘못될 생각에 새로운 시도는 꿈도 못 꾸는 사람입니다. 여름엔 화상 입을까 봐 밖에 안 나가고, 겨울엔 감기 걸릴까 봐 밖에 안 나가는 사람입니다.

그런데 흥미롭게도 여기 사자라는 단어가 두 번 나오는데 그 두 단어의 히브리어 원문이 조금 다릅니다. 앞의 사자는 "샤할"이고, 뒤의 사자는 "아리"입니다. 샤할은 그냥 사자라는 뜻이고, 아리는 사나운 사자, 포악한 사자 그런 뜻입니다. 그러니까 13절을 아주 쉽게 풀어쓰면 이렇게 될 겁니다. "지금 바깥에 사자가 돌아다녀. 그것도 아주 사나운 사자가 말이야. 그런데도 나보고 나가라고?" 정말 끝내주는 핑계입니다. 그런데 이런 "상상 속의 사자"는 당장 게으름뱅이를 만드는 것만 문제가 아닙니다. 나중에 크게 후회할 일을 만든다는 게 더 큰 문제입니다.

하루는 제 병원에 한참 인기 드라마에 나오던 어떤 젊은 여자 탤런트가 환자로 오셨습니다. 사각턱이 너무 크면 거기에 보톡스를 맞아서 치료하는 시술이 있는데, 그걸 받으러 오신 거였습니다. 그런데 턱을 만져보니까 굉장히 이상했습니다. 왜냐하면, 한쪽 턱 근육은 미스터 코리아 수준으로 아주 큰데 다른 쪽은 근육이 거의 없었기 때문입니다. 이렇게 심한 비대칭은 처음 봤습니다.

그래서 하도 이상해서 어떻게 된 거냐고 물었더니, 자기가 중학생 때 어금니가 아파서 치과에 갔던 얘기를 했습니다. 그런데 치과 선생님이 거기에 충치가 생겼고 오늘은 아말감으로 때우기만 하지만 좀 더 심해지면 발치를 해야 할 거라는 말을 했다는 거였습니다. 그래서 이분이 이빨 빼게 될 것이 두려워서, 치과에 안 가려고 그날부터 지금까지 계속 반대쪽 어금니로만 음식을 씹으셨다는 겁니다. 무려 15년간 말입니다. 그래서 한쪽은 턱이 거의 없고 다른 한쪽은 턱이 기형적으로 커졌습니다. 이렇게 모양이 비뚫어진 것 때문에 촬영할 때마다 항상 스트레스가 심했고, 그래서 이젠 도저히 더 이상 숨길 수 없어서 병원에 왔다고 했습니다.

저는 그 환자를 보며 두 가지를 느꼈습니다. 하나는 나쁜 습관이 생기면 처음엔 잘 모르지만 시간이 오래 흐른 뒤 결국은 기형스러운 결과를 가져오는구나 하는 것이었고, 또 하나는 일어나지도 않은 일에 대한 괜한 두려움과 쓸데없는 상상이 한 사람의 삶을 이렇게 힘들게 만드는구나 하는 거였습니다. 그냥 양치질 잘하고 치아 관리 잘하면 별 문제 없었을 텐데 말입니다. 하지만 상상 속의 사자가 젊은 탤런트의 발목을 잡았습니다.

이 글을 읽는 여러분도 혹시 "상상 속의 사자"를 키우고 있지는 않나요? 아직 일어나지도 않은 일 때문에, 아니 일어난다 하더라도 얼마든지 기도하며 승리할 수 있는 일 때문에 그게 겁나고 두려워서, 미리 주눅 들어서 집 밖으로 못 나가게 만들고 여러분을 게으름뱅이로 만드는 상상 속 사자는 무엇입니까? 정말 그게 상상이 아니라 실제 존재하는 사자라고 생각하시는 건가요?

예를 들어 주일날 회사 사람들과 골프 치러 안 가면 "회사에서 잘린다"라는 사자를 키우면서 교회를 빠지는 분들이 계십니다. 정말 잘릴까요? 잘린다면 그게 골프를 안 가서일까요, 아니면 일을 잘 못해서일까요? 본인은 알 겁니다. 차라리 성수주일 잘하시고 평소에 누구보다 열심히 회사일 하시는 게 낫지 않을까요?

또 그러잖아도 여기저기 돈 꾸러 다니느라 정신이 없는데, 없는 살림에 헌금 내고 십일조 내고 그러다가는 "쫄딱 망해서 길거리에 나 앉는다"라는 사자를 키우는 분도 계십니다. 영혼은 거듭났을지 몰라도, 돈지갑은 아직 거듭나지 못한 분들입니다. 정말 그렇게 힘없는 하나님을 믿고 계신 건가요?

다들 머릿속에 능력의 하나님은 안 보이고 가짜 사자들만 잔뜩 돌아다니고 있습니다. 그런데 그렇게 나태하게 사는 게 처음에는 신앙의 양심에 걸리지만, 신기하게도 곧 편해집니다. 자연에 엔트로피 증가의 법칙이 있듯이 우리 삶엔 게으름 증가의 법칙이 있습니다. 점점 사자와 공생관계가 되고 게으름은 일상이 됩니다.

주 안에서 사랑하는 여러분. 계속 그게 좋으면 계속 사자들과 함께 사세요. 그런데 상상 속의 사자들이 여러분을 나태하고 비겁하게 만들다가 어느 날 그 값을 톡톡히 치르게 할 날이 반드시 올 거라는 사실은 미리 말씀드립니다. 그러니 상상 속의 사자를 굶겨 죽이고, 단호히 그 자리에서 일어나고, 단호히 문을 박차고 나가고, 단호히 주님을 위해서 그리고 여러분의 진짜 인생을 위해서 위대한 시도들을 이제는 기어코 시작해 봐야 하지 않겠습니까? 여러분 상상 속의 사자는 무엇입니까?

2. "난 침대가 좋아!"

"문짝이 돌쩌귀를 따라서 도는 것 같이 게으른 자는 침상에서 도느니라" (잠 26:14)

게으른 자의 두 번째 변명은, "난 침대가 좋아!"입니다. 사람은 서면 앉고 싶고 앉으면 눕고 싶습니다. 그리고 침대가 편하면 하루 종일이라도 침대에서 나오기 싫어집니다. 여기 보니까 문짝이 돌쩌귀를 따라서 돈다고 했습니다. 돌쩌귀는 경첩이라고도 하고 힌지라고도 합니다. 꼭 문짝이 돌쩌귀를 따라서 열렸다 닫혔다 하는 것처럼, 게으른 자도 침대 위에서 이리 뒹굴 저리 뒹굴 하고 있다는 말씀입니다. 하나님의 유머 감각은 정말 대단하십니다.

그런데 그렇게 한참 움직이고 나면 어디에 있게 될까요? 이 사람의 문제점이 바로 그겁니다. 바로 제자리라는 겁니다. 아무리 이리 구르고 저리 굴러도 항상 제자리입니다. 문짝이 아무리 열고 닫혀도 항상 제자리인 것처럼 말입니다. 여러분의 삶이 왜 항상 제자리인지 궁금하셨나요? 이제 많은 분에게 해당하는 정답이 나왔습니다. 게을러서 그렇습니다. 아주 간단합니다. 게을러서 그렇습니다. 그냥 현실이 편한 겁니다. 뒹굴뒹굴하고 사는 게 좋은 겁니다. 그저 "주여, 우리가 여기 이대로 있는 것이 좋사오니 나 좀 뒹굴뒹굴하며 살게 놓아두세요" 그러고 있는 겁니다.

편하게 사는 것 자체가 나쁜 건 절대 아닙니다. 하지만 문짝이 돌쩌귀를 따라 도는 인생은 살지 마세요. 이런 사람은 침대 위에서 몸 한 번 뒤집으면 굉장히 큰일이라도 한 줄 압니다. 그냥 제 자리인데 말입니다. 베짱이가 맨날 "노는 게 제일 좋아" 하고 노래하는 거 너무 부러워하지 마세요. 그렇게 살다가는 반드시 비싼 값을 치를 때가 옵니다. 그리고 놀랍게도 성경에 "개미와 베짱이" 이야기가 나옵니다. 이 우화의 원조가 바로 하나님이시라는 사실은 정말 소름이 돋을 정도로 놀랍습니다. 바로 이 말씀입니다.

"게으른 자여 개미에게 가서 그가 하는 것을 보고 지혜를 얻으라 개미는 두령도 없고 감독자도 없고 통치자도 없으되 먹을 것을 여름 동안에 예비하며 추수 때에 양식을 모으느니라 게으른 자여 네가 어느 때까지 누워 있겠느냐 네가 어느 때에 잠이 깨어 일어나겠느냐 좀더 자자, 좀더 졸자, 손을 모으고 좀더 누워 있자 하면 네 빈궁이 강도 같이 오며 네 곤핍이 군사 같이 이르리라"
(잠 6:6-11)

베짱이가 어디 나오냐고요? 여기 "게으른 자" 대신에 베짱이를 넣고 읽으면 그 이야기와 똑같습니다. 게으른 자에게, 베짱이에게 하나님이 명령하십니다. "개미에게 가서 그 하는 걸 보고 지혜를 얻어라!" 개미들은 두령도 없고 감독자도 없고 통치자도 없지만, 먹을 걸 미리 예비해 놓는 지혜가 있으니 그걸 배우라는 겁니다.

혹시 이 글을 읽는 분 중에 자기가 할 수 있는 게 자는 거하고 조는 거하고 먹는 거밖에 없는 것 같은 분이 계신가요? 현대판 베짱이가 자기인 것 같으신가요? 하나님이 명령하십니다.

"개미에게 가서 배워라!"

추운 겨울철이 되어서야 내가 여름철에 너무 놀았다는 것을 깨닫는 분이 있습니다. 그렇게 되지 마세요. 여러분 주위의 개미들을 눈여겨보세요. 특히 교회에서 정말 부지런히 사는 분들에게 가서 배우세요. 흉내만 내도 여러분에게 변화가 생기기 시작할 겁니다.

집에서 온라인 예배드리는 분들은 특히 굉장히 노력해야 합니다. 혹시라도 잠옷 차림으로 눈곱도 안 떼고 예배드려본 적 있으신가요? 혹시 중환자처럼 침대에 완전히 기절하고 누워서 이리 뒹굴 저리 뒹굴 하면서 예배드려본 적 있으신가요? 아마 집에 친구가 와도 그렇게는 안 할 겁니다. 어떻게 감히 거룩하신 하나님 앞에서 그렇게 게으르게 살 수 있는 것입니까?

정말 주일 아침에 온라인으로밖에는 예배를 드릴 수 없는 상황이 되신다면, 평소보다 일찍 일어나서 무슨 귀한 손님 오실 것처럼 집안 정리 잘 마쳐놓고 준비하세요. 깨끗하게 씻고 깨끗한 옷 차려입고, 너무 편하면 졸게 되니까 편안한 소파보다는 일부러 딱딱한 의자나 방바닥에 앉으세요. 병원에 중병으로 입원하신 것이 아니라면 벌떡 일어나 자세를 고쳐 앉으시기 바랍니다. 핸드폰은 진동으로 해서 방에 넣어놓고 문을 닫으세요.

그렇게 부지런히 준비하는 개미들에게 예배의 은혜가 임합니다. 게으른 베짱이처럼 예배드릴 생각은 꿈도 꾸지 마세요. 교회 예배실이 빨래와 쓰레기로 너저분하다면 거기서 예배드릴 기분이 나겠습니까? 그런데 왜 집이나 사무실에서 드리는 온라인 예배는 대충 드려도 된다고 생각하는 사람들이 있을까요? 예배를 부지런히 준비하세요. 다시 말씀드리지만 게으르면 끝이 안 좋습니다.

"내가 게으른 자의 밭과 지혜 없는 자의 포도원을 지나며 본즉 가시덤불이 그 전부에 퍼졌으며 그 지면이 거친 풀로 덮였고 돌담이 무너져있기로 내가 보고 생각이 깊었고 내가 보고 훈계를 받았노라 네가 좀더 자자, 좀더 졸자, 손을 모으고 좀더 누워 있자 하니 네 빈궁이 강도 같이 오며 네 곤핍이 군사 같이 이르리라" (잠 24:30-34)

게으른 자의 밭과 포도원을 보니, 거기엔 가시덤불만 가득 차고 거친 풀이 온 지면에 덮였다고 했습니다. 돌담도 무너져서 이게 포도원인지 들판인지 도저히 구분이 안 되게 되었다고 했습니다. 이게 반면교사 아닙니까? 이래도 아직도 "난 침대가 좋아" 하면서 뒹굴뒹굴하시겠습니까? 그렇게 사는 사람에겐 세상 생활이나 신앙생활 모두 베짱이 같은 결말이 임할 것입니다.

3. "난 배고프지 않아!"

"게으른 자는 그 손을 그릇에 넣고도 입으로 올리기를 괴로워하느니라" (잠 26:15)

게으른 자의 세 번째 변명은, "난 배고프지 않아!"입니다. 다행히도 누가

이 게으른 베짱이에게 밥상은 차려준 것 같은데, 그는 그 밥을 자기 손으로 떠서 입까지 가져가는 것을 아주 괴로워하는 사람입니다. 왜일까요? 아마 누가 물어봤다면 그는 이런 대답을 했을 겁니다. "전 사실 별로 배고프지 않아요... 배고프지 않아서 그래서 이걸 안 하고 있을 뿐이라고요." 동기가 부족한 겁니다. 그리고 동기가 없는 것을 아주 지능적으로 합리화시키고 있습니다.

우리 주위에도 이렇게 동기가 부족한 사람들이 적지 않습니다. 열심히 공부하라고 등 떠민다고 애들이 공부하던가요? 허구한 날 집에서 놀지만 말고 나가서 알바라도 하라고 등 떠밀면 다들 나가서 열심히 일하던가요? 동기가 없는 사람들에겐 다 소용없는 짓입니다. 물 마실 동기가 없는 사람에겐 그를 어렵사리 굴가로 끌고 가는 것이 아무 소용이 없는 것입니다.

많은 스포츠 스타들에게 처음에 어떻게 운동을 시작하게 되었느냐고 물어보면 세계 공통으로 대개 이런 말을 합니다. 어릴 대 너무 먹고살기 힘들어서 죽어라고 운등만 했다는 겁니다. 특히 70~80년대에는 그런 선수들이 참 많았습니다. 그래서 서양 선수들보다 체구도 작고 체력도 떨어지는 우리나라 선수들이 뜻밖에 금메달을 따고 금의환향하는 경우를 우린 많이 보았습니다.

그런데 이제는 노년이 된 그 선수들이, 지금의 젊은 선수들은 체구나 체력이 외국 선수들만큼 굉장히 좋아졌지만 그들의 정신력은 이전만 못하다는 말을 하는 걸 들었습니다. 이젠 다들 어느 정도 먹고 살 만해졌다는 뜻입니다. 이젠 굶어 죽지 않으려고 운동하는 사람이 별로 없다는 뜻입니다. 다른 말로 하면, 동기가 약해졌다는 겁니다.

> "게으른 자는 그 잡을 것도 사냥하지 아니하나니 사람의 부귀는 부지런한 것이니라" (잠 12:27)

게으른 자에게 왜 사냥하러 안 가냐고 화낼 것도 없습니다. 배가 안 고픈 겁니다. 아니면 "난 지금 배고픈 게 아니야"라고 스스로 합리화시키고 있는 중일 지도 모릅니다. 어쨌든 동기가 없는데 어떻게 부지런해지겠습니까? 이런 유형의 베짱이들에겐 매가 아니라 동기 회복이 필요합니다.

그렇다면 우리 삶의 동기는 무엇이어야 할까요? 우리가 열심을 갖고 살아야 할 이유는 도대체 무엇일까요? 그 이유가 열 개도 넘겠지만 가장 중요한 이유가 다음 말씀에 나옵니다.

> "이는 한 아기가 우리에게 났고 한 아들을 우리에게 주신 바 되었는데 그의 어깨에는 정사를 메었고 그의 이름은 기묘자라, 모사라, 전능하신 하나님이라, 영존하시는 아버지라, 평강의 왕이라 할 것임이라 그 정사와 평강의 더함이 무궁하며 또 다윗의 왕좌와 그의 나라에 군림하여 그 나라를 굳게 세우고 지금 이후로 영원히 정의와 공의로 그것을 보존하실 것이라 만군의 여호와의 열심이 이를 이루시리라" (사 9:6,7)

하나님은 인류 구원을 위해 기묘자(Wonderful)와 모사(Counselor) 되신 한 아기를 반드시 주신다고 약속하셨고, 이 약속은 그 후 700년 지나서 드디어 성취되었습니다. 그런데 이 엄청난 약속이 반드시 이루어진 이유가 있습니다. "만군의 여호와의 열심이 이를 이루실거다"라고 하신 겁니다. 그렇습니다. 우리 하나님의 열심이 이 모든 일을 이루셨습니다.

그러니 우리가 부지런히 살아야 할 이유를 다른 데서 찾을 이유가 없습니다. 우리 아버지께서 이렇게 열심히 사시는데 우리도 열심히 살아야 하지 않겠습니까? 우리 예수님도 얼마나 열심히 사셨나 모릅니다. 그래서 왜 안식일에 병을 고치냐고, 왜 일을 하냐고 따져 묻는 유대인들에게 주님은 이렇게 대답하셨습니다.

"예수께서 그들에게 이르시되 내 아버지께서 이제까지 일하시니 나도 일한다 하시매" (요 5:17)

주님의 대답은 이겁니다. 내 아버지께서 일하시는데 나도 일해야 하지 않겠느냐. 내 아버지께서 열심히 사시는데 나도 열심히 살아야 하지 않겠느냐. 내 아버지께서 부지런하신데 나도 부지런해야 하지 않겠느냐.

이것이 우리 주님만의 대답이 아니고, 그리고 주님을 본받아 위대한 인생을 살던 우리 믿음의 조상들만의 대답이 아니고, 지금 간절한 심령으로 이 말씀을 읽으신 여러분 모두의 대답이 되시기를 진심으로 기원합니다. 우리가 열심히 살아야 하는 이유는 우리 아버지 하나님과 우리 주님이 열심히 사시기 때문인 것을 절대로 잊지 마시기 바랍니다.

4. "난 똑똑한 사람이야!"

"게으른 자는 사리에 맞게 대답하는 사람 일곱보다 자기를 지혜롭게 여기느니라" (잠 26:16)

이제 게으른 자의 네 번째 변명을 들어볼 차례입니다. 그 변명은 바로 "난 똑똑한 사람이야!"라는 겁니다. 이게 압권입니다. 물론 게으른 사람 중에 정말 천재적인 사람들도 있습니다. 그런데 문제는, 간혹 그런 사람들이 있기는 하지만 대부분의 게으른 사람들은 교만한 헛똑똑이라는 데 있습니다. 그 사람이 똑똑한 사람이 아니라는 걸 자기만 모릅니다. 옆 사람들은 다 아는데.

사람이 교만한데 부지런하면, 옆 사람들이 피곤하기는 해도 그래도 일은 잘 풀립니다. 그런데 사람이 교만한데 게으르면, 옆 사람들은 피곤하기만 합니다. 왜냐하면 두 명이 할 일을 자기 혼자 다 해야 하니까요. 그리고 잔소리는 또 무지 많습니다. 이런 사람은 몸은 굼벵이인데 머리는 독수리입니다. 생각은 베짱이면서 입술만 개미입니다. 그리고 항상 다른 사람들 위에 있습니다. 회사 같으면 다들 우리 팀에서 좀 빠졌으면 하는 사람이고, 교회 같으면 다들 우리 구역 폭탄이라고 생각하는 사람입니다.

사람이 게으르고 교만하면, 에너지를 소비할 데가 없으니까 다른 사람들 지적하고 비난하는데 온 에너지를 다 씁니다. 설사 말은 별로 험하게 안 하더라도, 그 속에 들어가 보면 자기보다 부지런한 사람들에 대한 비판으로 마음속 칠판이 가득 차 있습니다. 그러면서 "내가 이래 봬도 얼마나 똑똑한데.." 혼자 그러고 있습니다.

물론 정말 똑똑한 사람은 쉴 새 없이 뛰어다니기만 하지 않습니다. 적절한 여유를 즐길 줄도 압니다. 하지만 저는 지금 24시간 쉬지 말고 정신없이 일만 하라고 말씀드리는 게 아닙니다. 뛰어야 할 때 뛰지 않으면서 다른 뛰는 사람들을 지적하기만 좋아하는 교만한 베짱이들에 대해 말씀드리고 있는 것입니다.

게으른 자의 변명 네 가지

자, 어떠셨나요? 게으른 자의 변명들을 네 개 말씀드렸는데 혹시 자기에게 해당하는 게 있으신가요? 변명들을 다시 한번 요약해 드리겠습니다.

첫째, "길에 사자가 있다." 어떤 사람들은 아직 발생하지도 않은 실패 때문에, 실체가 있지도 않은 두려움 때문에, 그게 두려워서 아무것도 시도하지 못하고 게으르게 살아갑니다. 여러분의 상상 속의 사자는 무엇입니까? 그런 종이호랑이 같은 사자는 다 쫓아내시기 바랍니다. 실패에 대한 두려움은 진짜 두려움이 아닙니다. 아무것도 안 해서 실패하는 것이 진짜 두려운 겁니다.

특히 상상 속의 사자 때문에 열심히 신앙생활 못한 분이 계셨다면 이걸 꼭 명심하세요. "그러다가 진짜 사자를 만나게 될 겁니다!" 그러기 전에 문 열고 나가서 주안에서 새로운 시도를 꼭 해보시기를 바랍니다. 오늘 당장 말입니다.

둘째, "난 침대가 좋아." 침대 위에서 이리저리 뒹구는 것도 하루 이틀이지 그거 인생에 전혀 도움이 안 됩니다. 명심하세요. 편한 것만 찾으면 세상에서도 실패하고 신앙생활도 실패합니다. 제가 여러 사람한테 물어봤습니다. 가장 게으를 때가 언제냐 하고 말이죠. 나이 드신 분들은 TV 리모컨을 손에 잡으면 한두 시간은 껌값이랍니다. 좀 더 젊은 사람들은 스마트폰만 붙잡으면 그게 마약이고요. 이게 그 사람들의 침대입니다. 옛날 어른들은 TV가 바보상자라고 했는데 이제는 바보상자 사이즈가 아주 작아졌습니다.

여러분의 침대는 무엇입니까? 이제 침대를 탈출하고 소파를 탈출하고 바보상자를 탈출하셔야 하지 않겠습니까? 세상 사람들은 서면 앉고 싶고 앉으면 눕고 싶다지만, 우리 천국 백성들은 누우면 앉고 싶고 앉으면 서고 싶은 사람들 아닙니까?

셋째, "난 배고프지 않아." 동기가 없으면, 우리는 공부도 일도 신앙생활도 아무것도 제대로 할 수 없는 게으름뱅이가 됩니다. 그러니 기회가 왔을 때 "난 사실 배고프지는 않아, 난 사실 아직 준비가 안 되었어, 난 사실 저런 거는 안 하는 스타일이거든." 이렇게 합리화하면서 뒤로 숨지 마세요. 그냥 솔직히 인정하세요. 그거 왜 해야 하는지 모르겠다고.

이제 그거 왜 해야 하는지 알려드리겠습니다. 우리 삶의 진짜 이유와 동기는 우리 아버지 하나님께 있습니다. 우리 아버지께서 부지런하시고, 열정적이시고, 땀을 소중히 여기시는 분이므로, 우리도 부지런히, 열정적으로, 땀 흘리면서 살아야 하는 것입니다. 이 동기가 회복되지 않는다면, 차려준 밥상 앞에서 숟가락 들었다 놨다 하는 바보 같은 인생이 계속 반복될 겁니다.

넷째, "난 똑똑한 사람이야." 게으른 사람 중에 진짜 똑똑한 사람은 사실 몇 안 됩니다. 여러분이 거기에 들 확률이 얼마나 되겠습니까? 우리 대부분은 헛똑똑이입니다. 항상 자기가 다른 사람들 머리 위에 있는 것 같지만, 우리 대부분은 그저 뒷담화나 좋아하고 잡생각만 많은 게으름뱅이 베짱이들일 뿐입니다. 정말 똑똑한 건 긴 겨울을 준비하며 묵묵히 여름에 땀 흘리는 개미들입니다.

자, 이 네 가지 중에 여러분은 어디에 속하시나요? 제가 이 글을 쓰면서 여기 들어가는 사람들이 좀 있겠구나 하고 생각하며 시작했는데, 막상 쓰다 보니 제가 이 네 개에 다 걸린다는 사실을 깨닫고 적잖이 놀랐습니다. "내가 말만 번지르르했지 누구보다 게으른 자였구나" 하는 걸 깨달았습니다. 제가 말로는 교회에서, 세상에서, 누구보다 개미처럼 부지런 떨며 살았던 거 같은데, 곰곰이 저를 들여다보니 베짱이도 이런 베짱이가 없었습니다.

여러분은 어떠신가요? 물론 우리가 매일 일만 하면서 살 수는 없습니다. 그러면 나중에 쓰러집니다. 적당히 쉬는 것도 지혜입니다. 성경도 그런 의미의 휴식을 게으름이라고 말한 적은 없습니다.

그럼 게으름이란 도대체 뭘까요? 누가 이런 말을 했습니다. "게으름은 피곤하기 전에 쉬는 습관이다." 피곤해서 쉬는 휴식을 누가 뭐라고 합니까? 하지만 피곤하기 전에 쉬는 건 게으름입니다. 피곤하기도 전에 벌써 쉬고 있는, 그런 악습관에서 벗어나시기를 주님의 이름으로 축원합니다.

결론

자, 이제 다들 게으름이 뭔지는 좀 아셨을 겁니다. 그러면 부지런함이란 뭘까요? 앞의 말을 이어서 정의를 내려 본다면, 부지런함이란 "피곤할 때까지는 쉬지 않는 습관"이 될 겁니다. 멋진 말입니다. 그런데 그것만 갖고는 조금 부족합니다.

프랑스 문학가 장 콕토가 이런 질문을 던진 적이 있습니다. 만약 당신의 집에 불이 났다면 당신은 무엇을 가지고 나오겠습니까? 사람들의 대답은 다양했습니다. 돈을 가지고 나오겠다, 주식을 가지고 나오겠다, 보석을 가지고 나오겠다 등 다양한 대답이 나왔습니다. 그런데 사람들이 장 콕토에게 묻습니다. 당신은 무얼 갖고 나오실 건가요? 장 콕토가 말합니다. "저는 불을 갖고 나오겠습니다."

여러분. 혹시 세상에 치이고 코로나에 치이면서 어느새 여러분 심령의 불이 꺼지지는 않으셨나요? 정말 불난 집에서 불이라도 갖고 나와야 할 정도로 심령이 식지는 않으셨나요? 만약 우리에게 여전히 불이 있다면, 우리에게 뜨거움이 있다면, 우리에게 식지 않는 열정이 있다면, 우리는 게으름의 뜻을 다 잊어버릴 정도로 땀 흘리며 부지런하게 살고 있을 겁니다.

열정이 없으면 아무리 게으른 게 싫어도 결국 게을러지게 됩니다. 코로나건 건강이건 회사 일이건 무슨 핑계든지 대면서 그냥 게으르게 살게 됩니다. 차지도 않고 뜨겁지도 않은 라오디게아 성도들에게 주님이 뭐라고 하셨습니까? "열심을 내라, 회개하라" 아니었습니까? 열정이 식은 자에게 뭘 더 기대할 수 있겠습니까?

주를 향한 뜨거운 열정을 다시 한번 회복하세요. 게으름의 핑계들은 다 던져버리세요. 영적인 개미들이 되세요. 저는 여러분 입에서도 주님처럼 "내 아버지가 일하시니 나도 일한다"는 고백이 나오시게 되기를 진심으로 기원합니다. 할렐루야.

2. 욕심의 끝은 어디인가 _ The end of greed

‖ 잠언 30:7-9 ‖

내가 두가지 일을 주께 구하였사오니 나의 죽기 전에 주시옵소서 곧 헛탄과 거짓말을 내게서 멀리 하옵시며 나로 가난하게도 마옵시고 부하게도 마옵시고 오직 필요한 양식으로 내게 먹이시옵소서 혹 내가 배불러서 하나님을 모른다 여호와가 누구냐 할까 하오며 혹 내가 가난하여 도적질하고 내 하나님의 이름을 욕되게 할까 두려워함이니이다

배부른 돼지의 전설

"배부른 돼지보다는 배고픈 소크라테스가 낫다"라는 말이 있습니다. 영국의 공리주의 철학자 존 스튜어트 밀이 한 말입니다. 이 말은 인간의 정신적인 만족이 동물의 물질적인 쾌락보다 훨씬 더 고귀한 것이라는 뜻을 내포하고 있습니다. 그런데 이 말 때문인지 사람들은 돼지가 정말 욕심 많고 게걸스럽게 많이 먹는 동물이라고 생각하는 경향이 있습니다. 정말 그럴까요?

혹시 정말 욕심 많고 정말 많이 먹는 존재는 사람이 아닐까요? 그렇습니다. 실제로 사람이 더 많이 먹고 사람이 더 많이 뚱뚱합니다. 돼지보다 말입니다. 살이 얼마나 쪘는지를 보여주는 대표적인 지수가 바로 체질량지수(BMI)입니다. 이거 계산이 쉽습니다. 체중을 키의 제곱으로 나누면 됩니다. 20 미만이면 저체중, 20-24는 정상, 25-30은 경도비만, 그리고 30 이상이면 비만으로 봅니다.

2015년 WHO 자료에 따르면, 한국 사람의 평균 체질량지수가 남자가

23.4, 여자가 24.3이라고 합니다. 돼지는 얼마일까요? 놀라지 마세요. 돼지의 체질량지수는 일반적으로 15 이하입니다. 엄청난 저체중이죠. 사람이 돼지보다 뚱뚱해도 한참 더 뚱뚱하다는 얘기입니다. 진짜 몸매 관리는 돼지한테 배워야 한다는 얘기입니다.

우리가 '돼지' 하면 좁은 돼지우리에서 키우는 식용돼지만 생각해서 그렇지, 멧돼지가 얼마나 날렵한지 아세요? 멧돼지의 달리기 속도가 저도 이번에 처음 알았는데 시속 50km라고 합니다. 세계에서 제일 빨리 달리는 사람인 자메이카의 우사인 볼트도 시속 38km에 불과합니다. 달리기도 돼지한테 배워야 한다는 뜻입니다. 그러니 여러분, 산에서 멧돼지를 만나면 절대로 달리기로 이길 생각하지 마시기 바랍니다.

그리고 정말 중요한 건, 우리 생각과 달리 돼지가 먹는 데 욕심이 없다는 겁니다. 동물학자들에 따르면 돼지는 자신에게 정해진 양 외에는 과식하는 일이 거의 없다고 합니다. 물론 야생 상태에서는 먹이가 있는 날도 있고 없는 날도 있기 때문에, 한번 먹이를 만나면 많이 먹어서 영양분을 비축하려는 습성이 있습니다. 이건 돼지가 아니라 모든 야생동물의 공통점입니다. 하지만 동물원 돼지들처럼 안정적으로 먹이가 공급된다는 걸 아는 돼지들은 자기 정량을 먹으면 그냥 물러난다고 합니다. 식탐이 있으신 분들도 돼지에게 배우란 뜻입니다. 앞장에서는 개미에게 가서 배우라고 말씀드렸었는데, 이제는 돼지에게 가서 배울 차례입니다. 우리가 무시하며 사는 미물들에게 이처럼 배울 게 참 많습니다.

놀랍죠. 그러니까 이제 앞으로는 많이 먹는 사람 보고 돼지처럼 먹는다고 놀리지 마세요. 돼지를 모욕하는 겁니다. 오히려 혹시라도 많이 먹는 돼지를 만나면 "넌 사람처럼 많이 먹는구나"라며 놀리실 수는 있겠습니다. 사람은 아무리 삼시 세끼를 안정적으로 먹고살아도 과식이 습관화되어 있습니다. 당뇨나 비만에 대한 염려 때문에 그렇지, 만약 아무리 먹어도 당뇨나 비만에 걸리지 않는다고 하면 아마 다들 지금보다 훨씬 더 많이 먹을 겁니다.

우리 대화만 봐도 알 수 있습니다. 우린 점심 먹을 때는 오늘 저녁 뭐 먹을까가 주요 화제입니다. 저녁 먹을 때는 다음번 저녁 장소가 중요한 안건이 됩니다. 그리고 항상 냉장고를 무얼로 더 채울까를 고민하고, 항상 우리 집 냉장고는 너무 작다는 피해의식이 있습니다. 그나마 냉장고가 시원하게 비워질 때가 있습니다. 너무 오래되어서 상한 음식들을 잔뜩 쓰레기통에 버리는 날입니다. 아깝지만 마음이 굉장히 시원합니다. 물론 그날 저녁에 마트 가서 뭘 잔뜩 사 와서 또 채워 넣어야 마음이 안정됩니다.

왜 그럴까요? 우린 너무 욕심이 많습니다! 앞장에서 게으른 사람이 반드시 그 값을 치를 때가 온다고 말씀드렸었는데, 욕심 많은 사람도 반드시 그 값을 치를 때가 옵니다. "욕심을 내려놓아라! 절제해라!" 이게 굉장히 평범한 진리 같은데 잘 지켜지지 않습니다. 특히 성령의 아홉 가지 열매에도 나오는 이 "절제"라는 귀한 열매가 성도의 중요한 특징이 되어야 하는데, 이상하게 오늘날 많은 크리스천들의 이미지는 "절제"가 아니라 "탐욕"인 것 같습니다.

욕심에 대한 경고 잠언

욕심이 과도한 사람은 세상에서도 싫어합니다. 그리고 하나님도 굉장히 싫어하십니다. 탐욕에 대한 경고가 잠언에 얼마나 많이 나오는지 모릅니다. 오늘 말씀을 통해서 쓸데없는 욕심 때문에 귀한 인생 낭비하던 분들이 회개하고, 더 내려놓고, 더 절제하고, 가진 것에 더 감사하며 살아가는, 천국 시민의 정체성이 다시 한번 회복되시는 귀한 역사가 일어나기를 간절히 소망합니다.

잠언은 모두 31장까지 있고 대부분 솔로몬 왕이 썼지만, 30장은 1절에 나오듯이 야게의 아들 아굴이 쓴 잠언입니다. 아굴이 누군지는 잘 모릅니다. 다만 많은 신학자들은 이 아굴이라는 사람이 솔로몬 주위에 있던 지혜자 중의 한 명이었을 거라고 추측하고 있습니다. 그런데 그가 성령의 영감을 받아서 엄청난 지혜를 우리에게 전해주었습니다. 오늘 본문이 그것입니다.

"내가 두 가지 일을 주께 구하였사오니 내가 죽기 전에 내게 거절하지 마시옵소서 곧 헛된 것과 거짓말을 내게서 멀리 하옵시며 나를 가난하게도 마옵시고 부하게도 마옵시고 오직 필요한 양식으로 나를 먹이시옵소서 혹 내가 배불러서 하나님을 모른다 여호와가 누구냐 할까 하오며 혹 내가 가난하여 도둑질하고 내 하나님의 이름을 욕되게 할까 두려워함이니이다" (잠 30:7-9)

그는 자기가 죽기 전에 두 가지 소원을 이루어달라고 하나님께 기도했습니다. 첫째, 헛된 것과 거짓말을 자기에게서 제거해달라고 했습니다. 우리 삶에 헛된 것 즉 가식이 얼마나 많습니까? 거짓말도 얼마나 많이 합니까? 여러분도 이런 거짓과 가짜들을 버릴 수 있게 도와달라고 간절히 기도하세요. 그런데 우리 속에 있는 옛사람은 말합니다. "그래도 가식과 거짓이 지금까지 널 지켜주지 않았냐…"

하지만 여러분. 가짜가 아니라 진짜가 우리를 지켜주는 것을 믿으시기 바랍니다. 우리 평생에 헛된 것과 거짓말을 멀리하게 도와달라는 기도가 아굴만이 아니라 여러분의 간절한 소원이 되시기를 바랍니다.

자, 그런데 우리는 오늘 아굴의 두 번째 소원에 집중해 보겠습니다. 그건 바로 내가 가난해지지도 부유해지지도 않게 해달라는 기도입니다. 필요한 양식으로만 먹여달라는 기도입니다. 그런데 그 이유가 기가 막힙니다. 만약 배부르게만 되면, 아쉬울 게 없으니 "난 하나님 그런 거 모른다" 이렇게 기고만장하게 될 거라는 겁니다. 또 만약 배고프게 되면, 결국 도둑질의 유혹을 받게 되고 그럼 하나님의 이름을 욕되게 할 거라는 겁니다.

여기서 두 가지가 놀랍습니다. 내가 부자로 사는 것도 거지처럼 사는 것도 모두 원치 않는 이유가, 다 하나님 때문이라는 것이 먼저 놀랍습니다. 그리고 또한 욕심 때문에 망하는 게 부자에게만 해당되는 것이 아니라 가난한 자에게도 해당된다는 사실이 놀랍습니다.

그래서 우린 오늘 두 종류의 욕심에 대해서 나누어 생각해 보겠습니다. 여러분 "각자에게" 주님이 말씀해 주시는 것을 찾으시기 바랍니다.

1. 가지지 못한 자의 욕심

첫째는 가지지 못한 자의 욕심입니다. 다른 말로 하면 가난한 자의 욕심입니다. 혹시 여러분 중에 가난하게 되는 게 소원인 분 계신가요? 한번 손 들어 보세요. 주위에 친구가 별로 없으시죠? 이게 정상적인 사람이 가지는 소원이라고 보기는 좀 어렵기 때문입니다.

그러면 혹시 성경이 가난이 축복이라는 말씀은 나올까요? (마 5:3)에 "심령이 가난한 자는 복이 있나니 천국이 그들의 것"이라고 주님이 말씀하신 것을 우리가 잘 알고 있습니다. 그리고 병행 구절에 해당하는 (눅 6:20)에는 "너희 가난한 자는 복이 있나니 하나님의 나라가 너희 것임"이라고 하셨습니다.

누가복음에는 그냥 "가난한 자"가 복이 있다고 하셨습니다. 이 말씀이 마태복음에 나오는 "심령이 가난한 자"와 같은 영적인 가난을 말한다고 보기도 합니다. 하지만, (눅 6:21)에 "지금 주린 자는 복이 있나니 너희가 배부름을 얻을 것임이요"라고 하셨고, (눅 6:25)에 "화 있을진저 너희 지금 배부른 자여 너희는 주리리로다"라고 하신 것으로 보아, 이 말씀이 육체적 굶주림 즉 물질적 가난에 대해서 하신 말씀이라고 보는 신학자들도 많이 있습니다.

어쨌든 왜 가난한 자는 복이 있는 걸까요? 여기서 누가복음과 마태복음이 결국 이어집니다. 정신적으로 가난하건 물질적으로 가난하건, 가난한 자는 결국 천국 복음에 대해 더 마음을 열기가 쉬워지는 겁니다. 즉, 물질적이건 정신적이건 가난 자체가 복된 상태라기보다는, 그 가난이 우리를 복받을 사람으로 만들어 줄 것이라는 겁니다. 구약 잠언에도 가난한 자가 받는 복에 대해 여러 말씀이 나오는데, 그냥 가난하면 복받는다고 하지 않고 그 가난한 자들이 하나님이 원하시는 삶을 살아갈 때 복되다고 나옵니다.

"가산이 적어도 여호와를 경외하는 것이 크게 부하고 번뇌하는 것보다 나으니라 채소를 먹으며 서로 사랑하는 것이 살진 소를 먹으며 서로 미워하는 것보다 나으니라" (잠 15:16-17)

"마른 떡 한 조각만 있고도 화목하는 것이 제육이 집에 가득하고도 다투는 것보다 나으니라" (잠 17:1)

여기 보면 가난한 자가 여호와를 경외하고, 가지지 못한 자가 서로 사랑하며 사는 것이, 부자가 번뇌하며 살고 부자가 서로 다투며 사는 것보다 더 낫다고 말합니다.

그런데 거꾸로, 부자가 여호와를 경외하며 사는 것과 부자가 사람들과 화목하게 사는 것이 가난한 자가 번뇌하며 살고 가난한 자가 서로 싸우며 사는 것보다 더 낫다는 말씀은 성경에 안 나옵니다.

이는 가진 것이 많으면서 하나님을 경외하고 사람들을 사랑하며 살기가 훨씬 힘들다는 방증일 수 있습니다. 그래서 주님도 "낙타가 바늘귀로 나가는 것이 부자가 하나님의 나라에 들어가는 것보다 쉬우니라"(막 10:25)라고 말씀하셨습니다. 그런 의미에서도 가난은 우리를 복받을 자로 만들어 주는 것이 분명합니다.

그러니 여러분. 없이 산다고 절대로 주눅 들지 마세요. 여러분은 복받기가 훨씬 쉬운 사람들입니다. 100m 달리기에서 여러분은 한 30m는 더 앞에서 출발한 사람들입니다. 할렐루야.

그런데 문제가 있습니다. 아굴도 그런 기도를 드렸지만, 가진 게 적은 자에겐 유혹이 존재합니다. 그건 바로 "욕심"입니다. 그게 건전한 의욕으로 작용하면 열심히 공부하고 열심히 일하고 열심히 뛰어다니는 동기가 됩니다. 그건 바람직한 겁니다.

하지만 그 욕심이 도둑질이나 가진 자에 대한 질투나 미움으로 나타날 수도 있습니다. 그게 재물이든지 건강이든지 외모든지 지혜든지 명예나 권력이든지, 내게 다른 사람들에 비해 부족한 것이 있다면 그게 나를 복받을 자로 만들어 주시려는 하나님의 도구라는 사실을 믿어야지 수단 방법 가리지 않고 거길 탈출하려고만 하면 그게 복이 되겠습니까?

1982년에 개봉한 "낮은 데로 임하소서"라는 영화가 있습니다. 이청준의 소설을 영화로 만든 건데 특히 그 주제가를 윤복희 권사님이 불러서 아주 유명해졌습니다. 많이들 들어보셨을 겁니다. "그는 나를 만졌네 내 영혼을, 나는 그를 느꼈네 그 숨결을.."

이 영화의 실제 주인공은 안요한 목사님이라는 분입니다. 이분은 목사님 아들로 태어났지만 방탕하게 살았고, 결국은 집과 하나님을 떠나서 자수성가를 했습니다. 그 어렵던 시기에 미국 유학의 길도 열렸습니다. 앞길이 환하게 열린 것이죠. 그런데 눈이 점점 흐려지더니 안과에서도 원인을 못 밝힌 채 결국 실명을 했습니다. 이혼도 당하고 자살도 시도하고 서울역에서 노숙자로 근근이 살아갑니다. 그러다 주님을 다시 만났고, 신학을 공부했고, 그러고는 미국 헬렌 켈러 재단의 도움으로 맹인들을 위한 교회를 개척했습니다. 더 자세한 내용은 책이나 영화를 보시기 바랍니다.

그런데 안 목사님은 그동안도 유명한 안과 의사에게 가보라는 말을 다 거절했었습니다. 자기에게 시력을 주신 분도 하나님이시요 가져가신 분도 하나님이시라는 믿음이 있었기 때문입니다. 그런데 어느 날 독일에 가서 집회를 하는데, 거기서 유명한 안과 의사 성도를 실제로 만난 겁니다. 그리고 그 안과 의사가 지금 의술로 수술하면, 목사님의 시력을 되찾을 가능성이 80% 이상이라는 충격적인 말을 해줬습니다. 심봉사가 눈뜨기 직전이었습니다. 어떻게 되었을까요? 안 목사님은 그날 숙소로 돌아와서 간절히 기도했습니다.

그동안 맹인으로 살면서 고통이 얼마나 컸겠습니까? 그런데 지금은 뭐가 그렇게 고민이었냐면, 첫째는 자기가 볼 수 있을 때 그렇게 방탕하게 살았는데 이제 눈을 뜨면 다시 세상으로 돌아갈까 봐 그게 두려웠고, 둘째는 맹인 선교를 하나님 주신 사명으로 알고 평생을 헌신해 왔는데 자기만 눈을 뜨면 주님 주신 이 사명을 제대로 감당할 수 있겠는가 하는 거였습니다. 결국 어떻게 되었을까요? 눈치채셨겠지만, 안 목사님은 그 안과 의사를 다시 만나서 자기는 개안수술을 받지 못하겠다고 말했습니다.

저는 이 이야기를 처음 들었을 때 잠시 멍해지는 걸 느꼈습니다. 눈을 뜨는 것이 내게는 유익하나 주님 주신 사명 위해 그걸 포기하다니... 아니 눈 뜨는 것이 정말 내게 유익한가조차도 의문이었다니... 이분은 자신은 가지지 못했으나 남들은 다 가진 건데, 그것마저도 그게 자신이 주님을 떠나게 만들까 봐 그리고 주님 주신 사명을 감당 못하게 할까 봐 아낌없이 포기한 겁니다.

여러분도 똑같은 상황에서 똑같은 결단을 내리시라고 드리는 말씀은 아닙니다. 다 처한 상황이 다르기 때문이지요. 하지만 안 목사님으로부터 정말 큰 걸 배운 것 같지는 않으신가요?

우리가 반드시 더 가져야만 하는 건 아니라는 겁니다! 내가 가난해도, 벗었어도, 배고파도, 못 보고 못 걷고 없이 살아도, 내게 명예도 없고 권력도 없어도, 꼭 우리가 더 가져야만 하는 건 아니라는 겁니다. 심지어 남들은 다 가진 것일지라도 내가 꼭 그걸 가져야만 하는 건 아닐 수 있다는 겁니다. 남들은 도둑질을 해서라도 자기 빈 곳을 채우려고 하지만 우리는 그래서는 안 된다는 겁니다.

그렇습니다. 가지지 못한 자도 내려놓아야 할 게 있습니다. 그건 바로 "욕심"입니다. 가난과 배고픔과 아픔을 허락하신 이유가 다 있지 않으실까요? 그걸 꼭 "욕심"으로 망쳐놔야 하겠습니까? 그리고 사실 하나님만 내 편이시면 되는 거 아닙니까? 하나님을 가진 자가 가장 부자가 아니겠습니까?

그리고 여러분. 자신의 부족한 부분을 채우기 위해 건강한 의욕을 갖고 열심히 사시되, 그 고통이 하나님의 실수였다는 듯이 불평하거나 원망하며 살지 마시기를 바랍니다. "불평과 원망"은 "도둑질"과 함께, 가지지 못한 자가 욕심 때문에 흔히 빠지게 되는 큰 죄악입니다.

2. 가진 자의 욕심

둘째는 가진 자의 욕심입니다. 이제는 좀 만족하고 살아도 될 텐데 거기서 멈추지 않는 사람들이 있습니다. 우리가 가끔 이런 기도를 듣습니다. "나를 부자로 만들어 주시면 물질로 주님 나라 위해서 헌신하겠습니다." 저는 그분이 부자 되기 전엔 왜 물질로 헌신 안 하시는지 따지는 게 아닙니다. 그리고 정말 그 기도가 응답 되시기를 바랍니다. 다만, 사람이 너무 배부르면 "난 하나님이 누군지 모르겠다"면서 기고만장해질 거라고 성경이 분명히 경고했다는 사실을 주기적으로 알려드리고 싶을 뿐입니다.

그런데 현대사회가 너무 물질적으로 풍족해지다 보니, 더 가지고 더 먹고 더 소비하는 걸 부추기는 경향이 있는 것도 사실입니다. 예를 들어 사람들은 "누가 더 많이 먹나" 이런 대회를 즐깁니다. 미국 뉴욕에선 매년 7월 4일 독립기념일에 맞춰 "핫도그 많이 먹기 대회"가 1972년부터 매해 열려왔습니다. 심지어 코로나 때문에 전 세계가 그렇게 어수선했던 2020년에도 이 대회가 어김없이 열렸습니다. 그리고 그때 신기록도 나왔다고 합니다. 어떤 사람이 10분 동안에 핫도그 75개를 먹었다고 하네요. 이게 사람입니까. 저는 10분 동안 핫도그 3~4개는 시도해 보겠는데 그 이상은 될지 모르겠습니다.

2,300만 명에 달한다는 아프리카의 굶주리는 아이들은 이 뉴스를 들었을 때 어떤 생각이 들까요? 아니 우리나라도 2017년 자료에 결식아동이 33만 명이라고 나오는데, 그 애들이 봤을 때 이건 도대체 무슨 달나라 뉴스일까요?

사람들은 먹는 데만 이렇게 허세를 부리고 사는 게 아닙니다. 보통 사람들은 쓰지도 않는 기능으로 가득 찬 스마트폰이나 자동차도 그렇고, 초호

화 별장의 면적 80%는 텅 비어있고, 집안의 생활용품 중 80%는 놔두기만 하고 거의 쓰지 않는다는 얘기도 있습니다. 평생 버는 돈의 80%가 남을 위해 사용된다고도 하고요. 그러니 너무 욕심부리지 말고 사시기 바랍니다. 혹시 우리 삶의 80%가 허영일 지도 모르니까 말입니다.

그런데 문제는, 우리 예수님 믿는 사람들은 그래도 허영과 탐욕을 내려놓고 사는 사람들이어야 하는데 정말 그런가 하는 것입니다. 우리가 정말 세상 사람들보다 덜 사치할까요? 우리가 정말 세상의 다른 사람들보다 허영을 덜 부리며 살까요? 세상 사람들도 자신들이 배금사상에 빠져있고 물질만능주의에 빠져있다고 걱정의 목소리가 높은데, 과연 우리 예수님 믿는 사람들은 그들에게 올바른 길을 제시하고 있는 거 맞나요? 혹시 우리들도 더 못 가져서 난리인 사람들 아닐까요?

하루는 제가 지하철을 타고 가고 있었습니다. 코로나 사태가 일어나기 전이었는데 사람들이 꽤 많은 날이었습니다. 그런데 지하철 문이 열리자, 문 옆에 앉아있던 사람이 갑자기 급하게 일어나더니 뛰어나갔습니다. 아마 자다가 깼나 봐요. 그럼 보통은 그 앞에 서 있던 사람이 자리에 앉잖아요? 그런데 거의 2m 거리에 서 있던 어떤 아주머니들이 얼마나 빨리 달려오시는지, 저는 100m 달리기하는 줄 알았습니다.

그 자리를 냉큼 차지하고 앉으시는데 얼마나 의기양양한지, 그리고 그 앞에 서 있다가 자리 뺏김을 당한 청년은 또 얼마나 황당해하는지 맞은편에 서 있던 제게도 느껴질 정도였습니다. 여기까지는 지하철 타시면 가끔 보는 상황일 겁니다. 그런데 거기서 끝나면 좋았는데, 이분들이 앉자마자 대화하는 소리가 크게 들렸습니다. "김 권사님, 그래서 그다음에 어떻게 됐는데? 빨리 말해봐요, 김 권사님..."

순간 제가 다 창피해졌습니다. 교회 다니는 사람들은 욕심이 많다는 편견이, 다시 한번 사실로 확인되는 순간이었습니다. 내 앞자리가 비었어도 혹시 누구 다른 사람 먼저 앉게 할 사람 없나 하고 한 번 옆을 둘러본 다음 앉는 게 세상 사람들도 다 하는 습관인데, 우린 왜 그렇게 뻔뻔한 걸까요?

하나님은 욕심 많은 사람을 싫어하십니다. 특히 가진 걸 만족하지 못하고 계속 "더! 더!" 하는 사람을 싫어하십니다. 그래서 잠언에 나오는 모든 비유 중에 가장 인상적인 비유가 바로 이 욕심 많은 사람들에 대한 것입니다.

"거머리에게는 두 딸이 있어 다오 다오 하느니라 족한 줄을 알지 못하여 족하다 하지 아니하는 것 서넛이 있나니 곧 스올과 아이 배지 못하는 태와 물로 채울 수 없는 땅과 족하다 하지 아니하는 불이니라" (잠 30:15-16)

여기 거머리에 해당하는 히브리어가 "알루카"인데, 이게 성경에서 여기 딱 한 번 나옵니다. 그래서 뜻이 조금 불분명한데, 예를 들어 당시에 탐욕으로 악명 높던 두 딸을 둔 한 여인의 실제 이름으로 보는 견해도 있습니다. 하지만 비교언어학적 근거들을 통해 볼 때, 알루카는 중동 지역에 흔하던 큰 거머리를 뜻한다고 보는 게 일반적입니다. 사진은 혐오스러우니 굳이 찾아보지는 마시기 바랍니다.

그럼 여기 "두 딸"은 뭘까요? 여러분, 거머리가 어떻게 생겼는지 대략은 아시죠? 탐욕스러운 두 딸은 거머리의 앞뒤 양 끝에 있는 두 개의 빨판을 가리킵니다. 이걸로 다른 동물 몸에 철썩 붙어서 피를 빨아먹습니다. 그런데 히루딘(hirudin)이라는 혈액응고억제물질을 분비해서 피가 안 굳고 계속 빨아먹을 수 있습니다. 게다가 이게 마취 효과까지 있어서 몸에 붙은 거머리를 눈으로 직접 보기 전까지는 거머리한테 피 빨리는 것도 잘 모릅니다. 거머리는 자기 체중의 다섯 배는 피를 빨아야 배가 빵빵해지면서 숙주를 풀어준다고 합니다. 그러니 누가 여러분에게 "이 거머리 같은 놈아!" 그러면 굉장히 안 좋은 뜻입니다.

이 거머리의 두 딸이 계속 "다오 다오" 한다고 했습니다. 계속 "give! give!" 하며 보챈다는 것입니다. 이전에 보던 개역 성경에서는 "다고 다고"로 번역했습니다. "더 줘, 더 줘" 이런 뜻입니다. 만약 알루카가 거머리가 아니라 정말 사람 이름이었다면, 여기 나오는 "다오 다오"도 딸의 이름이었을 수 있다고 신학자들은 생각합니다. 그럼 딸 이름이 예를 들어 김더줘, 이더줘, 박더줘 이런 식이었겠죠. 얼마나 혐오스러운 이름입니까.

어쨌든, 거머리의 두 딸만큼 항상 배고픈 존재가 서너 개 더 있다고 했습니다. 첫째는, 스올입니다. 스올은 음부를 말하는 거고 사람이 죽으면 가는 곳입니다. 음부는 사람이 아무리 많이 죽어도 그 자리가 다 채워지지 않습니다. 그래서 항상 태가 고픈 곳입니다. 둘째는, 아이 배지 못하는 태라고 했습니다. 간혹 임신이 굉장히 잘 되시는 분도 있지만, 아무리 원해도 애가 생기지 않는 분들도 적지 않습니다. 우리 주위에 그런 분들 한두 분씩은 계실 겁니다. 그분들을 위해 열심히 기도해 주시기 바랍니다.

셋째는, 물로 채울 수 없는 땅입니다. 바짝 말라서 쩍쩍 갈라진 땅을 사진으로 본 적이 있을 겁니다. 그 땅을 도대체 얼마나 많은 물이 있어야 다 채울 수 있을까요? 그리고 넷째는, 족하다 하지 아니하는 불이라고 했습니다. 불은 모든 걸 태웁니다. 누가 물을 잔뜩 붓든지 아니면 다 타서 더 이상 탈 게 없어야 꺼집니다. 미국 캘리포니아는 2020년에 난 산불들이 9월 현재 벌써 이전 기록을 갱신한 상태입니다. 이때 이미 서울 면적의 14.7배에 해당하는 면적이 불에 타서 없어졌고 아직도 20개에 달하는 대형 산불이 안 잡히고 있다는 뉴스가 있었습니다. 참으로 마음이 아픕니다.

이 글을 읽는 여러분 중에는 이렇게 절대 만족을 모르는 거머리 딸들과 같은 탐욕스러운 자들이 단 한 분도 안 계실 거라고 믿습니다. 하지만 우는 사자처럼 두루 다니며 삼킬 자를 찾는 사탄이, 방심하는 틈을 타서 기어코 우리를 거머리의 두 딸로 만들려고 합니다. 여러분 주위에도 벌써 거머리 딸이 되어 버린 자들이 있을 겁니다.

잠언의 대부분을 기록했던 솔로몬이 쓴 또 하나의 귀중한 지혜서가 바로 전도서입니다. 그 말씀을 통해서 가진 자에 대한 또 하나의 귀중한 지혜를 들어보겠습니다.

"노동자는 먹는 것이 많든지 적든지 잠을 달게 자거니와 부자는 그 부요함 때문에 자지 못하느니라" (전 5:12)

쉽게 말해서 월급쟁이는 발 뻗고 자고, 부자는 발 뻗고 못 잔다는 겁니다. 그러니 다들 복잡한 상황 속에 살고 계시겠습니다만, 월급 받으며 사는 거 감사하시기 바랍니다. 저도 솔직히 월급 받을 때가 좋았지, 부자는 아니지만 스스로 병원을 운영하면서부터 얼굴에 웃음이 절반은 사라졌습니다. 그리고 부자는 잠도 잘 못 잡니다. 왜일까요? 그다음 말씀을 보겠습니다.

"내가 해 아래에서 큰 폐단 되는 일이 있는 것을 보았나니 곧 소유주가 재물을 자기에게 해가 되도록 소유하는 것이라" (전 5:13)

폐단이라는 건 '통탄할 만한 일'이라는 뜻입니다. 해 아래에서 뭐가 그렇게 크게 통탄할 일이 있다는 걸까요? 그건 재물이 그 가진 자에게 해로운 걸 봤다는 겁니다. 가진 것이 많으면 그만큼 걱정도 많습니다. 바람 잘 날이 없습니다. 사실 이건 가진 것이 적어도 마찬가지입니다. 많건 적건 그 가진 것이 소유주에게 해가 되는 경우가 적지 않습니다. 이게 드문 일이면 성경에 이렇게 안 써놨을 텐데, 이런 일이 흔하니까 우리에게 교훈을 주기 위해 이렇게 여기 기록해 놓은 것입니다. 게다가 재물은 거기에 가만히 있지 않습니다.

"그 재물이 재난을 당할 때 없어지나니 비록 아들은 낳았으나 그 손에 아무것도 없느니라" (전 5:14)

한번 큰 재난을 당하면 그 쌓아놓은 거 다 없어집니다. 아들은 낳았는데 아무것도 물려줄 것이 없습니다. 그 재물 얻으려고 온갖 고생 다 했는데, 사라지는 건 잠깐이더라는 겁니다. 인생 참 허무하죠. 가진 것이 적으면 잃을 것도 적은데 우리는 왜 그렇게 더 못 가져서 안달이었을까요?

지금 읽으시는 이 글의 제목이 "욕심의 끝은 어디인가"입니다. 이제 욕심의 마지막이 어디인지 아시겠죠? 그 끝은 허탈입니다. 허무입니다. 그걸 위해서 내 젊음 바치고 내 인생 바치고 심지어 신앙도 포기하면서 달려왔는데, 한순간 태풍이 불어서, 큰 사고가 나서, 코로나 사태가 일어나서, 정권이 바뀌어서, 사기를 당해서, 보증 잘못 서서, 권력자의 눈 밖에 나서, 판단을 잘못해서 한순간에 다 사라지더라는 겁니다. 욕심의 끝은 굉장히 허무합니다. 그런데 진짜 해로운 건 아직 나오지도 않았습니다.

"일평생을 어두운 데에서 먹으며 많은 근심과 질병과 분노가 그에게 있느니라" (전 5:17)

많은 사람들은 더 가지고 더 성취하기 위해 일평생을 어둠 속에서 먹으며 노력합니다. 그들은 "다오 다오" 하고 "더 줘 더 줘" 합니다. 이것도 불쌍한데 그들에겐 세 가지가 생긴다고 했습니다. 근심과 질병과 분노입니다. 가난한 자건 부유한 자건 과욕을 부리며 살 때 이 세 가지가 많아집니다.

근심 걱정이 떠날 날이 없습니다. 마음과 육체가 병도 잘 걸립니다. 그리고 항상 마음속에 분노와 원망이 있습니다. 다시 말해서 "근심과 질병과 분노"가 탐욕의 또 다른 무서운 끝입니다.

그렇습니다. 빨강 신호등에 그냥 가는 사람은 죽으려고 작정한 사람이겠죠. 여러분 인생에 만약 빨강 신호등이 켜지면 제자리에 멈춰 서시기 바랍니다. 탐욕의 빨강 신호등은 근심과 질병과 분노입니다. 내가 무언가를 열심히 추구하며 사는데, 언젠가부터 근심 걱정이 심해져서 밤에 잠이 잘 안 오고, 그 일 때문에 건강도 나빠지고 있고, 그리고 사람들에게 화를 내는 일이 잦아진다면…

여러분! 그건 빨강 신호등 3종 세트입니다. 그 자리에 멈춰 서세요. 혹시 주님의 영광을 위해서가 아니라 내 욕심으로 이렇게 살고 있는 거 아니었나요? 그런 판단이 드시면 단호히 그 욕심 내려놓으세요. 하나님이 더 좋은 길을 보여주실 테니 아까워하지 마세요.

결론

이런 말이 있습니다. "탐욕은 늙지 않는 유일한 열정이다." 세상 사람들은 이렇게 평생을 탐욕의 종처럼 삽니다. 하지만 우리 천국 백성들은 예수님 믿을 때 모든 정과 욕심을 십자가에 매어 달고 새 출발한 사람들입니다.

또 이런 말도 있습니다. "욕심은 바닷물처럼 짜다." 바닷물은 물은 물인데 갈증이 해결되지 않습니다. 오히려 마실수록 더 갈증이 나는 물입니다. 그런 게 욕심입니다. 하나를 얻으면 둘을 가지고 싶고, 둘을 얻으면 기어코 셋을 가지고 싶습니다.

그렇다면 어떻게 해야 욕심의 구렁텅이에서 벗어날 수 있을까요? 그 황금 같은 비결이 성경에 나옵니다.

"돈을 사랑하지 말고 있는 바를 족한 줄로 알라 그가 친히 말씀하시기를 내가 결코 너희를 버리지 아니하고 너희를 떠나지 아니하리라 하셨느니라" (히 13:5)

그 비결은 "있는 바를 족한 줄로 알라!"는 명령에 들어있습니다. 애들이 엄마가 준 것에 만족하지 못하고 계속 떼를 쓰면, 여러분은 어떻게 하세요? 처음엔 잘 달래주지만, 말이 안 통하면 결국 어떻게 되나요? 한 대 쥐어박고 싶어지죠. 하나님이 여러분 머리 쥐어박으시는 일이 생기지 않으시기를 진심으로 바랍니다. 사람이 쥐어박으면 혹만 생기지만, 하나님이 쥐어박으시면 기절합니다.

도대체 "내가 결코 너희를 버리지 아니하고, 내가 결코 너희를 떠나지 아니하리라"라고 하셨는데, 도대체 뭐가 그렇게 부족하다고 난리입니까? 우리 곁을 24시간 365일 절대로 떠나지 아니하시는 임마누엘 하나님만 믿고, 주신 것을 족하게 여기며 감사하고 사시면 반드시 좋은 날이 오실 겁니다.

바울도 "어떠한 형편에든지 나는 자족하기를 배웠노니"(빌 4:11)라고 했습니다. 그리고 "나는 비천에 처할 줄도 알고 풍부에 처할 줄도 알아 모든 일 곧 배부름과 배고픔과 풍부와 궁핍에도 처할 줄 아는 일체의 비결을 배웠노라"(빌 4:12)고 했습니다.

그저 일용할 양식만 주셔도 감사한 일 아닙니까. 주님은 이렇게 기도하라고 가르치셨습니다. "오늘 우리에게 일용할 양식을 주시옵고."(마 6:11)

사랑하는 여러분. 혹시 "오늘 우리에게 넘치는 양식을 주시옵고"라고 기도하고 계시나요? 회개하시기를 바랍니다. 필요한 만큼만 먹고 먹이에서 입을 딱 떼는 돼지만도 못한 사람 중에 우리 예수님 믿는 사람들이 있어서야 되겠습니까? 오늘부터는 "나를 가난하게도 마옵시고 부하게도 마옵시고, 오직 필요한 양식으로 나를 먹이시옵소서" 하는 아굴의 기도가 여러분의 기도가 되면 좋겠습니다.

3. 마음을 지키라 _ Guard your heart!

‖ 잠언 4:23 ‖
모든 지킬 만한 것 중에 더욱 네 마음을 지키라 생명의 근원이 이에서 남이니라

수학여행과 진혼극

마음을 지킨다는 것이 참 어렵습니다. 그래서 어떤 때는 좀 극단적인 방법을 사용하기도 합니다. 이 글을 준비하면서 제가 고등학교 2학년 때 수학여행 갔을 때의 일이 떠올랐습니다.

설악산으로 수학여행을 떠나기 전날 밤, 저는 큰 고민에 빠졌습니다. 지금도 그런 경향이 있겠지만 제가 학생 때도 고등학교 수학여행은 많은 학생들에게 일종의 해방구였습니다. 선생님 몰래 밤새 화투나 카드를 하려고 몰래 준비하는 친구들도 있었고 심지어 술이나 담배를 몰래 반입하기 위해서 아주 주도면밀하게 준비하는 애들도 있었습니다. 그 머리로 공부를 했으면 참 잘했을 것 같습니다.

어쨌든 저는 중학교 2학년 때부터 오직 하나님의 영광을 위해 살기로 결심했었고 그 결심이 변치 않고 있었기 때문에, 저에게 수학여행은 해방구가 아니라 이건 완전히 지옥문이었습니다. 물론 당시의 제 생각이 균형 잡힌 생각이 아니었을 수도 있습니다. 하지만 잘못하면 타락의 침례탕에 푹 잠겼다가 올 수도 있는 위험성이 농후했던 건 맞습니다.

그래서 저는 저를 지켜달라고 간절히 기도하면서 수학여행 버스에 몸을 실었습니다. 사방에서 욕설과 음탕한 얘기와 가요 소리로 가득 찬 버스 안에서 저는 준비해 간 비장의 무기를 꺼내 들었습니다. 그건 친구에게 빌린 카세트테이프 플레이어였는데, 거기에 테이프를 넣고 이어폰을 귀에 꽂았습니다. 모차르트의 음악이었는데 곡 제목은 "진혼곡"이었습니다. 레퀴엠이라고도 합니다. 수학여행 가는 길에 진혼곡이라니요.

예수님과 전혀 무관하게 살아가는 친구들 속에서, 그리고 고삐 풀린 망아지처럼 신나게 놀아보고 오겠다는 결심으로 가득 찬 친구들 속에서 저는 이게 죽으러 가는 버스였고 털 깎는 자 앞에서 잠잠한 어린 양이었습니다. 그런데 그 레퀴엠 음악이 마음에 얼마나 큰 평안을 주었나 모릅니다. 언제 한 번 꼭 들어보세요.

천국의 빛이 조금씩 밝아오면서 하나님 영광의 그 엄청난 무게감을 보여주는 입당송(Introitus)부터 시작해서, 인간의 죄에 대한 하나님의 진노가 가슴을 막 후벼 파는 진노의 날(Dies irae), 정말 눈물 없이는 듣기 힘든 눈물의 날(Lacrimosa), 주님의 처절한 십자가 고난을 떠올리게 하는 하나님의 어린 양(Agnus Dei), 그리고 천국 사모곡에 해당하는 마지막의 영원한 빛(Lux aeterna)에 이르기까지 50분이 넘는 대곡이지만 익숙해지기만 하신다면 아마 여러분도 저와 똑같은 감동을 느끼게 되실 겁니다.

저는 버스 안에서 내내 모차르트의 레퀴엠을 들으며 인간의 죽음과 천국의 영광에 대해 많은 생각을 했습니다. 그렇게 은혜 충만, 천국 충만한 가운데 설악산에 도착했습니다. 3일 내내 애들이 밤마다 얼마나 진탕 놀았는지 모릅니다만 제 마음은 균형을 잡고 있었습니다. 마치 설탕이 잔뜩 들어간 음식을 먹을 때 옆에 소금을 갖다 놓고 같이 먹은 셈이었습니다.

"죽음을 생각하라", 이 메멘토 모리의 정신은 자칫 세상의 향락에 빠져 허우적대기 쉬운 우리 인생에 균형을 잡아줍니다.

"지혜자의 마음은 초상집에 있으되 우매한 자의 마음은 혼인집에 있느니라"
(전 7:4)

이 말씀은 항상 초상집에만 가라는 말씀이 아닙니다. 오직 죽음만 생각하며 살라는 말씀도 아닙니다. 오히려 성경은 항상 기뻐하며 살라고 말씀합니다. 예수님의 첫 기적도 혼인 잔칫집에서 일어났습니다. 하지만 우리는 혼인집과 허랑방탕한 일에만 마음이 쏠리기 쉬운 사람들 아닙니까. 그래서 하나님은 우리에게 균형을 잡으라고 말씀하시는 겁니다. 그리고 사실은 그 균형추가 초상집 쪽에 조금은 더 가 있는 게 낫겠다고 말씀하시는 겁니다. 죽음과 고통을 잊지 않을 때 기쁨도 그 의미가 더 커지고 더 깊어지는 법입니다.

저는 지금도 수학여행 버스 안에서 진혼곡을 들으며 눈물 흘리던 그 시절이 그립습니다. 그 방법이 최선이었느냐고 묻지는 마세요. 그때의 저에겐 마음을 지키기 위해 그게 정말 최선이었습니다.

여러분. 우리 마음은 정말 소중한 겁니다. 몸이 망가져도 회복에 시간이 많이 걸리는데, 우리의 마음과 영혼은 한번 망가지면 회복이 굉장히 느립니다. 회복이 안 될 수도 있습니다. 그런 의미에서 오늘의 보석 같은 잠언에 귀를 기울이시기 바랍니다. 이 말씀은 몇 분만 정신줄을 놓고 있어도 사탄의 밥이 되기 쉬운 21세기 현대인들에게 더없이 귀중한 주님의 메시지입니다. 바로 이 말씀입니다.

"모든 지킬 만한 것 중에 더욱 네 마음을 지키라 생명의 근원이 이에서 남이니라" (잠 4:23)

생명의 근원이 우리 마음에 있으니, 마음을 잘 지키고 살라는 겁니다! 예수님 믿기로 결단하는 그 믿음도 우리 마음에 있는 걸 보면 마음은 정말 귀한 겁니다. 그렇다면 그 귀한 "마음"을 어떻게 해야 잘 지키고 사는 걸까요? 거기에 대해 말해주는 잠언들이 많지만 오늘은 그중 세 가지만 말씀을 드리겠습니다.

1. 정결한 마음을 사모하라!

첫째는 "정결한 마음(pure heart)을 사모하라"는 겁니다.

"마음의 정결을 사모하는 자의 입술에는 덕이 있으므로 임금이 그의 친구가 되느니라" (잠 22:11)

이 말씀을 보니까, 마음의 정결을 사모하는 자에게선 덕스러운 말이 나오게 되어있습니다. 그리고 임금도 그의 친구가 된다고 했습니다. 그런데 여러분, 그거 아세요? 잠언에 왕과 가깝게 된다는 말씀이 딱 두 번 나온다는 사실 말입니다. 하나는 바로 이 말씀이고 또 하나는 자기 일에 능숙한 사람에 대한 말씀입니다.

"네가 자기의 일에 능숙한 사람을 보았느냐 이러한 사람은 왕 앞에 설 것이요 천한 자 앞에 서지 아니하리라" (잠 22:29)

여기서 왕은 문자적으로는 이 잠언을 지은 솔로몬 왕입니다. 그런데 우리의 진짜 왕은 누구죠? 네, 바로 하나님이십니다. 다시 말해서 솔로몬 왕도 그랬지만 특히 우리 왕 되신 하나님이 옆에 가까이하고 싶은 사람이 둘이 있다는 것입니다. 하나는 자기 일에 능숙한 사람이고, 또 하나는 정결한 마음을 가진 사람이라는 겁니다. 자기 일에 능숙한 사람 이야기는 이 책 여섯 번째 글에서 더 자세히 말씀드리겠습니다.

자, 그런데 무엇이 정결한 마음일까요? 잠언에서 제일 많이 강조되는 정결의 영역은 바로 정욕에서 떠난 정결입니다. 잠언 5~7장의 거의 전체가 음녀의 유혹과 거기에 넘어간 남자의 비참한 종말에 대해 말하고 있습니다. 여성분들에겐 음남의 유혹이 되겠죠. 잠언 5~7장 말씀 몇 구절만 같이 보겠습니다.

"대저 음녀의 입술은 꿀을 떨어뜨리며 그의 입은 기름보다 미끄러우나 나중은 쑥 같이 쓰고 두 날 가진 칼 같이 날카로우며"(잠 5:3,4)

저는 음탕한 유혹이 소금처럼 짜고 쑥처럼 쓰다는 말을 들어본 적이 없습니다. 음탕한 유혹은 언제나 달콤합니다. 음탕한 유혹은 간사한 아첨, 경쟁자의 멸망과 함께 꿀처럼 달콤한 3인방입니다. 그런데 거기에 넘어간 자들은 결국 쓴맛을 보게 될 것입니다. 그리고 결국은 날카로운 칼에 베이는 것 같은 고통을 맛보게 될 것입니다. 정말 살 떨리는 말씀이죠? 뿐만이 아닙니다.

"네 마음에 그의 아름다움을 탐하지 말며 그 눈꺼풀이 홀리지 말라 음녀로 말미암아 사람이 한 조각 떡만 남게 됨이며 음란한 여인은 귀한 생명을 사냥함이니라"(잠 6:25,26)

음녀는 한 조각 떡만 남기고는 여러분을 완전히 망하게 할 것입니다. 잘 나가던 연예인이나 정치가가 불경건한 스캔들로 인해 하루아침에 나락으로 떨어지는 뉴스가 우리 주위에 얼마나 많습니까? 그리고 음녀는 우리의 귀한 생명을 사냥한다고 했습니다. 이제 보니까 최고의 사냥꾼이 음녀와 음남이었습니다. 유명인이 아니어도 이건 정말 조심해야 합니다. 뉴스에는 유명한 사람들만 나오지만, 우리 주변에 불륜으로 인해서 가산 탕진하고 풍비박산 난 사람들이 아주 많습니다. 그중의 하나가 되시렵니까?

그럼 어떻게 해야 음란한 유혹들 속에서 정결한 마음을 가질 수 있을까요? 가장 중요한 원리가 그 바로 다음 구절에 나옵니다.

"사람이 불을 품에 품고서야 어찌 그의 옷이 타지 아니하겠으며 사람이 숯불을 밟고서야 어찌 그의 발이 데지 아니하겠느냐" (잠 6:27,28)

불을 품속에 넣고서 옷이 타지 않게 해달라고 기도하는 건 말이 안 되잖아요? 이건 제발 옷에 불나게 해달라고 기도하는 것과 다를 바 없습니다. 그리고 숯불을 밟고 있으면서 발이 데지 않게 해달라고 기도하는 것은 "제발 내 발에 화상 입게 해달라"고 기도하는 것과 전혀 다르지 않습니다.

그렇습니다. 정욕을 "쓸데없이" 불러일으키는 어떤 것이 있을 때 그걸 "버리든지" "떠나든지" "바꾸든지" 뭔가 하라는 겁니다. 그냥 가만히 있으면 안 된다는 것입니다. 이게 중요합니다. 우리 사방에는 우리 마음을 순식간에 정욕적인 것들로 채우게 만드는, 정결함과는 거리가 먼 것들이 넘쳐납니다. 그리고 가만히 있으면 우린 자기도 모르는 사이에 점점 거기에 넘어갑니다.

제가 대학교 1학년 때 아주 황당한 일이 있었습니다. 기숙사에 한 달쯤 살았을 때인데 한 친구가 제게 이런 말을 했습니다. "야, 수근아. 너 대구에서 왔지?" 정말 뚱딴지같은 말이었습니다.

여러분. 저는 대전에서 왔습니다. 그때까지 저는 대구에 가본 적도 없었습니다. 그런데 그 친구는 제가 대구에서 온 사람으로 알고 있더라고요. 그래서 이유가 뭘까 하고 곰곰이 생각해 봤는데, 이유는 아주 단순했습니다. 제 기숙사 룸메이트가 대구 사람이었던 겁니다. 제가 줏대가 없었던 건지 대구 사투리가 전염력이 강한 건지, 대구 친구와 한 달 동안 같이 살았더니 제 말투가 대구 말투가 된 것이었습니다. 무의식중에 받는 영향이라는 것이 이렇게 무섭습니다.

혹시 이런 말 들어보셨나요? "네가 먹는 것이 곧 너다(You are what you eat)." 우리가 아무거나 먹으면 안 된다는 뜻입니다. 그 먹거리의 성분들이 곧 내 몸이 될 것이기 때문입니다. 마찬가지입니다. 여러분 마음을 세상의 수많은 영향에 무방비로 노출시키시면 안 됩니다. 그렇게 여러분 마음에 차곡차곡 들어온 것들이 결국 여러분이 됩니다.

제가 대학생 때 어떤 직장 다니는 형제에게 이런 말을 들었습니다. 그 형제가 퇴근해서 버스를 내리면 정류장에서 집까지 3분이라고 했습니다. 꽤 가까운 거리죠. 그런데 그 길은 담벼락 여기저기에 선정적인 영화 광고들이 잔뜩 붙어 있는 그런 길이었습니다. 거기에 자꾸 눈이 가더래요. 그래서 이 형제는 어느 날, 이제는 먼 길로 돌아서 집에 가야겠다고 결심했습니다. 그리고 실행에 옮겼습니다. 새로운 길은 10분 이상 걸리는 길이었습니다.

바보 같은 결정이었을까요? 그게 최선의 방법이었냐고 따질 분도 계시겠죠. 그냥 기도하면서, 찬송을 부르면서, 아니면 찬송을 들으면서 그 길을 지나도 되는 것 아니겠습니까? 하지만 저는 그 형제가 자신이 내릴 수 있는 최선의 결정을 내렸다고 생각합니다. 그는 비싼 값을 지불하면서라도 정결한 마음을 지키려고 했던 겁니다. 30년도 더 지난 이야기이지만, 저는 지금도 그 형제가 했던 말이 문득문득 떠오르며 도전을 받습니다.

물론 이런 거 하나로 정결한 삶을 살게 되는 건 아니죠. 하지만 "네가 먹는 것이 곧 너다"라는 말을 다시 한번 떠올려 보세요. 내가 먹는 것이 곧 나인 것처럼, "내가 보는 것이 곧 나이며 내가 듣는 것이 곧 나입니다." 우리가 몸의 건강을 위해서는 먹을 거, 안 먹을 거를 잘 가려서 먹지 않습니까? 똑같이 우리 마음속에도 들어올 거, 안 들어올 거를 우리가 잘 가려서 살아야 한다는 것입니다. 당연하잖아요? 그런데 여기엔 굳은 결심이 필요합니다.

"스스로 깨끗한 자로 여기면서도 자기의 더러운 것을 씻지 아니하는 무리가 있느니라" (잠 30:12)

정결한 마음을 사모하시나요? 그러면 더러운 것을 씻어내야 합니다. 그런 행동이 없다면 여러분은 거짓말하고 있는 겁니다. 속히 무얼 "하겠다", 아니면 "하지 않겠다"라는 결심을 하세요. 그리고 행동에 옮기세요. 시간이 없습니다. 이 정욕의 전투에서는 사망자가 많이 나오기 때문입니다. 그러니 지금 바로 결심하세요. 그리고 잠언 7장의 끝을 장식하는 다음의 처참한 이야기를 차분히 읽어보세요.

"여러 가지 고운 말로 유혹하며 입술의 호리는 말로 꾀므로 젊은이가 곧 그를 따랐으니 소가 도수장으로 가는 것 같고 미련한 자가 벌을 받으려고 쇠사슬에 매이러 가는 것과 같도다 필경은 화살이 그 간을 뚫게 되리라 새가 빨리 그물로 들어가되 그의 생명을 잃어버릴 줄을 알지 못함과 같으니라 이제 아들들아 내 말을 듣고 내 입의 말에 주의하라 네 마음이 음녀의 길로 치우치지 말며 그 길에 미혹되지 말지어다 대저 그가 많은 사람을 상하여 엎드러지게 하였나니 그에게 죽은 자가 허다하니라" (잠 7:21-26)

명심하세요! 화살에 간이 뚫리지 않으시려면, 그리고 이 치열한 전투에서 사망자 명단에 이름을 올리지 않으시려면 남들이 바보같이 봐도 좋으니까 오늘부터라도 정결한 삶을 위한 "무식하고 거룩한" 시도들을 바로 시작하세요. 사람들에겐 무식한 방법이지만 하나님께는 거룩한 방법이 분명히 있을 겁니다.

2. 비뚤어진 마음을 버리라!

둘째는 "비뚤어진 마음(crooked heart)을 버리라"는 겁니다. 우리는 억울한 일을 당하거나 일이 마음대로 안 풀릴 때 자꾸 마음이 비뚤어지고 삐딱해지려는 유혹을 받습니다. 그러지 마세요.

"마음이 굽은 자는 여호와께 미움을 받아도 행위가 온전한 자는 그의 기뻐하심을 받느니라" (잠 11:20)

이게 이전에 보던 개역 성경에는 '사특한 마음'이라고 나와서 이해가 좀 어려웠는데, 요즘 보는 개역개정 성경에는 '굽은 마음'으로 번역되어 있습니다. 현대인의 성경에는 '비뚤어진 마음'이라고 나옵니다. 이런 마음들을 버려야 합니다. 마음이 굽은 자는 하나님께 미움을 받기 때문입니다. 그리고 사실 마음이 비뚤어진 사람은 세상에서도 멸시를 받습니다. 잠언에도 그 얘기가 나옵니다.

"사람은 그 지혜대로 칭찬을 받으려니와 마음이 굽은 자는 멸시를 받으리라" (잠 12:8)

그렇다면 뭐가 굽은 마음이고 뭐가 비뚤어진 마음일까요? 이게 히브리어 원어로는 "이케쉬"인데 영어로는 "crooked(휘어진, 비뚤어진)"로 번역되기도 하고 "perverse(심술궂은)"로 번역되기도 합니다. 이제 이게 무슨 뜻인지 짐작이 가시죠?

쉽게 말해서 마음이 꼬인 상태입니다. 태도가 삐딱한 겁니다. 누가 무슨 말이나 행동을 했을 때 자꾸 그걸 부정적으로 보는 것이고 자꾸 쓸데없이 시비를 거는 겁니다. 우리 주위에도 누가 어떤 선의의 행동을 해도 거기엔 분명히 다른 뜻이 있을 거라면서 삐딱하게 보는 사람들이 꼭 있습니다. 자꾸 삐딱선을 탄다고도 하죠. 이렇게 살면 아까 본 말씀처럼 하나님이 싫어하십니다. 사람들도 싫어합니다. 그리고 따라서 복받는 것도 어렵겠습니다.

"마음이 굽은 자는 복을 얻지 못하고 혀가 패역한 자는 재앙에 빠지느니라" (잠 17:20)

여기 보면 마음이 굽은 자와 혀가 패역한 자는 긴밀하게 연결되어 있습니다. 그렇습니다. 마음이 삐딱한 사람 입에선 결국 삐딱한 말이 나옵니다. 거친 말, 상처 주는 말, 송곳으로 찌르는 말이 결국 튀어나옵니다. 입은 비뚤어져도 말은 바로 하라고 했지만, 마음이 비뚤어지면 말을 바로 하기가 어렵습니다. 본인은 말실수를 했다고 생각하지만 마음이 비뚤어져서 비뚤어진 말이 나왔을 뿐입니다.

그리고 문제는 자기만 복을 못 받는 게 아니라 옆 사람들이 그 상처로 인해 한참을 괴로워하게 된다는 겁니다. 자기는 뒤끝이 없다고 생각할지 모르지만, 그의 뒤로는 그가 던진 말폭탄에 쓰러져 죽은 시체들이 널려있습니다. 이러니 하나님도 사람들도 다 그를 멀리할 수밖에 없습니다. 이게 어떻게 마음대로 잘 안된다는 분들도 있습니다. 하지만 성경은 우리가 마음을 통제할 수 있다고 말합니다.

"자기의 마음을 제어하지 아니하는 자는 성읍이 무너지고 성벽이 없는 것과 같으니라" (잠 25:28)

자기 마음은 자기 것입니다. 자기 마음을 제어하지 않는 자는 성읍이 무너진 것과 같다고 했습니다. 성벽이 없는 거나 마찬가지라는 겁니다. 그러니 여러분, 굽은 마음이 아니라 펴진 마음을 가지시기 바랍니다. 비뚤어진 마음이 아니라 똑바른 마음을 가지시기 바랍니다. 심술궂은 마음이 아니라 실수도 눈감아주고 원수를 위해 복 빌어주는 마음을 갖고 사시기를 바랍니다. 마음을 제어하세요!

하지만 마음이 비뚤어졌거나 배배 꼬인 사람을 만났을 때 그를 쉽게 정죄하지는 마세요. 그저 그가 변화되도록 기도해 주세요. 그리고 여러분을 돌아보세요. 여러분에게는 그런 모습이 전혀 없으신가요? 의도했건 의도하지 않았건 상대에게 상처를 주는 날카로운 말들이 하루에도 수십 발씩 여러분 입에서 발사되고 있지는 않으신가요?

비뚤어진 마음과 비뚤어진 말에서 벗어나는 가장 좋은 길은 뭘까요? 잠언에 좋은 해결책이 있습니다.

"의인의 마음은 대답할 말을 깊이 생각하여도 악인의 입은 악을 쏟느니라" (잠 15:28)

해결책은 의외로 단순합니다. 깊이 생각하고 말하라는 겁니다! 불쑥 내뱉는 말이 성공하는 사람은 코미디 배우들밖에 없습니다. 우리의 일상사는 언제나 책임질 수 있는 말을 요구합니다. 항상 할 말을 깊이 생각하고 말씀하실 것을 부탁드립니다. 이건 굉장히 실제적이고 대단히 실용적인 제안입니다.

3. 즐거운 마음을 가지라!

마음에 대한 잠언의 세 번째 메시지는 "즐거운 마음(joyful heart)을 가지라"는 겁니다. 기독교가 기쁨을 강조하는 종교인 건 잘 아시죠? 이 기쁘고 즐거운 마음을 마귀가 뺏어가지 못하도록 잘 지키시기 바랍니다.

"마음의 즐거움은 얼굴을 빛나게 하여도 마음의 근심은 심령을 상하게 하느니라"(잠 15:13)

"마음의 즐거움은 양약이라도 심령의 근심은 뼈를 마르게 하느니라"(잠 17:22)

정말 맞는 말이죠? 그런데 이게 세상 사람들이 만든 말이 아니고 하나님이 주신 말씀이라는 사실이 중요합니다. 하나님은 근심이 우리 심령을 상하게 하고 뼈를 마르게 한다는 사실을 잘 알고 계십니다. 그리고 마음의 즐거움이 우리 얼굴을 빛나게 하고 또 우리에게 양약이 된다는 사실도 잘 알고 계십니다. 저는 하나님이 "마음의 즐거움보다 근심이 더 낫다"라고 하지 않으셨다는 사실이 얼마나 감사한지 모릅니다. 그럼 너무나 고달픈 인생이 될 것이기 때문입니다. 게다가 하나님은 이 문제에 있어서 굉장히 세심하십니다.

"마음이 상한 자에게 노래하는 것은 추운 날에 옷을 벗음 같고 소다 위에 식초를 부음 같으니라"(잠 25:20)

우리 하나님, 정말 자상하시죠? 마음이 상한 사람 앞에서 함부로 노래하지 말라고 하시잖아요? 위로랍시고 함부로 행동해서 추운 날에 옷을 더 벗기는 것 같은 역효과를 가져오지 말라고 하시잖아요? 부주의한 행동은 소다 위에 식초를 붓는 것처럼 사람을 갑자기 부글부글 끓어오르게 만들 수 있다고 하시잖아요? 우리 하나님은 표현력도 참 대단하십니다.

그런데 하나님이 달씀하시는 이 "즐거운 마음"이라는 건 도대체 무슨 뜻일까요? 사실 이 부분이 중요합니다. 이런 말씀 들어보셨을 겁니다. 데살로니가전서 5장에 "항상 기뻐하라... 이것이 그리스도 예수 안에서 너희를 향하신 하나님의 뜻이니라", 또 빌립보서 4장에 "주 안에서 항상 기뻐하라 내가 다시 말하노니 기뻐하라"라고 하신 말씀 말입니다. 그러니까 하나님이 우리가 항상 기쁘게 살기를 원하신다는 사실은 일단 분명합니다.

그런데 솔직히 우리 삶에는 힘든 일, 슬픈 일, 억울한 일, 괴로운 일이 참 많잖아요. 심지어 우리 신앙이 좋았던 시기조차도 말입니다. 이건 무슨 병 주고 약 주고도 아니고, 도대체 우리가 그런데도 어떻게 항상 기뻐할 수 있다는 겁니까. 도대체 어떻게 근심이 심령을 상하게 하니 마음이 즐거워야 한다고 말씀하실 수가 있는 걸까요.

혹시 이게, 속으로는 곪아 터져도 사람들 앞에서는 항상 웃음을 잃지 말라는 말씀일까요? 그래야 전도가 되니까 말입니다. 하지만 그건 위선이잖아요? 하나님이 그런 걸 말씀하셨을 리가 없습니다. 하나님이 말씀하신 건 진짜 즐거움이고 진짜 기쁨입니다. 그게 어떻게 가능할까요? 힌트를 주시는 말씀이 있습니다.

"고난 받는 자는 그 날이 다 험악하나 마음이 즐거운 자는 항상 잔치하느니라" (잠 15:15)

마음에 고난이 있으면 매일이 험악한 날이지만, 마음이 즐거운 자에겐 매일이 잔칫날이라는 말씀입니다. 그런데 고난은 누구나 당하잖아요? 마음이 즐겁다고 해서 고난이 피해 가지 않습니다. 그런 의미에서 혹시 이 말씀을 "아무리 고난 가운데 있더라도 매일을 즐겁게 잔칫날처럼 살아내는 비결이 있다"라는 의미로 이해할 수는 없을까요? 초상집이 잔칫집이 되는 그런 인생 말입니다. 이게 그냥 말장난이 아닙니다. 바울 서신에도 나오는 원리입니다.

"(우리는) 근심하는 자 같으나 항상 기뻐하고 가난한 자 같으나 많은 사람을 부요하게 하고 아무 것도 없는 자 같으나 모든 것을 가진 자로다" (고후 6:10)

바울이 누굽니까? "항상 기뻐하라… 이것이 그리스도 예수 안에서 너희를 향하신 하나님의 뜻이니라"라고 기록했던 사람이 바로 바울입니다. 또 "주 안에서 항상 기뻐하라 내가 다시 말하노니 기뻐하라"라고 기록했던 사람도 바울이었습니다. 그런데 이 말씀에 보니까, 그는 사람들에게 근심하는 자처럼 보였던 것 같습니다. 사실 핍박받던 1세기 선교사가 얼마나 근심이 많았겠습니까? 아마도 1세기에 가장 근심 많고 가장 고난 많은 자 중에 바울의 이름이 절대로 빠지지 않았을 겁니다.

하지만 그런데도 그는 자기가 항상 기뻐하는 자라고 단호히 고백합니다. "근심하는 자 같으나 항상 기뻐하고" 바로 이겁니다! 우리가 항상 좋은 일이 있어서 기쁜 것이 아니고 항상 기도 응답이 100%여서 즐거운 것이 아니라는 것입니다. 이제 보니까 성경에서 말하는 기쁨은 근심이 승화된 기쁨이었습니다. 고통 속에서의 기쁨이었습니다. 성경이 원하는 웃음소리는 울음을 딛고 일어선 웃음이었던 것입니다. 그 비결은 1절에 나옵니다.

"우리가 하나님과 함께 일하는 자로서 너희를 권하노니 하나님의 은혜를 헛되이 받지 말라" (고후 6:1)

은혜받은 사람은 근심이 많은 것처럼 보여도, 항상 즐겁습니다. 은혜받은 사람은 가난한 것처럼 보여도, 많은 사람을 부요하게 해줍니다. 그리고 은혜받은 사람은 아무것도 없는 것처럼 보여도, 아무것도 더 필요하지 않습니다. 이미 모든 것을 가졌기 때문입니다. 은혜를 받은 자라면 말입니다. 이 기가 막힌 비밀은 우리도 경험하고 있지 않습니까.

여러분. 은혜를 잃지 마시기 바랍니다. 세상은 우리를 우울하게 만듭니다. 하지만 은혜받은 자에겐 감사의 노래가 끊이지 않는 것입니다. 은혜를 빼앗기면 모든 기쁨이 다 사라지게 됩니다. 기뻐도 기쁜 것이 아니고 슬픔은 더욱 배가되어 우리를 짓누를 것입니다. 사탄이 은혜와 기쁨을 빼앗아가지 못하도록 매일 말씀과 기도와 찬양을 통해 은혜 안에 깊이 거하세요. 사탄은 결코 우리에게서 즐거운 마음을 빼앗아 가지 못할 것입니다.

결론

"내 안에 들어가는 것이 곧 내가 됩니다." 먹는 것만 그런 게 아닙니다. 내가 보는 것이 내가 되고, 내가 듣는 것이 내가 되고, 내가 읽는 것이 내가 됩니다. 지금 이 순간에도 말입니다. 혹시 지금 우리는 우리가 원치 않는 어떤 것이 되어 가는 중일 지도 모릅니다. 그러니 내 안에 무엇이 들어오고 나가는지 마음의 성벽을 잘 지켜야 하겠죠? 오늘 잠언을 통해서 하나님이 우리가 지켜야 할 마음 세 가지를 알려주셨습니다.

첫째, 정결한 마음을 사모하고 정결한 마음을 지켜가야 합니다. 물론 기독교는 결코 금욕의 종교가 아니라 잔치의 종교입니다. 하지만 하나님이 허락하지 않으신 쓸데없이 정욕적인 마음이 자꾸 든다면 벗어나야 합니다. 그것도 빨리 해결해야 합니다. 필경은 화살이 간을 뚫게 되기 때문입니다. 품었던 불은 빨리 던져버리고, 밟았던 숯불은 데이기 전에 빨리 걷어차 버리시기를 바랍니다. 특히 영화 아무거나 보지 말고 유튜브도 아무거나 보지 말며 스마트폰으로 아무 생각 없이 시간 낭비하지 마시기를 바랍니다.

둘째, 비뚤어진 마음을 버리고 똑바른 마음을 지키며 살아가야 합니다. 마음이 굽은 자는 하나님이 미워하시고 사람들도 싫어합니다. 그리고 마음이 악하면 반드시 입에서 악한 말이 나가게 됩니다. 말 송곳으로 사람 찌르는 재주가 있는 분들은 그게 말실수가 아닙니다. 그 마음에 사람들에 대한 정죄와 미움과 배배 꼬인 심령이 있기 때문입니다. 그런 자는 하나님의 복을 기대하지 말라는 것이 잠언의 경고입니다. 하나님이 나를 긍휼히 여기시는 것처럼, 여러분도 다른 사람을 긍휼히 여기시고 항상 온유하고 은혜롭고 복된 생각만 하며 사시기를 바랍니다.

셋째, 즐거운 마음을 가지고 살고 그 마음을 사탄이 채가지 않도록 잘 지켜야 합니다. 성경은 우리에게 항상 기뻐하며 살라고 강조합니다. 비록 고통과 슬픔과 아픔과 억울함이 없을 수는 없지만, 그리고 주님 없이 사는 자들은 거기서 헤매거나 술과 친구와 쾌락으로 그걸 해결하려 하지만, 우리는 거기에 빠져 헤맬 사람들이 아닙니다. 우리는 근심하는 자 같지만 항상 기뻐하는 자입니다. 주님 주신 은혜가 너무 크기 때문입니다. 저녁에는 울음이 기숙할지라도 아침에는 반드시 기쁨이 찾아옵니다. 우리의 슬픔은 변하여 춤이 될 것이며 주님은 반드시 나의 베옷을 벗기셔서 기쁨으로 띠 띠우실 것을 믿으시기 바랍니다.

그런데 이런 귀한 마음들을 지키며 사는 것이 결코 쉽지 않습니다. 아까 제가 고등학교 수학여행 떠나던 버스에서 있었던 일을 말씀드렸습니다. 그때의 그 무모할 정도의 순수함이 그립습니다. 담벼락에 붙은 음란한 영화 광고 피하려고 한참을 돌아서 집에 가던 그 청년의 순수함도 그립습니다. 마음을 지키고 살기 위해서는 이렇게 무모하게 보이는 거룩한 결심들을 단호하게 내리며 살아야 합니다.

여러분. 지금은 눈 뜨고 코 베어 가는 세상입니다. 잠깐만 정신 줄 놓고 있으면 스마트폰과 인터넷을 통해서 사탄의 밥이 되기 십상인 세상입니다. 여러분의 마음을 지키세요. 이 글을 읽는 모든 분들이 마음의 성벽을 튼튼히 쌓아서 생명의 근원을 잘 보존하시는 귀한 성도님들이 되시기를 간절히 기도드립니다. 아멘.

4. 돈, 축복인가 저주인가
_ Money: Blessing or Curse?

‖ 잠언 22:1-2,4 ‖

많은 재물보다 명예를 택할 것이요 은이나 금보다 은총을 더욱 택할 것이니라 빈부가 섞여 살거니와 무릇 그들을 지으신 이는 여호와시니라...겸손과 여호와를 경외함의 보응은 재물과 영광과 생명이니라

꿀물과 독약

이런 이야기가 있습니다. 어느 날 가난하지만 성실하게 살던 한 청년에게 사탄이 찾아옵니다. 그리고 열 개의 물병을 내밀었습니다. "아홉 개에는 꿀물이 들어있고 한 개에는 독약이 들어있다. 한 개를 골라서 마셔라. 만약 그게 꿀물이면 돈을 주겠다"라는 솔깃한 제안과 함께 말입니다. 하지만 "독약을 마시면 네 생명은 내 것"이라고 했습니다. 이런 걸 러시안룰렛 게임이라고 하죠. 운이 좋으면 계속 살아남겠지만 까딱 잘못하면 그걸로 바로 인생 접는 겁니다.

청년은 처음에는 자기는 돈 같은 거 필요 없다고 하면서 거부했습니다. 그런데 조금씩 마음이 약해졌습니다. 월세도 내야하고, 통신비도 내야하고, 데이트 자금도 필요하고, 돈이 필요한 곳이 너무 많았어요. 게다가 독약을 먹지 않을 확률이 무려 90%라는 생각에 "딱 한 번 만이다"라고 다짐한 뒤 결국 한 병을 집어 들고 마셨습니다. 다행히도 달콤한 꿀물이었습니다. 그는 약속대로 돈을 받아서 그걸로 필요한 것들을 샀습니다.

그런데 얼마 후 돈이 떨어지자 그걸 어떻게 알고 사탄이 또 찾아왔습니다. 그리고 나머지 아홉 개의 병 중 하나를 마셔보라고 유혹했습니다. 아직도 독약이 아닐 확률이 88.9%였습니다. 청년은 못 이기는 척하면서 또 한 병을 마셨는데 이번에도 다행히 꿀물이었습니다. 그래서 이번에도 돈을 받아 쥐고는 그걸로 멋진 옷도 사 입고 여기저기 놀러 다니기 시작했습니다. 돈이라는 게 없을 때는 몰랐는데 있으니까 너무 쓸 데가 많아졌습니다.

이런 식으로 돈이 아쉬울 때면 사탄이 주기적으로 찾아왔고 청년은 독약만 피하면 된다는 생각에 아무거나 하나 들고 마셨는데, 언제나 운 좋게 꿀물이었습니다. 그래서 청년은 항상 돈이 많았고 원하는 건 다 살 수 있었습니다. 친구들도 많이 사귀었고 그러다 보니 술에 취해 직장에 결근하는 날도 계속 늘어만 갔습니다. 그리고 이제 돈 없는 생활은 도저히 상상할 수 없게 되었습니다.

그렇게 세월이 흐르다가 어느 날 사탄이 찾아왔는데, 이제 물병은 단 두 개만 남아있었습니다. 독약을 마실 확률이 50%라는 뜻입니다. 이건 정말 위험한 도박이었습니다. 하지만 돈이 없으면 자기 삶이 도저히 유지가 안 되는, 또 다른 의미에서의 위험한 상황이기도 했습니다. 그래서 인생의 승부수를 던진다는 심정으로 한 개를 집어 들었습니다. 등에는 식은땀이 흘렀고 "내가 이거 먹고 죽으면 인생 참 허무하다"라고 생각하면서 눈물까지 글썽이며 마셨습니다.

죽었을까요, 안 죽었을까요? 세상에 이렇게 운 좋은 사람이 또 있을까요? 이번에도 꿀물이었습니다. 그래서 이제 어느새 머리가 희끗해진 이 노년의 신사는 사탄에게 "그것 봐, 난 언제나 운이 좋다니까. 네가 졌어. 난 절대로 독약은 안 먹지."라고 말하며 빨리 돈 내놓으라고 손을 내밀었습니다. 그런데 뜻밖에 사탄이 큰 소리로 웃으면서 말했습니다. "아직도 모르겠냐? 네가 진 거야, 이 바보야. 원래부터 독약이 든 물병은 없었다고. 하지만 넌 어느새 돈이라는 독약에 중독되어 점점 죽어가고 있지. 이 바보야."

저는 이 이야기를 처음 들었을 때 섬뜩했습니다. 독약만 피하면 돈을 벌 수 있다고 생각하며 살았는데 알고 보니 돈이 독약이었다니... 더 무서운 건 그걸 인생이 다 끝날 때가 되어서야 깨달았다는 겁니다. 정말 소름 돋는 이야기 아닙니까.

돈은 정말 독약일까요? 성경은 뭐라고 말할까요? 돈을 축복이라고 말할까요, 아니면 저주라고 말할까요? 돈은 하나님이 주신 꿀물일까요 아니면 사탄이 준 달콤한 독약일까요? 성경의 원리는 생각보다 단순하고 분명합니다. 그 귀한 원리들이 여러분의 심비에 새겨지고, 오늘 이 글을 통해 평생 어떻게 살아갈지에 대한 분명한 등대 같은 지침을 발견하시기를 주님의 이름으로 간절히 소망합니다.

오늘 잠언 본문에는 재물이 가지고 있는 세 가지 측면이 나옵니다. 한번 잘 들어보세요.

1. 돈보다 소중한 것이 있다.

돈에 대한 잠언의 첫 번째 교훈은 "돈보다 소중한 것이 있다"라는 겁니다. 돈보다 소중한 것이 있다. 재물보다 귀한 것이 있다. 그게 뭘까요?

"많은 재물보다 명예를 택할 것이요 은이나 금보다 은총을 더욱 택할 것이니라" (잠 22:1)

첫째, 재물보다 명예(honor)가 귀하다고 했습니다. 여기서 명예는 단순히 우리가 돈과 명예와 권력을 탐하지 말라고 할 때의 그런 명예가 아닙니다. 여기 명예의 히브리어가 "쉠"인데 쉠은 본래 "이름(name)"이라는 뜻입니다. 즉 돈보다 자기 이름이 중요하다는 겁니다. 돈 벌려고 자기 이름에 먹칠하지 말라는 뜻입니다. "거지처럼 벌어서 정승처럼 쓰라"는 속담도 있지만, 그게 부지런히 일해서 돈을 벌고 그렇게 번 돈은 주의해서 잘 사용하라는 의미이지 수단 방법 가리지 말고 돈 벌라는 의미는 절대로 아닐 겁니다.

제가 의대 4학년 때 한 백발의 교수님이 수업 시간에 의사란 어떤 사람이냐에 대해서 잠깐 말씀을 해주고 계셨습니다. 특히 "의사는 돈 버는 직업이 아니라 사람 생명을 살리는 직업이고, 이거 다른 사람들은 할 수 없는 일이다. 그러니 자부심을 가져라."라고 하셨을 때는 저를 비롯해서 다들 거의 "아멘" 하는 분위기였습니다. 그런데 제 바로 옆자리에 어떤 복학생 형이 앉아있었는데 혼자서 씩씩거리는 걸 느꼈습니다. 그 형이 이런 말을 하는 것도 들렸습니다. "씨, 의사도 돈 버는 게 중요하지 지금 무슨 얘기 하는 거야." 혼잣말이 아니더라고요. 주위 친구들이 다 쳐다봤습니다.

아, 모든 의사가 다 그런 건 아닙니다. 오히려 그런 분은 굉장히 드뭅니다. 저는 1992년에 의사가 된 이후 지금까지 그런 식으로 말하는 의사는 더 이상 본 적이 없습니다. 하지만 저는 그날 깨달았습니다. 사람이 살아가려면 돈이 필요한 건 맞지만, 돈이 의사라는 직업의 고귀한 명예를 결코 뛰어넘을 수 없다는 걸 말입니다. 그리고 그건 꼭 의사에게만 해당하는 게 아닙니다. 어떤 일을 하건 다 자기 직업의 고귀한 사명이 있는 것인데, 그 명예를 돈에 팔아넘기지 말라는 겁니다.

그게 성직이든 세속 직업이든, 전문직이든 비전문직이든, 서비스업이든 제조업이든, 정규직이든 비정규직이든, 자영업이든 봉급생활자이든, 세상에서 분류해 놓은 어떤 직업을 가졌든 간에 자기가 하는 일의 이름과 명예를 결코 돈과 바꾸지 말라고 하는 것입니다. 예수님 안 믿고 사는 사람들도 어느 정도 그런 건 압니다.

하물며 하나님의 자녀들이라면, 더더욱 직업의 명예를 걸고 부모님의 명예를 걸고 내 교회의 명예를 걸고, 아니 우리 주님의 명예를 걸고 돈 버는 일에 수단 방법 가리지 않는 자가 되지 마시기를 바랍니다. 왜냐하면 우리 이름과 명예는 죽을 때까지 가지고 가는 거지만, 재물은 굉장히 허무하게 사라져 버리는 일시적인 것이기 때문입니다. 그리고 사실 성경은 "부자 되기를 애쓰지 말라"고 말합니다.

"부자 되기에 애쓰지 말고 네 사사로운 지혜를 버릴지어다 네가 어찌 허무한 것에 주목하겠느냐 정녕히 재물은 스스로 날개를 내어 하늘을 나는 독수리처럼 날아가리라" (잠 23:4-5)

부자 되기를 애쓰지 말아야 하는 이유는 그게 허무한 일이기 때문이라는 겁니다. 이제 보니까 옷이 날개가 아니라 돈에 날개가 달렸습니다. 어느 날 갑자기 새처럼 휙 하고 날아가 버릴 겁니다. 어디 갔는지 찾아도 소용이 없습니다. 이미 다른 사람 주머니에 가서 앉아있습니다. 이렇게 허무한 게 돈인데, 겨우 그거 때문에 네 명예와 네 주님의 이름이 땅에 처박혀도 좋겠느냐 이겁니다.

둘째, 은금보다 은총(favor)이 더 귀하다고 했습니다. 왜 그럴까요? 아마도 돈의 부작용이 돈만 의지하게 만드는 것이기 때문일 겁니다. 돈만 있으면 다 된다는 착각이 바로 돈의 가장 큰 부작용입니다. 돈이 있으면 편한 건 사실입니다. 하지만 돈은 우리 삶을 약간 편하게 만들어 주는 정도까지가 그 능력입니다. 약간 편해지는 것 말고는 "절대로" 돈이 우리에게 해줄 수 있는 것이 없습니다. 절대로 말입니다.

그러니 돈보다는 확실히 은총이 낫습니다. 은총은 돈으로 할 수 없는 것을 하게 하기 때문입니다. 은총은 돈으로 살 수 없는 것을 가지게 해주고, 돈으로 갈 수 없는 곳을 가게 해 줍니다. 특히 사람들이 내게 베푸는 은총도 귀한 것이지만 하나님의 은총은 우리가 세상에서 기댈 수 있는 모든 것 중에 가장 좋은 겁니다.

게다가 돈과 물질에는 치명적 약점이 있습니다. 월급이 오른 기쁨은 한 달도 안 갑니다. 좋은 차나 좋은 집으로 바꾼 기쁨은 한 달보단 조금 더 갑니다. 하지만 그 이상은 안 갑니다. 돈이 만 원이 있다가 2만 원이 생기면, 잠깐은 기쁘지만 곧 만 원일 때와 같은 아쉬움이 생깁니다. 2만 원이 있다가 3만 원이 생기면 잠깐은 기쁘지만, 또 곧 2만 원일 때와 같은 아쉬움이 생깁니다. 악순환입니다. 그래서 돈은 그게 꿀물인 줄 알고 받아 마시지만 거기 중독되면 결국 독약이 될 수도 있습니다. 다음 말씀을 보세요.

"은을 사랑하는 자는 은으로 만족하지 못하고 풍요를 사랑하는 자는 소득으로 만족하지 아니하나니 이것도 헛되도다" (전 5:10)

은을 사랑해서 은을 얻으면 은에 만족해야 하는데 거기 만족 못 하는 게 사람이라는 겁니다. 소득이 필요해서 소득을 얻으면 그 소득으로 만족해야 하는데, 거기 만족 못 하는 게 사람이라는 겁니다. 더 허무한 건 그다음 절에 나옵니다.

"재산이 많아지면 먹는 자들도 많아지나니 그 소유주들은 눈으로 보는 것 외에 무엇이 유익하랴" (전 5:11)

이런! 가진 게 많아지면 그걸 나눠 먹는 자들도 늘어난다는 겁니다. 돈이 많아지면 그에 비례해서 부양할 식구들과 직원들과 돈 들어갈 곳이 많아집니다. 결국 소유주들은 자기 돈이 여기저기 들어가는 것을 눈으로 보는 것 말고는 별 유익이 없습니다. 돈이 많다고 하루 여섯 끼를 먹는 것도 아니니 말입니다. 얼마나 허무합니까? 우리 하나님은 정말 비유도 잘 드세요.

여러분, 다시 한번 정리해 드립니다. 돈보다 소중한 것이 있는 걸 믿으시기 바랍니다. 특히 돈보다 여러분의 이름과 명예가 더 소중합니다. 조금 더 편하자고 여러분의 이름과 직업의 명예와 부모의 명예와 교회의 명예와 특별히 주님의 명예를 더럽히지 마세요. 그냥 조금 더 편하자고 그렇게 비겁하게 살지 마세요.

그리고 돈보다 은총이 더 소중합니다. 돈으로 다 살 수 있을 것 같지만 돈이 도와주는 것보다 하나님이 은혜를 베푸셔서 여러분을 도와주시는 게 훨씬 낫습니다. 돈은 배신하지 않는다고요? 다 헛소리입니다. 돈에는 날개가 있잖아요? 휙 하고 뒤도 안 돌아보고 날아가 버립니다. 하지만 하나님은 임마누엘 되시사 여러분 곁을 끝까지 떠나지 않으실 것입니다. 게다가 돈으로 정말 다 살 수나 있습니까? 돈이 별의별 입장권을 다 사주지만 천국 입장권을 사주던가요?

"천부장이 대답하되 나는 돈을 많이 들여 이 시민권을 얻었노라 바울이 이르되 나는 나면서부터라 하니" (행 22:28)

이 천부장처럼 돈으로 그 어렵다는 로마 시민권은 살 수 있습니다. 하지만 천국 시민권은 오직 믿음으로만, 오직 하나님의 은총으로만 얻는 것임을 믿으시기 바랍니다. 그러니 돈보다 은총이 훨씬 귀한 겁니다. 돈은 쉽게 배신하지만 하나님의 은총은 결코 우리를 떠나지 않습니다.

2. 빈부가 섞여 살게 하셨다.

돈에 대한 잠언의 두 번째 교훈은 "빈부가 섞여 살게 하셨다"라는 겁니다. 이건 무슨 말일까요?

"가난한 자와 부한 자가 함께 살거니와 그 모두를 지으신 이는 여호와시니"라 (잠 22:2)

제가 기억하는 제 첫 꿈은 택시 운전사였습니다. 어릴 때 아버지가 사업을 하셨는데 사업이 잘 안되셔서 집에 돈이 없었습니다. 그래서 먹고 싶은 걸 사 먹어본 기억이 별로 없습니다. 그런데 어느 날 보니까 택시 운전사 아저씨들은 항상 주머니에 현찰이 많으신 겁니다. 그때는 교통카드가 없던 시절이었으니까 그랬겠지만, 어쨌든 항상 지폐를 두둑하게 갖고 다니면서 돈을 거슬러주시는 걸 봤습니다. 그래서 어린 마음에 택시 운전을 하면 돈을 많이 벌 수 있겠다고 생각했습니다. 그만큼 집이 넉넉하지 못했습니다.

하지만 제가 부모님께 정말 감사하는 건 부자를 미워하거나 돈 버는 게 제 삶의 지상 목표가 되지 않게 저를 키우셨다는 겁니다. 그분들은 가난해도 항상 하나님과 사람들에게 감사하며 사셨고 남에게 피해 주지 않도록 노력을 많이 하셨습니다. 한 통계를 보니까 범죄의 약 90%가 돈과 관련되어 있다고 합니다. 그리고 교도소에 수감된 죄수들의 약 80%도 돈과 관련된 범죄 때문에 거기에 수감되어 있다고 합니다. 가난하게 살았지만 제가 잘못된 길로 가지 않도록 키워주신 부모님께 진심으로 감사를 드립니다.

그래도 제가 없이 살았던 사실은 변함없습니다. 어떤 때는 부유한 친구들 곁을 맴돌면서 혹시 자기들 아이스크림 사 먹을 때 나는 하나 안 사주나 하면서 비굴하게 따라다녀 본 적도 솔직히 있었습니다. 그 기분 아시는 분들도 계실 겁니다.

다시 질문으로 돌아가 보겠습니다. 하나님은 왜 빈부가 섞여 살게 하셨을까요? 그런데 이 본문을 잘 보면, 가난한 자와 부자가 섞여 산다는 것이 핵심이 아니고 그들을 지으신 이가 모두 하나님이시다라는 사실이 핵심입니다. 그래서 현대인의 성경에는 2절이 이렇게 번역되어 있습니다. "부자와 가난한 자의 공통점은 여호와께서 그들을 다 지으셨다는 점이다."

맞습니다. 그럼 하나님은 왜 부자와 가난한 자를 지어서 함께 살게 하셨을까요? 지으시려면 그냥 다 부자로 지어주실 것이지, 왜 어떤 사람은 가난하게 또 어떤 사람은 부자로 지으신 걸까요?

혹시, 부자가 가난한 자를 도와주면서 사는 시스템을 염두에 두신 건 아닐까요? 놀랍게도 잠언을 계속 묵상하다 보면 아무리 생각해 봐도 그게 맞는 것 같습니다. 부자가 돈을 어디에 써야 하는지에 대한 잠언 말씀은 거의 언제나 가난한 자를 돕는 것과 연관되기 때문입니다.

"흩어 구제하여도 더욱 부하게 되는 일이 있나니 과도히 아껴도 가난하게 될 뿐이니라 구제를 좋아하는 자는 풍족하여질 것이요 남을 윤택하게 하는 자는 자기도 윤택하여지리라" (잠 11:24-25)

흩어 구제하면 결국 망하는 게 아니라 더욱 부하게 됩니다! 저는 이 말씀을 읽을 때마다 예수님이 오병이어로 오천 명을 먹이시던 장면이 떠오릅니다. 나눌수록 줄어들어야 하는데 아무리 나누셔도 끝나지 않았고, 오히려 남은 걸 계수해 보니 열두 광주리가 꽉 차게 남았다고 했습니다. 그 풍성하신 주님의 능력이, 어제나 오늘이나 영원히 동일하신 주님의 그 능력이 오늘 우리가 어려운 이웃을 도와줄 때 거기서도 동일하게 우리에게 임하실 줄 믿습니다.

물론 일반적으로는 돈을 아무 데나 쓰지 않고 아껴서 써야죠. 하지만 가난한 자를, 어려운 이웃을, 적극적으로 도와줘야 할 대조차 과도히 아끼는 건 우리가 할 일이 아닙니다.

"네 손이 선을 베풀 힘이 있거든 마땅히 받을 자에게 베풀기를 아끼지 말며 네게 있거든 이웃에게 이르기를 갔다가 다시 오라 내일 주겠노라 하지 말며" (잠 3:27-28)

이 말씀은 꽤 구체적입니다. 도움이 필요한 자가 나한테 왔는데, 또 그 정도는 내가 도와줄 여력이 있는데, 굳이 그 사람에게 "지금은 말고 다음에 와라. 그러면 그때는 주겠다."라는 식으로 말하지 말라는 말씀입니다. 지금 도와줄 수 있다면 지금 도와주라는 말씀입니다. 요즘 말로 하면 좀 쿨하게 도와주라는 말씀입니다. 그리고 거기엔 뜻밖의 약속이 있습니다.

"가난한 자를 불쌍히 여기는 것은 여호와께 꾸어 드리는 것이니 그의 선행을 그에게 갚아 주시리라" (잠 19:17)

네? 그게 하나님께 꾸어 드리는 거라고요? 가난한 자를 도와주는 것이 하나님께 꾸어 드리는 거라는 생각을 해본 적이 있으신가요? 우리 주님이 정말 멋있다는 생각이 자꾸 듭니다.

꼭 이런 것 같습니다. 애들을 키울 때 두 아이에게 모두 먹을 걸 사줬는데 한 아이가 그만 땅에 떨어뜨려서 못 먹게 되었습니다. 그러면 다른 아이에게 네 동생과 좀 나눠 먹어라 그러죠. 그럼 거기서 애들 성격이 나옵니다. 먹을 거에 침 발라놓는 애들도 봤습니다. 하지만 "나한테 주는 거라고 생각하고 동생에게 나눠주렴. 그럼 내가 다음에 그거 하나 더 사줄게. 약속한다." 지금 그런 상황입니다.

그래서 주님도 (마 5:7)에 "긍휼히 여기는 자는 복이 있나니 그들이 긍휼히 여김을 받을 것임이요"라고 말씀하셨습니다. 내가 베푼 긍휼은 주님께 꾸어 드린 긍휼이어서 반드시 주님은 나를 긍휼히 여겨주실 것입니다. 가난한 자, 불쌍한 자, 어려운 자를 내가 긍휼히 여기면 하나님이 갚아 주신다는 이 약속은 신구약 동일합니다. 그리고 2,000년 전이나 지금이나 역시 동일합니다. 도와주는 자에게 하늘로부터 도움이 임할 것입니다! 긍휼히 여기는 자에게 하늘로부터 긍휼이 임할 것입니다! 성경은 심지어 도와줄 수 있는데도 그걸 못 본 체하는 자에게는 저주가 임한다고 경고합니다.

"가난한 자를 구제하는 자는 궁핍하지 아니하려니와 못 본 체하는 자에게는 저주가 크리라" (잠 28:27)

이 잠언 말씀이 하나님의 말씀이라고 정말 믿으신다면, 이제는 가난한 자를 아무 조치 없이 그냥 넘어가시는 일은 없어야 할 겁니다. 물론 이 말씀들이 꼭 돈에 대해서만 말하는 건 아닙니다. 재능, 기회, 지혜, 육체적 힘이나 신앙 같은 것에도 다 해당됩니다. 세상에는 다양한 종류의 부자와 빈자가 있습니다. 여러분도 자신이 남들보다 상대적으로 많이 가진 것이 무엇인지 잘 살펴보시고, "가진 자가 적게 가진 자를 도우며 살라"는 하나님 말씀을 꼭 실천하며 사시기를 바랍니다.

자, 그런데 우리만 이런 말씀 알고 살면 무슨 소용이 있을까요? 정작 부자들은 이런 말씀이 있는지조차 모를 텐데 말입니다. 그럼 부자가 빈자를 돕는다는 하나님의 원대한 계획은 결국 무산되는 걸까요? 그게 그렇지가 않습니다. 성경은 거기에 대해서도 대답을 가지고 있습니다. 불의한 자의 재물이 어디로 가는지 한 번 보세요.

"선인은 그 산업을 자자 손손에게 끼쳐도 죄인의 재물은 의인을 위하여 쌓이느니라"(잠 13:22)

선하지 못한 자가 아무리 재물을 높이 쌓아도, 그게 결국은 누구 거라고요? 성경은 그 재물이 의인들을 위해 쌓이는 거라고 말씀하십니다. 결국 불의한 자의 재물은 그것이 필요한 하나님의 백성들을 위해 사용되게 될 것입니다. 하나님의 계획이 결코 인간의 불순종에 의해서 망가지지 않는다는 것입니다. 죄인들에겐 불행이고 의인들에겐 감사할 일입니다.

하지만 하나님은 여러분이 부자들의 곳간을 털라고 말씀하시는 게 아닙니다. 그건 강도고 도적이죠. 하나님은 이 모든 일을 하나님이 하실 거라고 말씀하십니다. 얼마나 감사한 일입니까? 그러니 악인들 중에 부자가 많아도 전혀 부러워할 일이 없습니다.

"중한 변리로 자기 재산을 늘이는 것은 가난한 사람을 불쌍히 여기는 자를 위해 그 재산을 저축하는 것이니라"(잠 28:8)

아무리 다른 사람의 피 같은 돈을 높은 이자를 붙여서 갈취해 가는 사람이 있어도, 그 재물이 결국 그 사람 것이 아님을 믿으시기 바랍니다. 그는 가난한 사람을 불쌍히 여기는 자들을 위해 열심히 저축하고 있습니다. 얼마나 고맙습니까. 혹시 나도 어려운 이웃들 좀 도우며 살고 싶은데 내겐 왜 이렇게 돈이 없을까 하는 분들 계시나요? 너무 걱정 마세요. 지금 그 많은 돈을 한꺼번에 여러분에게 맡기시면 여러분이 관리가 힘드시잖아요?

그래서 하나님이 지금은 돈 관리 하나는 끝내주게 잘하는 불의한 자들이 그걸 가지고 있게 하신 겁니다. 하지만 하나님이 기회를 봐서 그 돈이 날갯짓하며 날아가게 하실 날이 옵니다. 그리고 그 돈은 의인에게, 그리고 가난한 사람을 불쌍히 여기는 자들에게 날갯짓하며 내려앉을 겁니다. 그러니 의롭지 못한 부자는 얼마나 인생이 허무합니까?

사랑하는 여러분. 하나님이 부자와 빈자를 섞여 살게 하신 이유를 우리가 다 알 수는 없지만, 부자가 빈자를 도우며 살게 하셨다는 이 사실 하나는 분명히 기억하고 살아가시기를 바랍니다. 그리고 "긍휼히 여기는 자를 내가 긍휼히 여길 것이다"라는 주님 말씀도 절대 잊지 마시기를 바랍니다.

3. 돈은 하나님의 선물이다.

돈에 대한 세 번째 교훈은 "돈은 하나님의 선물"이라는 겁니다. 돈은 선물이고 축복이지 원래는 독약이 아니라는 겁니다.

"겸손과 여호와를 경외함의 보상은 재물과 영광과 생명이니라" (잠 22:4)

재물이 우리 신앙에 대한 선물로 주어질 수 있다는 사실을 믿으셔야 합니다. 그리고 이건 돈이 "목표"가 아니라 "결과"여야 한다는 사실도 말해줍니다. 이 말씀을 다른 말로 하면, "재물을 추구하면 실족할 것이요, 겸손히 하나님을 두려워하며 살면 영광과 생명은 물론 나도 모르는 사이에 필요한 재물이 날갯짓하며 어딘가에서 날아와 내 옆에 사뿐히 내려앉게 될 것이다"라는 말씀입니다. 사람이 부하게 되는 것은 확실히 하나님이 주시는 복입니다. 이 사실을 애써 부인할 이유가 없습니다.

> "여호와께서 주시는 복은 사람을 부하게 하고 근심을 겸하여 주지 아니하시느니라" (잠 10:22)

그런데 이 말씀에 굉장한 진리가 들어있습니다. 하나님이 복으로 주시는 재물과 세상적인 노력으로 얻는 재물에는 큰 차이가 있다는 겁니다. 그건 하나님이 주시는 복으로서의 재물에는 일반적으로 근심이 함께 오지 않는다는 사실입니다. 이걸로 세속적인 축재와 구분하시기 바랍니다. 그런데 그 이유는 무엇일까요?

아마도 하나님이 주시는 재물은 우리가 그걸 목표로 살았던 게 아니라 뜻밖의 선물로 받은 것이어서 그저 감사할 뿐인 것에 반해, 세상적인 재물은 그것이 우리 삶의 목표였고 우리가 그걸 위해 모든 것을 바쳤으며 심지어 우리 신앙이나 주님 명예도 손해를 봐가면서 얻은 것이기 때문에 여러 근심들이 같이 따라오는 것으로 보입니다.

그러고 보면 완전히 거꾸로 사는 사람들이 너무 많습니다. 제가 찾아보니까, 교육과학기술부가 2012년에 전국의 초중고 학생 24,126명을 대상으로 인생에서 무엇을 추구하며 살겠냐고 질문했더니 학생들의 52.5%가 돈을 선택했다는 겁니다. 특히 학년이 높아질수록 돈을 택한 비중이 높았습니다. 돈이 인생의 목표라고 답한 학생이 초등학생은 전체의 38%, 중학생은 53%, 고등학생은 56%였습니다.

정말 슬픈 현실입니다. 어린 학생들이 벌써 이렇게 배금주의 사상에 사로잡혀 살다니요. 이러니 꿀물을 가장한 사탄의 독약 전술이 먹히는 겁니다. 답답합니다. 하지만 그럼에도, 재물이 여호와를 경외하는 자에게 주시는 선물 즉 축복이라는 사실 자체는 변함이 없습니다.

또 정반대로 돈은 더러운 거라고 생각하는 사람들도 적지 않습니다. 물론 사실 돈 자체는 참 더럽습니다. 미국 월스트리트저널 보고에 따르면 뉴욕대학교 연구진이 돈 표면에서 각종 미생물의 DNA 검사를 해봤습니다. 그 결과 1달러짜리 지폐에서 세균이나 곰팡이 유전자가 무려 3,000 종 이상이 나왔습니다. 게다가 그 미생물들이 지폐에 그냥 묻어있는 게 아니라 "자라고" 있다고 했습니다.

그중 가장 흔한 오염물이 여드름 세균이었습니다. 돈 좋아하는 분들은 얼굴에 여드름 많아질 각오를 하시기 바랍니다. 그러고 보면 제가 어릴 때 부모님이 돈에 병균이 많이 묻어있으니 자꾸 만지지 말라고 저를 가르치셨던 게 참 지혜로우셨던 겁니다. 하지만 이 사실 역시 재물이 축복이라는 사실을 바꾸어놓지는 못합니다. 돈이나 재물 자체를 죄악시하는 사상은 성경에는 없습니다.

돈에 인생을 거는 것은 최고로 허무한 일입니다. 하지만 하나님께 인생을 걸고 살다가 주시는 재물이 있다면, 그건 축복이고 선물이니 감사하게 받으시면 됩니다. 근심도 겸하여 오지 않는 아주 깨끗한 축복입니다. 이제 그 재물 가지고 주님께 예물로 돌려드리고 하늘나라 확장을 위해 헌신하시고, 그리고 어려운 이웃에게 긍휼을 베푸시면 됩니다.

그런데 주의할 점이 있습니다. 재물을 주고 안 주고는 하나님 뜻입니다. 재물이 축복인 것은 맞지만 우리에겐 그걸 요구할 권리가 없고 성경에는 돈보다 귀한 축복도 많이 나옵니다. "재물이 많은 자가 복받은 자"라는 생각은 정말 큰 오해입니다. 따라서 만약 누가 돈을 많이 번 사람 이야기를 하면서 그가 받은 축복이 얼마나 크냐고 한다면, 이건 여러 사람 시험 들게 하기 딱 좋고 그의 빈약한 축복관을 그대로 드러내 보일 뿐입니다.

돈은 인생의 목표가 될 수 없으며, 우리는 그런 뉘앙스를 주는 말도 삼갈 필요가 있습니다.

결론

다시 여쭙습니다. 돈은 축복일까요, 저주일까요? 꿀물일까요, 독약일까요? 우리는 오늘 돈에 대한 세 가지 귀한 잠언을 배웠습니다. 명예와 은총처럼 돈보다 소중한 것이 있습니다. 하나님은 부자와 가난한 자가 같이 섞여 살며 서로 긍휼을 베풀게 하셨습니다. 그리고 무엇보다 돈은 하나님의 선물임이 분명하지만 그것은 결과이지 목표일 수 없다는 것입니다.

이 세 가지 보석 같은 잠언들을 한 문장으로 요약하던 다음과 같습니다.

"네 주인은 돈이 아니라 하나님이시다"

이 사실을 모르고 평생 죽어라고 돈만 향해서 달려가는 사람이 있다면, 돈은 그 사람에게 꿀물을 가장한, 사탄이 주는 독약입니다. 아주 위험합니다. 중독되면 약도 없습니다.

하지만 동시에 성경은 절대로 돈 자체를 죄악시하거나 터부시하지 않는다는 사실을 명심해야 합니다. 다른 종교 경전에는 돈 얘기가 거의 안 나온다고 합니다. 불교에서 가장 중요한 경전인 금강경에는 돈 얘기가 아예 전혀 안 나옵니다. 그런데 우리는 오늘 잠언에서 얼마나 깊은 돈과 재물 이야기를 듣습니까? 신약성경에도 돈 얘기가 많이 나옵니다. 특히 우리 예수님이 드신 예화의 절반 이상이 돈 즉 재물과 관련된 예화라는 거 아시나요?

이건 무얼 말하는 걸까요? 우리가 돈은 더러운 거야 하면서 쳐다보지도 말 것이 아니라 제대로 성경적인 재물관을 공부해야 한다는 뜻이 아닐까요? 그리고 결국 돈이 저주가 아니라 축복이 되는 것이 우리에게 달린 거라는 뜻이 아닐까요?

이제는 수준 낮게 돈에 끌려다니지 마세요. 우리의 필요는 돈이 아니라 하나님이 채워주십니다. 필요할 때 하나님은 어김없이 돈을 보내주실 겁니다. 할렐루야.

"나의 하나님이 그리스도 예수 안에서 영광 가운데 그 풍성한 대로 너희 모든 쓸 것을 채우시리라" (빌 4:19)

5. 끝이 안 좋은 교만 _ Pride that ends badly

‖ 잠언 18:12 ‖
사람의 마음의 교만은 멸망의 선봉이요 겸손은 존귀의 길잡이니라

어느 자수성가자의 교만

저는 소위 말하는 자수성가형 인생을 살았습니다. 원래는 공부를 잘하지 못했고 그래서 성적표가 나오는 날은 항상 어머니에게 종아리 맞는 날이었습니다. 방학식 하던 날 친구들이 놀러 가자고 저희 집 마당에서 저를 기다리다가, 제가 안방에서 종아리 맞으며 내는 비명 소리를 듣고 다 도망가 버린 적도 있었습니다.

하지만 갑자기 공부를 열심히 하게 되었고, 대전의 한 이름 없던 고등학교 학생 모의고사 성적이 전국 석차를 오르내리는 기적이 일어났습니다. 상상할 수 없었던 일이죠. 친구들 사이에선 제 공부 방법이 비법으로 통했습니다.

그런데 진짜 비법은 그게 아니었습니다. 진짜 비법은 소위 모태신앙이었던 제가 중2 때 예수님을 인격적으로 뜨겁게 만났던 거였습니다. 그때 평생 하나님의 영광만을 위해 살기로 결심했습니다. 그런데 중학교 2학년짜리가 생각할 수 있는 하나님의 영광을 위해 살 수 있는 유일한 길은 공부밖에 없었습니다. 그래서 죽어라고 공부만 했습니다.

그 와중에 교회 성가대 지휘자이셨던 어머니와 바이올린을 잘 하던 누나

덕택에 음악에도 눈을 떴습니다. 그래서 미션스쿨이었던 고등학교에서는 3년 동안 매주 수요일 채플 반주를 했습니다. 그리고 작곡으로 하나님께 영광을 돌리려는 마음에 "하루에 찬송가 한 곡 작곡하기 운동"도 펼쳤습니다. 물론 저 혼자 하는 운동이었으니 들어본 적은 없으실 겁니다.

저는 뭘 하든지 하나님의 영광을 위해서 한다는 마음이 가득했고, 그리고 동시에 난 뭘 하든지 잘할 수 있다는 자만심도 은근히 함께 커져만 갔습니다.

결국 1986년에 남들이 부러워하는 학교 의예과에 입학했습니다. 그런데 그해에 학생들의 데모가 참 심했습니다. 저는 학생운동에 헌신하다가 경찰에 쫓기는 친구들을 보면서, 나는 하나님 말씀과 복음 전파에 헌신해야겠다는 결심을 했고 그래서 한 선교 단체에 들어갔습니다. 새벽마다 열심히 Quiet Time 시간을 가졌고, 지금 목사인 제가 흉내도 못 낼 정도로 엄청난 양의 성경 말씀을 암송했습니다. 디모데후서는 1장부터 4장까지 전 구절을 다 외울 정도였습니다. 전도도 열심히 해서, 의대 4년 동안 그 두꺼운 의학 원서와 씨름한 시간보다 전도와 양육을 위해 들였던 시간이 결코 더 적지 않았습니다. 제가 의대를 계속 다닌 이유는, 선교사로 쓰임 받으려면 일반 직업보다 의사인 것이 더 도움이 된다는 생각 때문일 정도였습니다.

그러다가 의대를 졸업하기 얼마 전이었습니다. 그 선교 단체 대표님과 친해졌고 하루는 그분과 길게 대화할 기회가 있었습니다. 요즘 어떻게 사느냐고 물으시길래, 제가 얼마나 성경 암송을 많이 하는지 전도는 또 얼마나 열심히 하고 있는지 말씀을 드렸습니다. 한참을 침 튀기면서 떠들었던 것 같습니다. 그런데 다 듣고 나서 그분이 인자한 표정으로 이런 말씀을 하셨습니다. "너 참 교만하구나."

"네? 하하…" 저는 체면상 웃고 있었지만 웃는 게 웃는 게 아니었습니다. "수근아, 너 참 교만하구나." 머리를 망치로 정통으로 얻어맞은 느낌이었습니다. 실수로 제 방문이 열렸는데, 그 속의 지저분하고 냄새나는 것들을 사람들에게 들켜버린 느낌이었습니다. 그 지저분한 건 바로 누구도 범접하기 힘들었던 제 "고만과 자만"이었습니다. 문이 열려서 다른 사람이 코를 찡그리는 걸 보는 기분은 정말 별로였습니다. "내가 교만한 거 어떻게 알았지?" 순간 저도 그 퀴퀴한 냄새에 덩달아 코를 막을 수밖에 없었습니다.

그날 집에 와서 계속 생각했습니다. 그리고 생전 처음으로 깨달은 사실은… 제가 입만 열면 제 자랑만 하며 살아왔다는 거였습니다. 저는 스스로를 자신감과 열정이 넘치는 사람이라고 생각하며 살았지만, 생각해 보니 그 "자신감"이라는 동전의 뒷면은 자만심이었고, 그 "열정"의 뒷면은 사람들에게 인정받으려는 욕심이었습니다. 그걸 난생처음 심각하게 깨닫고 회개했습니다. 지금까지 제 교만 참아내느라 고생했을 주변 사람들의 얼굴도 떠올랐습니다.

지금도 교만한 말 한마디 툭 던지고 싶을 때, 사람들 사이에 높임 받고 싶을 때, 그분 말씀이 가끔씩 떠오릅니다. "너 참 교만하구나." 마침 오늘 겸손과 교만에 대한 잠언 말씀을 들려드리려고 하다가 30년도 더 된 기억이 소환되어 이렇게 말씀을 드렸습니다.

이 글이 저처럼 입만 열면 교만이 튀어나오시는 분이든 아니면 가끔씩만 교만해지시는 분이든, 교만으로 인해 자기가 병들고 주위 사람들이 고통받으시는 모든 분에게 하나님의 통렬한 음성으로 들려지시기를 간절히 소망합니다.

오늘의 잠언 말씀을 보겠습니다.

"사람의 마음의 교만은 멸망의 선봉이요 겸손은 존귀의 길잡이니라" (잠 18:12)

유명한 말씀이죠. 교만은 멸망의 선봉이고 겸손은 존귀의 길잡이입니다. 교만은 반드시 멸망으로 이끕니다. 절대로 교만하게 사시면 안 됩니다. 이 말씀이 현대인의 성경에는 이렇게 나옵니다. "사람이 망하려면 먼저 교만해지지만, 존경을 받을 사람은 먼저 겸손해진다." 맞습니다. 망할 사람은 먼저 교만부터 시작합니다. 교만은 끝이 안 좋습니다. 하루라도 더 늦기 전에 "끝이 안 좋은 교만"에서 돌아서시기 바랍니다.

우선 잠언에는, 교만과 거만에 해당하는 단어가 겸손에 해당하는 단어에 비해 서너 배는 더 많이 나옵니다. 직접적으로 겸손하라는 명령보다는 "교만하지 마라", "거만하게 살지 마라" 이런 명령이 훨씬 많다는 뜻입니다. 어떻게 하면 겸손하게 살까를 연구하기보다 어떻게 하면 교만하지 않게 살까를 연구하는 게 더 낫다는 뜻일 수도 있습니다.

1. 교만한 자는 사람들이 싫어한다.

잠언에서 배우는 첫 번째 메시지는 "교만한 자는 사람들이 싫어한다"라는 겁니다. 특히 교만한 사람들이 교만한 자들을 싫어합니다. 교만한 사람들은 다른 사람이 교만하게 나대는 꼴을 못 봅니다. 정말 웃기는 일이죠. 그래서 교만한 사람들끼리 만나면 항상 싸웁니다. 저는 교만한 사람들끼리 친한 걸 평생 본 일이 없습니다. 서로 만났을 때 겉으로는 웃더라도 뒤에서는 서로 비꼽니다.

그리고 잠언은 교만한 자들은 사람들이 싫어하기 때문에 그에겐 수치스러운 일이 생기게 되어있다고 말합니다.

"교만이 오면 욕도 오거니와 겸손한 자에게는 지혜가 있느니라" (잠 11:2)

욕이 온다는 말은 수치스러운 일(disgrace, shame)이 생긴다는 뜻입니다. 교만하게 살면 꼭 수치를 당하게 된다는 뜻이고, 목이 뻣뻣하면 그 목이 꺾일 날이 꼭 온다는 뜻입니다. 왜일까요? 사실 고만하지 않으면 수치당할 일도 별로 없습니다. 자기가 정말 부족하다고 생각하는 사람은 자기의 부족이 드러나는 날이 와도 별로 상처를 안 받습니다.

문제는, 자기가 제일 똑똑하고 제일 예쁘고 제일 잘났다고 생각했는데 자기보다 더 나은 사람이 등장하는 순간입니다. 자기가 제일 예쁘다고 생각하던 마녀가 요술 거울에게 물어보죠. "거울아, 거울아, 세상에서 누가 제일 예쁘니?" 그때 거울이 백설 공주라고 대답하는 것을 듣고 마녀가 얼마나 큰 수치를 느꼈는지 여러분은 잘 기억하실 겁니다.

저도 한때는 저만 똑똑한 줄 안 적이 있었습니다. 그런데 의학적으로나, 신학적으로나, 음악적으로나 제가 명함도 못 내밀 똑똑한 사람들이 세상에 너무 많은 걸 알고는 어느 날부턴가 가급적 입 다물고 살고 있습니다. 계속 아는 체 하다가는 결국 창피를 당할 것이기 때문입니다.

잠언에는 교만한 자의 끝이 안 좋은 이유가 또 나옵니다.

"미련한 자는 교만하여 입으로 매를 자청하고 지혜로운 자의 입술은 자기를 보전하느니라" (잠 14:3)

교만한 자는 입으로 매를 법니다. 교만하면 대개 말이 많아지기 때문입니다. 그런데 교만한 자가 하는 말은 주로 자기 자랑 아니면 자기변명입니다. 자기 자랑만 교만이 아닙니다. 필요 이상의 자기변명도 교만입니다. 교만한 자는 자기 자랑하다가 결국은 있는 말 없는 말 떠들어대다가 거짓이

섞일 수밖에 없고, 또 자기변명하다가 결국 남 탓 얘기를 안 할 수가 없습니다. 그래서 사람들에게 미움을 사게 되고 그리고 매를 벌게 되는 겁니다.

혹시 "다들 왜 나만 갖고 그러지?" 하면서 의아해 본 적이 있으신가요? 다들 평소에는 별말이 없다가 특별한 상황이 되면 결국 여러분에게 원성을 돌리던가요? 꼭 무슨 쌓인 것이 있는 사람들처럼 말입니다. 다른 원인도 있겠지만 그동안 내가 교만하고 거만하게 살아서였을 가능성이 높습니다.
성경은 또한 교만한 자들에게는 자꾸 다툼이 생긴다고 말합니다.

"교만에서는 다툼만 일어날 뿐이라 권면을 듣는 자는 지혜가 있느니라" (잠 13:10)

교만한 자는 자꾸 싸움을 일으킵니다. 혹시 "나는 왜 가는 곳마다 사람들이 싸움을 걸지?" 하는 분들 계시나요? 혹시 싸움은 여러분이 걸고 계시는지도 모릅니다. 교만한 사람은 자기가 얼마나 역겨운 냄새 풍기고 사는지 잘 모릅니다. 30여 년 전의 저처럼 말이죠.

사람들이 여러분 옆에 잘 안 오려고 하면 이유는 둘 중 하나입니다. 여러분 입 냄새가 심하든지 아니면 교만해서 그런 겁니다. 입 냄새 심한 사람이 자기 냄새 때문에 코 막는 거 보신 적이 있나요? 교만한 사람도 자기가 교만한 거 잘 모릅니다. 그래도 가끔은 자기가 교만하다는 걸 아시는 분들을 만납니다. 이분들은 이미 치료 과정에 들어가신 겁니다. 주 안에서 잘 치료되시기를 바랍니다.

거듭 말씀드립니다. 교만에는 여러 증상이 있지만 자꾸 싸움이 일어나게 되는 것이 중요한 증상이라는 사실을 절대 잊지 마시기 바랍니다. 그들은 지적질을 좋아하고 남 비방하기를 즐기게 되기 때문입니다. 즉 "거만한 자

(scorner, scoffer)"가 됩니다.

"거만한 자를 쫓아내면 다툼이 쉬고 싸움과 수욕이 그치느니라" (잠 22:10)

"거만한 자는 성읍을 요란하게 하여도 슬기로운 자는 노를 그치게 하느니라" (잠 29:8)

그래서 거만한 자가 빠지면 그제야 싸움이 멈춥니다. 이제 좀 덜 시끄러워집니다. 여러분 가정이나 직장이나 구역을 보시면, 자꾸 분위기 어색하게 만드는 분들 계시죠? 혹시 갑분싸라는 말 아세요? "갑자기 분위기가 싸해진다"라는 뜻의 신조어입니다. 모든 갑분싸가 다 교만한 분들은 아니겠지만, 교만한 분들은 대부분 갑분싸입니다.

평화는 언제 찾아올까요? 그분들이 휴가 떠날 때입니다. 참 슬픈 일이죠. 만나기만 하면 서로 위로가 되고 서로 힘이 되어야 하는데, 사람들이 그 사람을 슬슬 피해요. 그 앞에서 조금만 말실수했다가는 바로 ICBM 미사일이 날아오기 때문입니다.
그래서 결론적으로 교만한 자들은 사람들에게 미움을 받습니다.

"미련한 자의 생각은 죄요 거만한 자는 사람에게 미움을 받느니라" (잠 24:9)

혹시 내가 좀 거만하게 살았던 것 같은데 감사하게도 사람들이 나한테 잘해준다는 생각이 들 수도 있습니다. 정말 감사하셔야 합니다. 물론 그게 혹시 원수를 사랑하라는 말씀 때문일지도 모르지만 말입니다.

사실 우리 중에 어떻게든 교만하게 살아보려고 노력하는 사람은 아무도 없을 겁니다. 하지만 우리는 대부분 교만합니다. 그것도 아마추어가 아니라 프로급입니다. 그게 언제부터 그렇게 되었는지 아세요? 아담과 하와 때부터입니다. 최초의 인간들이 선악과를 따먹고 눈이 밝아져서 자기들도 하나님처럼 선악을 아는 자가 되어보겠다는 교만을 품은 뒤부터, 교만은 인간의 가장 핵심적인 타락한 성품이 되었습니다.

천사도 하나님처럼 되어보려는 교만을 품은 뒤 사탄이 되었고, 인간도 교만 때문에 에덴동산에서 쫓겨났습니다. 우린 모두 원래 성령이 충만한 게 아니라 교만이 충만한 자들입니다. 하지만 성령의 능력으로, 교만한 말과 행동을 벗어버리고 겸손의 열매를 맺으시는 분들이 다들 되시기를 주님 이름으로 진심으로 축원합니다.

2. 교만한 자는 하나님이 싫어하신다.

잠언에서 배우는 두 번째 교훈은 "교만한 자는 하나님이 싫어하신다"라는 것입니다. 사람들도 교만한 자를 싫어하지만, 잠언에 보면 하나님은 아예 미워한다고 하셨습니다.

"여호와께서 미워하시는 것 곧 그의 마음에 싫어하시는 것이 예닐곱 가지이니 곧 교만한 눈과 거짓된 혀와 무죄한 자의 피를 흘리는 손과" (잠 6:16-17)

하나님이 미워하시는 것, 곧 그 마음에 싫어하시는 것이 일곱 가지가 있다고 했습니다. 그 목록의 첫 번째가 바로 교만입니다. 이건 교만이 모든 죄의 근본이 된다는 뜻이기도 하고, 또 어떤 목록을 나열할 때 항상 중요한 것부터 먼저 나열하는 유대인들의 문법을 근거로 해서 볼 때 하나님이 인간의 죄 중에 특히 교만을 정말로 싫어하신다는 사실을 알 수가 있습니다.

여기 "교만한 눈"이라고 했죠. 교만은 눈으로 가장 먼저 알 수 있는가 봅니다.

제가 있는 병원에 가끔씩 연예인들이 와서 진료를 받습니다. 저희 병원은 광고도 안 하고 연예인들이라고 특별한 대우를 해주는 것도 없습니다. 그래서 그냥 가끔씩 옵니다. 하지만 촬영 스케줄을 맞춰야 해서 저도 신경을 많이 써드리려고 노력은 합니다. 그런데 하루는 뭔가 분위기가 남다른 여성분이 제 진료실에 들어와서 이런저런 상담을 받았습니다. 그런데 아무리 봐도 일반인인 것 같지가 않습니다. 그래서 혹시 어떤 일을 하시는지 여쭤봤습니다. 아 그랬더니 영화배우래요. 어쩐지...

그런데 처음 들어보는 성함이었어요. 하지만 자기가 주연으로 나온 영화나 드라마 얘기들을 몇 개 말해주어서 그제야 알았습니다. 소위 예명이라고 하죠. 그 예명으로 상당히 유명한 배우였습니다. 저는 그분 나오는 영화나 드라마를 직접 본 적이 없어도 그분 이름은 많이 들어봤었습니다. 그래서 제가 "아 그러시군요. 몰라뵈어서 죄송합니다. 제가 요즘 뉴스 말고는 통 TV를 안 봐서요."라고 말했습니다.

그런데 그때 눈빛이 달라지는 걸 봤습니다. 저는 자기가 얼마나 대단한 사람인지 누가 몰라봐 줄 때 그렇게까지 눈빛이 달라지는 분은 처음 봤습니다. 말투도 달라지는 걸 느꼈습니다. 그런데 나중에 들어보니 저만 그런 게 아니고 데스크 직원들도 그분에게 저와 비슷한 인상을 받았다고 했습니다. 죄송하지만 이런 걸 교만이라고 합니다. 교만한 사람은 누가 나를 몰라주면, 내가 한 일을 몰라주고 내가 얼마나 유명한 사람인지 얼마나 높은 사람인지 못 알아봐 주면 당황합니다. 서운해지고 불쾌해집니다. 그리고 눈빛이 달라집니다.

그런데 그게 그분만 그런 게 아닙니다. 사실 저도 어디 가서 누가 저를 잘 몰라봐 줄 때 마음이 불편해지는 걸 느낍니다. 맨날 원장님, 목사님, 회장님, 교수님, 지휘자님, 박사님, 이런 존칭만 듣다가 어디 가서 "이수근 씨" 그러면 마음이 편하지가 않습니다. 이게 다 교만해서 그렇습니다. 그럼 제가 "이수근 씨"지 "저수근 씨"입니까? 교만하니까 별것이 다 불쾌합니다.

심지어 오랫동안 저희 성가대를 하시다가 멀리 이사 가셨던 분을 오랜만에 만난 적이 있었습니다. 그런데 저를 계속 "집사님, 집사님" 하고 부르시더라고요. 꽤 당황했습니다. 그분은 제가 집사 직분으로 지휘자를 할 때 성가대 하셨던 분이거든요. 그런데 목사가 무슨 계급장도 아닌데 세상에 그런 것 가지고 불편했습니다. 여러분. 제 수준이 그것밖에 안 됩니다. 그런데 끝까지 저를 집사님이라고 부르시더라고요. 그래서 저도 끝까지 제가 목사 된 거 얘기 안 했습니다. "집사님~" 하실 때마다 제 교만한 심령에 종아리를 한 대씩 맞기 위해서였습니다. 그날 참 많이도 맞았습니다.

하나님이 교만을 미워하신다는 말씀은 또 있습니다.

"무릇 마음이 교만한 자를 여호와께서 미워하시나니 피차 손을 잡을지라도 벌을 면하지 못하리라" (잠 16:5)

마음이 교만한 자를 하나님이 미워하십니다. 심지어 그들이 아무리 손잡고 힘을 합쳐도 하나님의 벌을 피할 길이 없습니다. 사랑하는 여러분. 하나님이 미워하시면 답이 없습니다. 교만 버리고 거기서 뛰쳐나오셔야지 다른 방법이 없습니다. "제가 원래 좀 교만해요 하나님, 좀 이해해 주세요", 그런 거 없습니다. 칼같이 벌받습니다.

몇 년 전의 일입니다. 제가 어떤 막 은퇴하신 장로님께 그동안 신앙적으로 제일 중요하게 여기면서 사신 게 무엇이었는지 여쭤본 적이 있습니다.

그분은 교회적으로나 사회적으로나 가정적으로 사람들의 존경을 많이 받는 분이셨거든요. 진짜 저는 듣고 싶었습니다. 그때 그분이 해주신 말씀이 아직도 기억납니다. 자기는 하나님 앞에서 "알아서 기는 인생"을 사셨다고 했습니다. 고개 빳빳이 쳐들고 살다가 하나님이 자기를 무릎 꿇게 하시면 그건 너무 고통스러울 테니, 미리미리 알아서 기셨다는 겁니다.

알아서 긴다... 표현이 썩 고상해 보이지는 않았지만, 하나님 앞에서 바짝 엎드려 사셨다는 거고 그게 그분의 사회생활이나 가정생활에도 그대로 나타났던 겁니다. 그러고 보니 그분은 학식이 많았지만 사람들에게 자기 지식을 자랑하는 걸 들어본 적이 없었고 항상 경청하시는 쪽이었습니다. 어쩐지 그분을 좋아하는 분들이 많고 존경하는 분들이 많았어요. 저도 그 후로 장로님을 배나 더 존경하게 되었습니다. 사실 교만한 자를 미워하시는 우리 하나님께 한 번 제대로 걸리면 뼈도 못 추립니다. 알아서 기는 편이 훨씬 지혜로운 거죠.

이건 세상에서도 똑같습니다. 사람들 앞에서 고개 빳빳이 들지 말고 알아서 굽히고 사는 것이 지혜입니다. 자기보다 강한 자에게만 고개를 숙이면 비열한 거지만, 약한 자 앞에서도 숙이면 그건 겸손입니다. 벼가 익을수록 고개를 숙인다는 건 세상 사람들도 다 아는 얘기입니다. 우리 예수님 믿는 사람들이 그저 제일 잘하는 사람들이 되어야 하는 거 아닙니까.

"진실로 그는 거만한 자를 비웃으시며 겸손한 자에게 은혜를 베푸시나니" (잠 3:34)

거만한 자는 하나님이 비웃으신다고 했습니다. 하나님이 비웃으시는 인생을 뭐가 좋다고 사십니까? 하나님 은혜를 받고 싶으시면 먼저 겸손한 자가 되세요. 하나님과 사람 앞에서 알아서 기는 자, 바짝 엎드린 자가 되시기를 진심으로 축원합니다. 뿐만이 아닙니다.

"여호와는 교만한 자의 집을 허시며 과부의 지계를 정하시느니라" (잠 15:25)

하나님이 교만한 자의 집을 허신다고 했습니다. 집은 곧 소유를 말함이고 사실상 그 사람의 전부를 의미합니다. 그리고 "과부가 사는 곳의 경계선은 튼튼히 세워 주신다"(새번역성경)고 했습니다. 이래도 교만을 버리지 않으시겠습니까? 가진 것도 없는 과부는 하나님이 직접 지켜주신다는데, 가진 게 많다고 뻐기던 교만한 자는 있는 것도 다 빼앗기게 생겼습니다. 이게 하나님이십니다.

3. 교만에서 탈출하는 방법을 알려 드립니다.

자, 그렇다면, 이제 우린 어떻게 해야 하는 걸까요? 끝이 안 보이는 교만, 잠언에 따르면 그 끝이 절대로 안 좋은 이 교만에서 우리는 어떻게 하면 탈출할 수 있을까요?

그 첫걸음은 우선 자기가 교만하다는 걸 인정하는 데서 출발합니다. 정도의 차이는 있지만 우리는 누구나 교만합니다. 대부분은 솔직히 "심각하게" 교만합니다. 우리가 겸손한 척은 얼마든지 할 수 있지만, 진짜 겸손이 내 안에 없다는 것을 특히 인생 오래 사신 분들은 아주 잘 알고 있습니다. 우리에겐 겸손이 없습니다. 그래서 우리는 겸손한 왕으로 오신 예수님께 배워야만 합니다.

"너희 안에 이 마음을 품으라 곧 그리스도 예수의 마음이니그는 근본 하나님의 본체시나 하나님과 동등됨을 취할 것으로 여기지 아니하시고오히려 자기를 비

> 워 종의 형체를 가지사 사람들과 같이 되셨고 사람의 모양으로 나타나사 자기를 낮추시고 죽기까지 복종하셨으니 곧 십자가에 죽으심이라" (빌 2:5-8)

여러분도 예수님의 마음을 품으시기 바랍니다. 예수님은 하나님의 본체로서 얼마든지 하늘 보좌에서 영광 누리며 사실 수 있었지만, 굳이 종의 형체 즉 사람이 되는 길을 택하셨습니다. 자기를 얼마나 낮추셨냐 하면 죽음까지도 달게 받으셨습니다. 하나님이신 우리 주님께 죽음이라니요.

그러고 보면 우리가 자기를 아무리 낮춘다고 해도 주님의 겸손에 비하면, 정말 침례 요한의 고백처럼 그 신들메를 풀기도 감당치 못할 정도로 굉장히 보잘것없는 겁니다. 우리가 별 존재들이 아니었으니 뭐 대단하게 낮출 것도 가지고 있지 않다는 겁니다.

그렇다면 과연 "겸손"이란 뭘까요? 겸손은 쉽게 말해서 나를 낮추고 남을 높이는 겁니다. 물론 우리 속의 교만은 너를 높이고 남을 낮추라고 계속 우리를 꼬드깁니다. 하지만 주님 마음을 품고 사는 사람은 결코 그렇게 살 수가 없습니다. 잠언에 나오는 방법들을 몇 가지 보겠습니다.

첫째, 나를 낮추는 방법입니다. 성경은 겸손한 자들과 함께하면서 마음을 낮추는 걸 배우라고 말합니다. 그게 교만한 자들과 어울리는 것보다 훨씬 낫다는 겁니다.

> "겸손한 자와 함께 하여 마음을 낮추는 것이 교만한 자와 함께 하여 탈취물을 나누는 것보다 나으니라" (잠 16:19)

그러니 지금까지 교만한 자들과 함께 어울리기 좋아하셨던 분들은, 이 핑계 저 핑계 대면서 그 무리에서 나오시기 바랍니다. 이게 그거하고 똑같습니다. 주식 얘기만 하는 사람들과 사귀면 결국 주식을 하게 되죠. 골프 얘기만 하는 사람들과 사귀면 결국 골프를 하지 않고는 못 배깁니다. 마찬가지입니다. 교만한 자들의 대화에 자꾸 끼면 거기서 그들의 있는 체, 아는 체하는 말을 듣게 되고 입만 벌리면 자기 자랑하는 모습을 보게 됩니다. 그러면 어느새 내 입에서도 교만한 말들이 나오고 눈에선 교만한 광선이 발사되기 시작합니다.

여러분 주위 사람을 겸손과 교만이라는 관점에서 한번 정리해 보면 어떨까요? 겸손한 분들과 더 많은 시간을 보내 보세요. 사실 생각해 보면 그동안 겸손한 자들과 함께 있을 때 마음이 더 편하지 않으셨나요? 그리고 교만하고 뻣뻣한 태도를 가진 사람 옆에서는 마음이 곧 불편해지고 마음을 닫게 되지 않으시던가요?

어떤 마을에 평생 비석만 만들며 살아온 석공이 있었습니다. 최선을 다해서 비석을 다듬고 또 그 딱딱한 돌 위에 능숙하게 비문도 새겨 넣고는 했습니다. 그런데 그걸 지켜보던 어떤 정치인이 그러더랍니다. "나도 당신처럼, 사람들의 단단한 마음을 부드럽게 다듬는 기술이 있었으면 좋겠어요. 그리고 당신처럼 사람들 마음속에 내가 품은 멋진 생각들도 새겨 넣을 수 있으면 한이 없겠어요." 그러자 석공이 이렇게 말했습니다. "선생님, 저처럼 무릎 꿇고 하시면 하실 수 있습니다."

자기를 낮추지 않으면 사람들 마음을 얻을 수가 없습니다. 이건 세상 사람들도 다 아는 원리입니다. 그런데 그 원조는 우리 주님 말씀에 담겨있습니다. 그건 바로 "낮아질 때 높아진다"라는 것입니다.

"청함을 받았을 때에 차라리 가서 끝자리에 앉으라 그러면 너를 청한 자가 와서 너더러 벗이여 올라 앉으라 하리니 그 때에야 함께 앉은 모든 사람 앞에서 영광이 있으리라 무릇 자기를 높이는 자는 낮아지고 자기를 낮추는 자는 높아지리라" (눅 14:10,11)

둘째, 그렇다면 남을 높이는 방법은 무엇일까요? 가장 쉽고 가장 좋은 방법은 칭찬입니다. 이런 칭찬을 해보신 적 있으시죠? 누군가의 음식이 맛이 없어도 그 맛이 훌륭하다는 칭찬 말입니다. 아마 다음번엔 훨씬 맛있는 음식이 나왔을 겁니다. 이렇게 "격려를 위한 칭찬"은 그리 어렵지 않으니 많이들 하고 계실 겁니다.

좀 더 어려운 칭찬은 "다른 사람이 잘한 것을 잘했다고 칭찬하는 일"입니다. 뜻밖에, 다른 사람이 잘한 것을 잘했다고 칭찬하는 것이 다른 사람이 못한 것을 격려하고 칭찬하는 것보다 어렵습니다. 특히 그가 나의 동료이거나 같은 팀원이거나 같은 구역원일 때 그렇습니다. 그를 높이면 내가 낮아지는 것 같기 때문입니다. 그래서 이런 칭찬은 좀 어색하고 계면쩍고 그래서 다들 이런 칭찬에 인색합니다. 하지만 잘한 것을 잘했다고 진심으로 칭찬하는 것이 교만을 벗어나는 귀한 방법인 것을 믿으시기 바랍니다.

그런데 정말 어려운 칭찬은 "어떤 일을 함께 이루었을 때 나보다 다른 사람의 공이 더 컸다고 말하는 일"입니다. 우리 옛사람은 나 없으면 이거 못했다고 생색내고 찬양을 받고 싶습니다. 하지만 그건 하수나 하는 일입니다. 그렇게 하지 마세요. 사실상 내가 다 한 일인 거 같아도 다른 사람의 이름을 먼저 높이시기 바랍니다. 자기를 낮추는 자가 높아질 것을 믿으시기 바랍니다. 먼저 끝자리에 앉는 자는 반드시 올라앉으라고 부름을 받을 겁니다. 그리고 끝까지 사람들이 나를 인정 안 해준다고 해도 주님만 나를 받으시면 되는 거 아닙니까?

사랑하는 여러분. 저는 여러분이 칭찬을 입에 달고 사시기를 기원합니다. 격려를 위한 칭찬이든, 정말 잘한 것을 잘했다고 말하는 칭찬이든, 진짜 칭찬받을 만한 일을 한 사람은 여러분이든, 하루에 한 명 이상씩 꼭 칭찬해 주세요. 장담컨대 여러분의 가정이 바뀌고 회사가 바뀌고 구역이 바뀌고 여러분의 인생도 바뀌게 될 겁니다. 게다가 칭찬은 하나님이 사용하시는 도구라고 잠언에 나옵니다.

"도가니로 은을, 풀무로 금을, 칭찬으로 사람을 단련하느니라" (잠 27:21)

여기서 단련은 영어로 test입니다. 맞습니다. 칭찬은 테스트이고 그래서 하나님의 도구입니다. 그의 사람됨을 평가하는 도구이고, 칭찬의 결과 그를 더 성숙하게 만들어주는 도구입니다. 여러분을 누가 칭찬한다면, 이제 여러분의 인성평가 시간이 돌아온 겁니다. "제가 원래 좀 합니다." 이건 낙제입니다. "제가 똑똑한 거 이제 아셨다니 좀 실망입니다." 그것도 F입니다. 그런 교만은 이제 벗어나세요. 그저 "다 하나님의 은혜였습니다. 다 기도해 주신 덕분입니다." 그렇게 말씀하시기 바랍니다. 또 그게 사실이기 때문입니다.

이제 부지런히 칭찬하며 사세요. 그건 여러분이 겸손을 배우는 기회도 되고 그 사람도 겸손을 훈련받게 되니 일석이조입니다. 단, 자화자찬은 절대 금지입니다. 잠언에도 나옵니다.

"타인이 너를 칭찬하게 하고 네 입으로는 하지 말며 외인이 너를 칭찬하게 하고 네 입술로는 하지 말지니라" (잠 27:2)

그렇습니다. 특히 생색내는 것 좀 하지 마세요. 자기가 뭐 조금 했는데 그걸 어떻게든 사람들에게 알리고 인정받으려는 마음은 버리세요. 생색은 교만의 또 다른 이름입니다. 어차피 여러분의 선행과 봉사와 헌신과 섬김은 꽃향기처럼 나도 모르게 점점 퍼지게 되어있습니다. 그리고 그런 소문 좀 안 나면 어떻습니까? 예수님도 비슷한 말씀을 하셨습니다.

"사람에게 보이려고 그들 앞에서 너희 의를 행하지 않도록 주의하라 그리하지 아니하면 하늘에 계신 너희 아버지께 상을 받지 못하느니라" (마 6:1)

그거 내가 한 거라고 자랑하다가, 그거 사람들이 안 알아준다고 생색 좀 내보다가 정작 하나님이 주시는 상을 잃어버리지 마시기를 바랍니다. 사람들이 안 알아주면 그냥 하늘 한 번 쳐다보고 끝내세요. 그리고 "하나님, 보셨죠? 제가 교만해질 뻔했는데, 생색 안 내고 넘어갑니다. 하나님. 저 칭찬해 주세요." 그거면 충분한 거 아닙니까?

결론

제가 몇 년 전에 하나님의 은혜로 성지순례를 다녀왔는데, 거기서 본 어떤 교회 이야기를 해드리면서 이 글을 마치겠습니다. 사진을 한번 보세요.

(사진출처 : https://en.wikipedia.org/wiki/Church_of_the_Nativity)

여기는 베들레헴에 있는 예수탄생교회라는 곳입니다. 세계에서 가장 오래된 교회 중 하나이고, 매년 전 세계에서 200만 명 이상의 순례객들이 다녀가는 곳입니다. 그런데 들어가는 문이 어디에 있을까요? 이 큰 교회에 어울리는 큰 문이 어디 있어야 하는데, 혹시 보이시나요? 혹시 사진 왼쪽 아래에 있는 조그만 구멍이 문일까요? 네 맞습니다.

그다음 사진은 저희 성지순례팀이 그 문으로 들어가고 있는 장면입니다. 그런데 문이 굉장히 낮아서 허리를 굽히고 고개를 숙여야만 들어갈 수 있었습니다. 문 높이가 4피트, 그러니까 120cm밖에 안 되기 때문입니다. 그래서 아무리 높은 사람도, 황제도, 대통령도, 회장님도 다 허리를 굽히고 고개를 숙여야만 입장이 가능합니다. 어떻게 감히 성자 하나님께서 인간으로 태어나신 곳에 고개 뻣뻣이 세우고 들어갈 수 있느냐는 뜻에서 이렇게 문을 낮게 만들었다고 합니다.

하지만 매년 200만 명이 저기 들어가면서 고개를 숙이면 뭐합니까? 정작 우리에게 충만한 것이 성령이 아니라 교만인데 말입니다. 저도 이 글을 쓰면서 사람들이 그렇게 싫어하고 하나님도 그렇게 미워하시는 "교만"이 아직도 제 속에서 꿈틀대고 요동치고 있다는 사실 때문에 굉장히 괴로웠습니다. 세상에 제일 힘든 게 겸손인 것 같다는 생각이 듭니다. "나도 이제는 좀 겸손해진 것 같아" 하는 생각이 들면 여지없이 다음 순간 교만한 말이 입에서 맴돌고 있는 건 아마 저뿐만이 아닐 겁니다.

하지만 포기하면 안 됩니다. 수많은 잠언 구절에서 교만을 버려야 할 이유를 분명히 깨달았으니, 이제는 주님과 사람들 앞에서 고개 빳빳이 들고 사는 일 없게 해달라고 끊임없이 기도해야 합니다. 그리고 제가 대학생 때 "너 참 교만하구나"라는 충격적인 말을 들으며 심령에 종아리를 맞았던 것처럼, 만약 교만이 한계치에 도달하면 종아리를 흠씬 때려달라고 진심으로 기도해야 합니다.

겸손의 종으로 오신 우리 주님처럼 우리도 겸손의 종으로 주님과 교회와 사람들을 섬기다가 주님 나라에 들어가게 해달라는 눈물의 기도가 여러분 입에서 그치지 아니하시기를 진심으로 기원합니다.

6. 자기 일에 능숙한 사람 _ A man skilled in his work

‖ 잠언 22:29 ‖
네가 자기의 일에 능숙한 사람을 보았느냐 이러한 사람은 왕 앞에 설 것이요 천한 자 앞에 서지 아니하리라

제대로 잘하는 곳

우리는 어디를 가든지 제대로 잘하는 곳을 가고 싶어 합니다. 하다못해 설렁탕 한 그릇을 먹으려고 해도 진짜 잘하는 설렁탕 맛집이 어디인지 기어코 인터넷을 검색해서 거기를 찾아갑니다. 미용실을 가도 머리를 정말 잘하는 프로에게 머리를 맡기고 싶어 하고, 병원도 제대로 된 좋은 병원을 가려고 열심히 이 사람 저 사람에게 물어보고 찾아갑니다. 임플란트도 잘하는 병원에 가서 하고 싶고, 라식수술도 잘하는 병원에서 하고 싶어 합니다.

우린 왜 이렇게 잘하는 곳을 찾아다닐까요? 아마도 실패를 많이 경험해 봐서가 아닐까 합니다. 간판만 보고 들어갔다가 비싸기만 하고 맛없는 음식도 먹어봤고, 방금 머리하고 온 건데 빨리 머리하고 와야겠다는 핀잔도 들어봤고, 또 병원에서 오진을 해서 시간 낭비해 본 경험도 있기 때문일 겁니다. 수원이 갈비로 유명하지만 모든 수원 갈빗집이 맛있는 게 아닌 걸 또한 경험해 봤기 때문일 겁니다. 심지어 제가 아는 어떤 서울 분은 수원에 정말 옷 수선 잘하는 집이 있다면서 굳이 꼭 수원에 내려와서 그 집에 옷을 맡기는 걸 봤습니다. 서울의 다른 곳은 마음에 들지 않는다네요.

자 한번, 여러분이 알고 있는 최고의 맛집을 떠올려 보세요. 정말 믿을만

한 병원을 알고 계시면 한 번 떠올려 보세요. 본인이 알고 있는 최고의 미용실도 떠올려 보시고, 최고의 수선집도 떠올려 보고, 최고의 카페, 최고의 빵집, 최고의 과일가게, 최고의 카센터, 최고의 학원, 최고의 철물점이라고 생각되는 곳들을 한 번 떠올려 보세요.

이제 질문을 드립니다. 혹시 그 가게들 중에 예수님 믿는 분들이 하는 곳이 얼마나 될까요?

잘 모르시겠나요? 그럼 다른 방법으로 질문을 드려보겠습니다. 여러분이 다니시는 교회의 성도님들 중에도 식당이나 가게 하시는 분들이 많이 있으실 겁니다. 그런데 그중에 정말 남들에게 꼭 소거하고 싶은 곳이 얼마나 될까요? 팔 걷어붙이고 홍보부장 해드리고 싶은 가게 말입니다.

저는 100%이시기를 진심으로 바랍니다.

그런데 아주 만약에, 우리 주위 성도님들이 하시는 식당과 가게 중에 우리가 남들에게 여기 정말 잘한다고 진심으로 소개할 만한 곳이 많지 않다면, 혹시 우린 뭔가 잘못 살고 있는 게 아닐까요? 우리가 예수님 믿기 이전에는 우리 식당과 가게가 최고가 아니었을 수도 있습니다. 공부도 반에서 제일 열심히 하는 학생이 아니었을 수 있고, 회사 업두도 제일 능숙한 사원이 아니었을 수 있습니다.

하지만 예수님을 믿은 후에, 내가 있는 곳이 최고의 맛집과 가게로 바뀌지 않았다면, 내가 우리 반에서 제일 열심히 공부하는 학생이 아니라면, 내가 아직도 우리 회사에서 가장 일 열심히 하는 직원이 아니라면, 우리에게 뭔가 근본적인 문제가 있는 게 아닐까요?

왜냐하면 예수님은 죽었던 우리 영혼만 살리시는 분이 아니라, 우리 삶의 모든 것을 근본적으로 다 바꿔놓는 분이시기 때문입니다. 우리는 다들 주님 때문에 삶의 의미와 목표가 바뀐 사람들입니다. 그런데도 어떻게 믿기 전이나 믿은 후나 우리 식당의 밥맛이 바뀌지 않느냐 이 말입니다. 어떻게 믿기 전이나 믿은 후나 회사에서 내 근무 평가에 변화가 없느냐 이 말입니다.

이렇게 생각하는 분도 계실 겁니다. "목사님. 그런 게 중요한 게 아니라 예수님 잘 믿고 사는 게 더 중요한 거 아닌가요?" 글쎄요... 과연 그럴까요? 예수님 잘 믿는 것하고, 내가 회사에서 일 잘하는 것하고, 내 가게 네이버 평점이 높아지는 것하고 정말 그렇게나 관련이 없는 걸까요?

저는 오늘 이 글이 우리 예수님 믿는 사람들의 세상 삶을 솔직하게 돌아보게 만드는 어떤 출발점이 되면 좋겠습니다. 그리고 이 글을 읽는 모든 성도님들이 자기 일에 가장 능숙한 자들로 사방에 소문나게 되시기를 진심으로 소망합니다.

이제부터 왜 우리가 자기 일에 능숙한 사람이 되어야 하는지 저와 함께 주님 말씀에 귀 기울여보시겠습니다.

자기 일에 능숙한 자

"네가 자기의 일에 능숙한(마히르) 사람을 보았느냐 이러한 사람은 왕 앞에 설 것이요 천한 자 앞에 서지 아니하리라" (잠 22:29)

이 귀한 말씀이 현대어 성경엔 이렇게 나옵니다.

"자기가 하는 일을 기막히게 잘해 나가는 사람을 보았느냐? 그런 사람은 평범한 사람 앞이 아니라 임금을 섬기는 자리에 서게 되리라."

그렇습니다. 성경은 자기 일에 능숙한 사람이 되라고 우리를 권면하는 책입니다. 성경은 자기 일을 기막히게 잘하는 사람이 되라고 우리를 가르치는 책인 것을 분명히 믿으시기 바랍니다.

그런데 이 "능숙한"이라는 말이 히브리어로 "마히르"인데요, 성경에 이 단어가 딱 세 번밖에 안 나옵니다. 에스라, 시편, 그리고 잠언 22장, 이렇게 딱 세 번 나옵니다. 자 그런데 성경에 세 번밖에 안 나온 단어가 잠언에 한 번 나왔다고, 왜 이걸 오늘 귀한 지면을 할애해서 "보석 같은 잠언"이라면서 말씀을 드리는 걸까요? 그건 바로 '세 번'밖에 안 나왔기 때문'입니다.

무슨 말이냐면, 이게 아주 중요한 뜻을 가진 단어인데, 그래서 성경에는 세 번밖에 안 나왔는데, 그중에 한 번이 잠언에 나오기 때문에 이게 보석 같은 말씀이라는 겁니다. 도대체 이 단어가 왜 그렇게 중요한 단어일까요? 먼저 에스라 말씀에 나오는 마히르를 찾아보겠습니다.

"이 에스라가 바벨론에서 올라왔으니 그는 이스라엘의 하나님 여호와께서 주신 모세의 율법에 익숙한(마히르) 학자로서 그의 하나님 여호와의 도우심을 입음으로 왕에게 구하는 것은 다 받는 자이더니" (스 7:6)

여기 "율법에 익숙한 학자"라고 그랬죠? 이 익숙하다는 말이 바로 마히르입니다. 새 번역 성경에선 "율법에 능통하다"로 번역되었습니다. 그러니까 에스라는 율법에 익숙한 사람, 율법에 능통한 사람, 율법을 해석하고 가르치는 일에 솜씨가 보통이 아닌 사람이었다는 겁니다. 그래서 주의 종은 자고로, 하나님 말씀에 익숙하고 능통하고, 그걸 가르치는 일에 솜씨가 보통이 아닌 자가 되어야 합니다. 에스라처럼 말입니다. 마히르는 이처럼 실력 있는 주의 종을 묘사할 때 쓰인 단어였습니다. 시편에 나오는 마히르는 어땠을까요?

"내 마음이 좋은 말로 왕을 위하여 지은 것을 말하리니 내 혀는 글솜씨가 뛰어난(마히르) 서기관의 붓끝과 같도다" (시 45:1)

여기 "글솜씨가 뛰어난 서기관의 붓끝"에서 뛰어나다는 말이 바로 "마히르"입니다. 그런데 이렇게 글솜씨가 뛰어난 사람이 지금 왕을 위해서 시를 지었습니다. 그게 시편 45편입니다. 도대체 왕을 위해 지었다는 시편 45편은 무슨 내용일까요? 기대하셔도 좋습니다.

"하나님이여 주의 보좌는 영원하며 주의 나라의 규는 공평한 규이니이다" (시 45:6)

여기 보니까 그 왕은 바로 하나님이셨습니다. 그런데 성경을 많이 읽으신 분들은 이 시편 말씀을 신약 어딘가에서 읽었던 기억이 나실 겁니다. 바로 히브리서 1장입니다.

"아들에 관하여는 하나님이여 주의 보좌는 영영하며 주의 나라의 규는 공평한 규이니이다" (히 1:8)

앞의 시편을 그대로 인용한 말씀인데, 놀랍게도 여기 8절의 주어는 그 앞에 보면 하나님으로 나옵니다. 다시 말해서, 지금 하나님이 아들 예수님에게 "하나님이여" 이렇게 부르신 겁니다. 엄청나죠? 그래서 히브리서 1장 8절은 예수님의 신성 즉 예수님이 하나님이심을 입증하는 아주 중요한 신약 말씀입니다. 하나님이 예수님을 "하나님"이라고 부르셨으니 말 다 했죠.

그런데 이 위대한 히브리서 말씀이 갑자기 튀어나온 것이 아니고, 구약 시편 45편에 미리 예언되어 있었던 거라는 겁니다. 글솜씨가 "마히르" 즉 아주 뛰어났던 그 시편 기자가, 앞으로 "하나님이신 메시아"가 오실 거라고 엄청나게 충격적인 예언을 했던 겁니다. 구약시대 사람들은 이 말씀의 의미를 잘 이해하기 어려웠겠지만, 신약시대 사도들과 오늘날의 성경학자들은 이 시편 45편을 굉장히 귀하게 여깁니다.

그러고는 마히르가 나오는 세 번째 말씀이 바로 오늘 본문 (잠 22:29)입니다. 그런데 잘 생각해 보세요. 에스라서에선 최고의 주의 종에게 쓰였고, 시편에선 예수님의 신성에 대한 충격적 예언을 하는 시편 기자에게 쓰였던 이 특별한 단어가, 여기 잠언에선 일반인에게 쓰였다는 겁니다. 직장인에게 쓰였다는 겁니다. 이건 정말 놀라운 사실 아닌가요?

그래서 저는 오늘 이 보석 같은 잠언 말씀을 여러분이 꼭 심비에 새기시기를 바랍니다. 자기 일에 능숙한 사람이 되는 건 해도 되고 안 해도 되는 일이 아닙니다. 이건 탁월한 주의 종과 메시아 예언자에게 쓰였던 "마히르"라는 특별한 표현이 쓰일 정도로, 아주 귀한 일이고 고상한 일이고 하나님이 칭찬하시는 일인 것을 꼭 기억하시기 바랍니다. 그러니 다들 자기 일 정말 열심히 하고 사셔야 합니다.

그러면 뭐가 자기 일일까요? 학생에겐 공부겠죠. 학생은 직업이고 그 직장 업무는 공부입니다. 직장인이라면 회사에서 맡은 일이 다들 있을 것이고, 사업하시는 분이라면 그 사업이 자기 일이고, 식당이나 카페에 계신 분이라면 맛있는 음식과 커피를 만드는 것이 자기 일입니다. 음악 하는 분, 운동하는 분, 가르치는 분, 서비스업에 종사하는 분, 배달 일 하시는 분 그리고 가정주부로 헌신하시는 분에 이르기까지 모두 다 자기 일이 있습니다. 세상에서 무슨 일을 하고 계시건 그 일에 전념하셔서, 자기 일을 "마히르", 익숙하고, 솜씨 좋고, 기가 막히게 그걸 해내는 실력가들이 다들 되시기를 주님의 이름으로 축원합니다.

그런데 그냥 열심히 일하라고 하면 열심히 일하게 되던가요? 아니죠. 의미를 찾지 못하면 거기 전념하기 어렵습니다.

펩시콜라 사장이었던 존 스컬리 이야기를 해드릴게요. 꽤 유명한 이야기입니다. 어느 날 그에게 스티브 잡스가 찾아왔습니다. 아직 애플이 아이폰을 만들기 전이었고 구멍가게 수준이었지만, 거기에 이 대기업 사장을 영입하려고 당돌하게 스티브 잡스가 찾아온 것이었습니다.

그리고 말했습니다. "당신은 남은 인생을 설탕물만 팔면서 보내고 싶은가, 아니면 나와 함께 세상을 바꾸겠는가?" 남은 인생을 설탕물만 팔 것이냐... 아니면 나와 함께 세상을 바꿀 것이냐... 그래서 존 스컬리는 바로 애플로 옮겼습니다. 그가 그 큰 회사를 떠나서 작은 회사로 옮긴 것은 그가 거기에서 의미를 발견했기 때문입니다. 물론 그 설탕물도 나름대로 중요한 상품이었지만 이날 존 스컬리는 자신의 삶을 바칠 "의미"를 애플에서 발견한 겁니다. 의미를 발견하면 남들이 바보같이 여기는 일도 전념할 수 있습니다.

여러분. 저도 여러분에게 무조건 열심히 일하라고 말씀드리는 게 아닙니다. 자기 일에서 의미를 발견하는 것이 먼저입니다. 벌써 발견하신 분도 계시겠죠. 하지만 아직 발견 못하셨다면 오늘 이 글은 여러분을 위한 글입니다. 이제부터 드리는 말씀에 집중해 주세요. 제가 여러분이 하는 일의 중요한 의미 세 가지를 알려드리겠습니다.

1. 자기 일에 능숙한 자가 왕 앞에 선다.

첫째는 "자기 일에 능숙한 자가 왕 앞에 선다"라는 겁니다. 왕 앞에 서고 싶지 않으세요? 그건 엄청난 영광이고 또한 더 크게 쓰임 받을 것에 대한 약속입니다. 오늘 본문을 다시 한번 보겠습니다.

"네가 자기의 일에 능숙한 사람을 보았느냐 이러한 사람은 왕 앞에 설 것이요 천한 자 앞에 서지 아니하리라" (잠 22:29)

"왕 앞에 설 것이다." 이건 그냥 하는 말이 아닙니다. 잠언을 누가 썼죠? 왕이 썼습니다. 그것도 그 유명한 솔로몬 왕입니다. 다시 말해서 솔로몬 왕 자신이 이렇게 자기 일에 능숙한 사람들을 간절히 찾고 있다는 것입니다.

그럼 우리 왕은 누구십니까? *"왕이신 나의 하나님이여 내가 주를 높이고 영원히 주의 이름을 송축하리이다"(시 145:1)*라는 말씀처럼 우리 왕은 바로 우리 하나님이십니다. 왕이신 우리 하나님이 이처럼 자기 일에 능숙한 일군들을 찾고 계신다는 겁니다. 일을 잘해서 왕 앞에 선다는 건 정말 큰 영광입니다.

대통령 선거 기간이 되면 사방에 후보들 얼굴이 많이 붙어있습니다. 저도 이전에 어떤 대통령 후보가 선거에 나오기 얼마 전에 그분 얼굴 주름을 치료해 드린 적이 있었습니다. 그리고 그분은 얼마 지나지 않아 대통령이 되셨죠. 그래서 병원에 오랫동안 그분 사인을 액자로 만들어서 잘 보이는 곳에 걸어둔 적이 있었습니다. 이해되시죠? 제가 목사가 되기 전의 일이었는데, 얼마나 자랑스러웠나 모릅니다. 비록 한동안 목이 뻣뻣해지는 부작용이 있었습니다만, 그래서 하나님께 매도 많이 맞았습니다만, 내가 내 일에 능숙한 사람이 된다는 건 예를 들어 그런 것이었습니다. 물론 교만병과 싸우는 건 남겨진 몫이었습니다.

성경에도 보면 자기 일에 능숙한 사람을 "찾아서 썼던" 기록이 많이 나옵니다. 출애굽기 31장에 보면, 모세가 성막을 지을 때 최고의 일군인 브살렐과 오홀리압을 지명하여 불러서 정교한 작업들을 다 맡겼습니다. 솔로몬 왕도 열왕기상 7장에 보면, 예루살렘 성전을 지을 때 일 잘하는 사람을 찾다가 외국에서까지 사람을 데려와서 일을 맡겼습니다. 그의 이름은 두로 사람 히람이었고 직업은 놋쇠 대장장이였습니다. 놋쇠 하나만 잘 다뤄도 성경에 이름이 나오고 왕이 불러서 큰일을 맡겼습니다.

이처럼 자기 일에 능숙한 사람은 왕 앞에 서게 됩니다. 왜 왕 앞에 서겠습니까? 왕이 그를 쓰시겠다는 거 아닙니까? 그리고 그는 결국 하나님께도 쓰임 받게 될 줄 믿습니다.

"하지만 내가 하는 일은 별 볼 것 없는 작은 일인데요…" 하는 분들 계시죠. 힘내세요. 그 작은 일에 충성된지 충성되지 않은지 하나님이 지금 보고 계십니다. 인간 왕은 그 기술 그거 하나 써먹으려고 그를 부르는 거겠지만, 하나님은 그게 아니라 그가 그 작은 일에 충성하는 걸 보고 더 큰 일 맡기려고 부르시는 겁니다.

"지극히 작은 것에 충성된 자는 큰 것에도 충성되고 지극히 작은 것에 불의한 자는 큰 것에도 불의하니라" (눅 16:10)

이게 하나님 생각이십니다. 그러니 작은 것에 충성하시기 바랍니다. 먼저 작은 일에 능숙한 일군이 되시기 바랍니다. 그러니 내가 하는 일이 너무 허접하고 별 볼 일 없고 돈벌이도 안 되고 내놓을 만한 직업도 아니라고 생각하는 분일지라도, 절대 주눅 들거나 불평분자가 되어선 안 됩니다. 여러분은 언젠가 왕 앞에 설 것이기 때문입니다.

　게다가 우리가 잊고 있었던 것이 있었습니다. 그건 바로 무슨 일을 하든지 우리는 그걸 통해 주님을 섬기고 있었던 겁니다. 제대로 섬겼건 제대로 못 섬겼건 말입니다.

2. 우리는 일을 통해서 주님을 섬긴다.

　그래서 우리가 일에서 찾아야 할 두 번째 의미는 바로 이겁니다. 그건 "우리는 일을 통해서 주님을 섬긴다"라는 겁니다. 일은 우리가 밥 먹고살게도 해주고 애들 교육비도 벌게 해주지만, 거기에 주님을 섬기는 목적이 들어있음을 절대 잊지 마세요. 심지어 종살이를 하더라도 말입니다.

　"종들아 모든 일에 육신의 상전들에게 순종하되 사람을 기쁘게 하는 자와 같이 눈가림만 하지 말고 오직 주를 두려워하여 성실한 마음으로 하라" (골 3:22)

　여기서 종은 현대의 직장인으로 생각하면 될 겁니다. 성경은 우리가 고용된 회사에서 일할 때 누가 볼 때만 하는 척하지 말라고 말합니다. 왜요? 상사가 두려워서요? 아닙니다. 상사가 아니라 주님이 두렵기 때문입니다. 주님은 모든 것을 다 보고 계시잖아요? 그러니 주님 앞에서 일을 눈가림하며 할 수는 없는 것입니다. 이것이 우리가 세상 사람들과는 달리 아무도 안 보는 곳에서조차 성실하게 일해야 할 이유입니다.

　그리고 성경은 우리의 진짜 상사가 누구인지 묻습니다.

　"무슨 일을 하든지 다음을 다하여 주께 하듯 하고 사람에게 하듯 하지 말라 이는 기업의 상을 주께 받을 줄 아나니 너희는 주 그리스도를 섬기느니라" (골

3:23-24)

성경은 우리가 무슨 일을 하든지 온 마음을 다하되, 그 수준이 "사람이 아니라 주께 하듯" 하는 것이어야 한다고 말합니다. 우리는 주 그리스도를 섬기는 자들이니, 세상일도 주님 섬기듯 하라는 것입니다. 하나님이 이처럼 우리에게 세상일에서조차 최고의 성실성을 요구하시며, 그 수준이 우리가 사람이 아니라 주님을 섬기듯 하는 것이어야 한다고 말씀하신다는 사실을 알고 계셨습니까?

그러니 이 음식 먹고 돈 낼 저 사람이 아니라, 주님께 드릴 음식처럼 만들어야 합니다. 돈 내는 저 사람 태우고 가는 게 아니라, 주님을 태우고 가듯 운전해야 합니다. 물건 주문한 사람에게 택배 상자 던져주고 오는 게 아니라, 주님께 드리듯 최선을 다해 반듯하게 잘 배달해야 합니다. 그러면 하늘로부터 상이 있을 것이라고 했습니다. 그리고 그 이유는 우리가 인간 주인이 아니라 주 그리스도를 섬기는 사람들이기 때문이라는 것입니다.

이걸 알지 못하고 그저 눈앞의 일처리에만 쫓기고 상사의 눈치만 살피고 그날 들어오는 수입에만 정신 팔리면, 평생을 그저 설탕물만 팔다가 의미 없이 세상을 마치는 사람이 될 겁니다. 정말 그러고 싶으세요? 아니죠? 이제부터라도 일을 통해 사람이 아니라 주님을 섬겨야 하지 않겠습니까? 회사에서, 식당에서, 가게에서, 카페에서, 학교에서, 학원에서, 병원에서, 약국에서, 가정에서, 교회에서, 그리고 편의점에서 말입니다.

우리의 진짜 상사는 인간이 아니라 그리스도십니다! 그러니 자기가 하는 일을 결코 얕잡아 보지 마시기 바랍니다. 주께 하듯 하세요. "나 아니면 이거 나보다 더 잘할 사람 없다", 그런 확신이 들 때까지 연습하고 또 연습하고 단련하고 또 단련하시기를 바랍니다. SBS에서 생활의 달인 취재하러

오겠다고 할 정도로 최선을 다해서 솜씨 좋은 일군들이 되시기를 바랍니다. 왜라고요? 우리는 교회 일을 할 때도, 그리고 심지어 세상일을 할 때도 그걸 통해 주님을 섬기는 사람들이기 때문입니다. 그뿐만이 아닙니다.

3. 우리는 일을 통해서 사람들을 섬긴다.

우리가 일에서 발견해야 하는 세 번째 의미는 바로 이겁니다. 그건 바로 "우리는 일을 통해서 사람들을 섬긴다"라는 것입니다. 우리가 하는 일은 우리 생계를 위하는 의미도 있지만, 일을 통해서 다른 사람들을 섬기라고 하는 것이 또한 하나님의 뜻입니다.

"그러므로 우리는 기회 있는 대로 모든 이에게 착한 일을 하되 더욱 믿음의 가정들에게 할지니라" (갈 6:10)

많은 사람들은 이 마지막 부분에 감동합니다. "더욱 믿음의 가정들에게 할지니라." 그런데 사실은 그 앞의 말에도 관심을 가져야 합니다. "기회 있는 대로 모든 이에게 착한 일을 하되.." 사실 이게 잘 안됩니다. 교회에서 교인들에게 선한 행동을 보이는 것은 쉬운 일이지만, 직장에서 세상 사람들에게 선한 행동을 보여주는 것은 솔직히 어려운 일입니다. 교회 나오라는 100마디 말보다 사랑의 행동 하나가 더 큰 감동을 줄 수 있는데도, 우린 직장에서 그저 우리 앞가림하느라 다른 사람들에 대해 관심을 못 가질 때가 많습니다.

일전에 이런 신문기사를 읽었습니다. 아마 들어본 분들도 계실 겁니다. 서울 삼각지에 있는 옛집이라는 이름의 오래된 국숫집 이야기입니다. 하루는 허름한 노숙자처럼 생긴 남자가 들어와서 국수를 시켰습니다. 그런데 국수 한 그릇을 허겁지겁 다 들이키는 걸 본 주인 할머니는 더 달라고 한 것도 아닌데 얼른 한 그릇을 더 말아서 내왔습니다. 그런데 두 번째 그릇까지 깨끗하게 끝낸 이 남자가 한 일은 일어나서 갑자기 도망치는 거였습니다.

그런데 주인 할머니가 뛰쳐나와서는 도망가는 남자 뒤에 대고 이렇게 소리쳤습니다. "이봐 젊은이. 그냥 가, 뛰지 말고. 다쳐." 나중에 그 국숫집이 SBS에 맛집으로 소개되었는데 그 방송 PD에게 한 남자가 전화를 걸어와서는 연신 "감사합니다. 감사합니다." 하시더래요.

사연을 알고 보니까, 그 남자가 사기를 당하고 아내도 도망가고 그래서 노숙자가 되었는데 이 식당 저 식당 구걸하다가 다 쫓겨났다고 합니다. 그래서 아무 데나 들어가서 휘발유 뿌리고 불을 지르겠다는 극단적인 생각을 하다가 그 식당에 온 것이었습니다. 그런데 주인 할머니가 도망가는 자기에게, "그냥 가, 뛰지 말고. 다쳐." 이 말 하는 걸 듣고 세상에 대한 증오를 다 버렸다고 합니다. 그게 신문기사로 나왔죠.

저는 그 주인 할머니가 예수님 믿는 분인지 아닌지 알 수는 없습니다. 하지만 적어도 자신이 하는 일을 통해서 사람들을 섬기고, 특별히 불쌍한 처지에 있는 사람들을 내가 할 수 있는 일을 통해서 사랑으로 섬기는 그 모습은, 우리 예수님 믿는 사람들이 꼭 배워야 하는 모습이라고 생각했습니다.

물론 우리가 착하게 산다고 구원받는 건 전혀 아닙니다. 구원은 은혜에 의해 믿음을 통해 받는 겁니다. 하지만 구원받은 자가 착하게 살지 않는다면, 사람들을 선하게 섬기며 살지 않는다면, 그는 사랑이나 양선(goodness)과 같은 성령의 열매가 없는 자이고 성경에 의하면 심지어 그가 정말 구원받은 사람인지 의심을 해봐야 합니다.

여러분. 기회 있는 대로 모든 이에게 착한 일을 하시기 바랍니다! 특히 직업은 사람들을 섬기는 굉장히 좋은 기회입니다. 예수님에게도 직업이 있으셨던 거 기억하시죠? 예수님은 아버지 요셉이 목수였기 때문에 자연스럽게 예수님도 30세에 공생애를 시작하시기 전까지 목수 직업을 가지고 계셨던 것으로 추측되고 있습니다. 비록 성경에 예스님이 만드신 집이나 가구 이야기가 나오지는 않지만, 주님은 침대나 의자를 만드실 때마다 그걸 쓰는 사람들을 위해 기도하시며 최선을 다해 만드셨을 거라고 믿습니다. 주님은 가구를 만드실 때나 전도를 하실 때나 언제나 사람들을 섬기며 사셨던 겁니다.

바울은 어떤가요? 바울도 텐트 메이커, 즉 천막 만드는 직업을 가졌던 사람입니다. 선교사로 살면서도 그 직업을 계속 유지했고 그래서 바울은 자비량 선교사의 롤 모델로 여겨집니다. 그런데 천막도 마찬가지입니다. 천막은 그 안에 있는 사람들을 안전하고 평안하게 잘 지켜주는 것이 목적입니다. 따라서 바울도 복음 전할 때나 천막을 만들 때나 언제나 사람들을 섬기며 살았던 사람입니다. 가구나 천막이 어떤 사람에겐 돈벌이 수단이지만, 주님과 바울에겐 사람들을 섬기는 귀한 도구였던 겁니다.

여러분은 어떠신가요? 여러분도 전도할 때나 직장에서 일하실 때 동일하게 사람들을 섬기고 계십니까? 전도할 때는 "말"로, 가게에서 일할 때는 "삶"으로 선한 영향력을 계속 끼치고 계십니까? 그것도 최고의 음식으로, 최고의 실력으로, 최고의 연주로, 최고의 서비스로, 누구보다 능숙한 모습으로 사람들을 섬기고 계십니까? 자기 일에 능숙해야 사람들을 섬겨도 제대로 섬길 수 있지, 섬긴다고 해놓고 병원에서 오진이나 하고 옷을 수선하다 엉뚱한 데나 잘라먹고 고기도 다 태운 고기를 내오면 안 되잖아요?

따라서 오늘 잠언 말씀이 백번 맞습니다. 만약 우리 중에 게으른 사람이 있다면, 공부에 게으르고 업무에 게으르고 사업에 게으른 사람이 있다면, 그가 천한 자 중에 거하게 될지라도 우린 어쩔 수 없습니다. 솔직히 이건 세상 사람들도 다 아는 얘기입니다. 맛없는 식당에 왜 가겠습니까? 일 처리가 늦는 직원이 어떻게 승진이 빠를 수 있겠습니까? 안 좋은 물건을 끼워 팔면서 그 가게 인터넷 평점이 높아질 것을 어떻게 기대할 수 있겠습니까? 그리고 공부한 흔적이 없는 학생에게 좋은 성적을 어떤 선생님이 주시겠습니까?

이건 능력 지상주의라고 폄하해 버리면 될 일이 아닙니다. 오늘 잠언 말씀을 통해서 하나님께서 여러분 개인에게 들려주시는 메시지입니다. 그러니 자기 분야에서 탁월한 실력자가 되게 해달라고 간절히 기도하시고 밤을 새워서라도 간절히 노력하시기 바랍니다. 기도와 노력, 이 두 가지는 항상 같이 가야 합니다.

"우리가 우리 하나님께 기도하며 그들로 말미암아 파수꾼을 두어 주야로 방비하는데" (느 4:9)

이 말씀 보니까, 이스라엘 백성들은 포로 생활에서 돌아와서 예루살렘 성을 재건하는 공사 중에 자신들을 이방의 공격에서 지켜달라고 기도만 한 게 아니었습니다. 동시에 파수꾼을 세워서 주야로 방비하는 노력을 최선을 다해서 함께 했습니다. 자기 일에 능숙한 자가 되기 위해서는 기도와 노력이 함께 가야 합니다.

결론

물론 여러분 중에 직장이 마음에 들진 않지만 생계를 위해서 어쩔 수 없이 일하는 분도 솔직히 계실 겁니다. 억지로 회사 다니고 억지로 학교 다니는 분들도 계실 겁니다. 좋습니다. 지금까진 그랬습니다. 하지만 이제는 다릅니다. 이젠 의미가 생겼습니다. 저도 제 남은 인생을 의미 없이 "직장 일에 치여 살다가" 마치기는 싫습니다.

하나님이 말씀하셨습니다. 첫째, 자기 일에 능숙한 자가 되면 왕 앞에 설 것입니다! 둘째, 우리가 하는 세상의 모든 일이 사실은 주님을 섬기는 일입니다! 그리고 셋째, 우리가 기회 될 때마다 세상의 모든 사람에게 착한 일을 해야 하는데, 그 선한 영향력을 끼칠 최고의 장소가 바로 내가 일하는 회사이고, 가게이고, 사업장이고, 또 우리의 가정과 학교라는 것입니다!

그러고 보면, 우리의 세상 직업이 절대로 세속적인 게 아닙니다. 알고 보니 다 성직(聖職)이었습니다. 게다가 구약에 세 번밖에 안 나온 이 마히르(능숙한)라는 단어가 원래는 탁월한 주의 종과 그리고 메시아의 예언자에게만 쓰였던 엄청난 단어였는데, 이제 일반인에게, 우리 직장인들에게 사용되었으니 우리 직업이 세속적인 거라고 시비 걸 사람이 도대체 누구입니까?

여러분. 여러분의 성직은 무엇입니까? 복잡하게 생각하지 마세요. 매일 아침 출근하는 그곳이 바로 여러분의 성직입니다. 어디로 출근하시든 내일은 꼭 이렇게 기도하면서 출근해 보세요.

"주여, 제가 제 일에 능숙한 사람이 되기를 원합니다. 제가 맡은 일 그거 하나만큼은 제가 누구보다도 기가 막히게 잘 해내는 사람이 되기를 원합니다. 그래서 왕 앞에도 서고, 주님도 제대로 섬기고, 사람들도 멋지게 섬기며 살고 싶습니다. 안 믿는 세상 사람들에게 예수님 믿는 사람이 얼마나 선하고, 얼마나 주님 때문에 능력 있는 자들인지 화끈하게 보여주며 살고 싶습니다. 하지만 저에겐 능력이 없습니다. 주여, 도와주시옵소서. 힘을 주시옵소서. 예수님의 이름으로 기도드립니다. 아멘."

정말 기도하며 출근하시기 바랍니다.

그래서 여러분 회사에서 일 제일 잘하는 사람을 찾으면 그게 바로 여러분이 되시기를, 여러분 중에 최고의 맛집 주인이 나오시기를, 그리고 일하는 비결을 배우려고 사방에서 여러분에게 모여드는 기적이 일어나시기를, 그래서 이 모든 일로 말미암아 오직 한 분 우리 주님만이 영광 받으시기를 주님의 이름으로 축원합니다. 아멘.

7. 여호와가 인도하신다 _ God leads us

‖ 잠언 3:5,6 ‖

너는 마음을 다하여 여호와를 신뢰하고 네 명철을 의지하지 말라 너는 범사에 그를 인정하라 그리하면 네 길을 지도하시리라

어느 여행 가이드

다들 여행 가는 거 좋아하시죠? 여행 가서 좋은 가이드 만나는 것도 큰 복입니다. 저는 오래전에 가까운 나라에 패키지여행을 갔다가 거기서 굉장히 안 좋은 가이드를 만난 기억이 있습니다. 지금은 가이드가 웬만큼 불성실해도 나름대로 수고는 하셨고 또 팁이 그분들에게 중요한 수입원인 걸 잘 이해하니까 가이드팁을 잘 드리고 옵니다만, 신혼 초였던 그 당시는 그런 가이드에겐 절대로 팁을 줄 수 없다는 생각이 저희 부부에게 동시에 있었습니다.

알고 보니 저희 말고도 그 가이드에 대해서 불만을 가진 분들이 여럿 계셨습니다. 그래서 저희 부부는 귀국하는 날 결국 팁을 주지 않고 그냥 공항으로 들어갔습니다. 그런데 출국 심사 받으러 줄을 서 있는데, 뒤쪽의 공항 한복판에서 누가 크게 소리 지르는 것이 들렸습니다. "야, 앞으로 여기 여행 오지 마!" 그것도 반말로 말이죠. 얼마나 고래고래 소리를 지르던지 저희는 모두 공항 경찰서로 끌려갔습니다. 그리고 사태를 다 파악한 경찰관은 가이드에게 잘못이 있다고 판단하고 앞으로 그 가이드가 운전하는 차량이 공항 내 주차하는 것을 당분간 금지시키겠다고 결정했습니다. 가이드로서는 굉장히 타격이 큰 결정이었죠.

다시 나와서 출국 심사하는 줄에 서 있는데, 가이드가 또 뒤에서 소리치는 걸 들었습니다. "정말 죄송합니다. 정말 죄송합니다." 좀 불쌍하기도 하고 그래서, 저희도 한국 돌아오자마자 여행사에 신고하려고 마음먹었었다가 그렇게는 안 했습니다. 생각해 보니 지금이라면 가이드팁이라는 것이 그분 월급 같은 것인데 좀 불만이 있더라도 드리고 왔을 것 같습니다. 그런데 그때는 아직 저희가 성화가 덜 되어서 그랬는지 그렇게는 하지 못했습니다. 그저 따끔하게 깨닫게 해줘야겠다는 생각만 했습니다.

아마 여행지에서 가이드 때문에 기분이 상했거나, 또는 좋은 가이드 만나서 좋은 추억 남기고 왔던 그런 경험들이 다들 있으실 겁니다. 어떤 가이드를 만나느냐가 여행을 좌우합니다. 며칠 동안의 여행도 그러한데 하물며 우리 인생 전체를 맡겨야 하는 우리 인생의 인도자, 우리 인생의 가이드를 제대로 만나느냐 못 만나느냐 하는 건 세상 무엇보다도 중요한 일입니다.

이건 추억이 좋은 게 남고 안 남고의 문제가 아닙니다. 팁을 줄 건지 말 건지 정도의 문제가 아닙니다. 우리의 영원한 삶을 천국에서 보내느냐 지옥에서 보내느냐의 문제이고, 또 이 땅에서 살 동안 참 기쁨과 평안 속에 사느냐 해결되지 않는 불안과 절망 속에 사느냐, 즉 인생을 완전히 말아먹느냐 아니냐의 문제가 걸린 겁니다.

그래서 1부 <나를 위한 잠언>의 마지막 글은 "여호와가 인도하신다"라는 제목의 글로 정했습니다. 여호와가 인도하신다! 여행지에 가서 좋은 가이드 따라다니는 여행객들을 부러워해 본 적이 있으시죠? 저도 있습니다. 우리가 바로, 모두가 부러워하는 최고의 가이드 뒤만 졸졸 따라다니는 인생 여행객들인 걸 이번 잠언을 통해 꼭 발견하게 되시기를 바랍니다. 먼저, 우리에게 주시는 보석 같은 잠언 말씀을 같이 읽어보겠습니다.

"너는 마음을 다하여 여호와를 신뢰하고 네 명철을 의지하지 말라 너는 범사에 그를 인정하라 그리하면 네 길을 지도하시리라" (잠 3:5-6)

성경은 여호와를 신뢰하고 네 명철을 의지하지 말라고 분명히 선포합니다. 쉽게 말해서 하나님과 내 지혜 사이에서 양발 떼기를 하지 말라는 것입니다. 여러분도 누가 여러분 앞에서 자꾸 똑똑한 척하면 마음이 불편하시잖아요? 우리도 그게 불편한데 하나님은 얼마나 가소로우시겠습니까? 하나님을 신뢰하고 의뢰하되, 온 마음을 다해서 신뢰하고 의뢰하시기를 바랍니다. 그것도 범사에 즉 모든 일에 그런 자세를 유지하라는 것입니다.

이 짧은 잠언은 우리에게 인생의 전적인 통제권을 하나님께 넘겨드릴 것을 요구합니다. 우리는 "마음을 다하여(with all your heart)" "범사에(in all your ways)" 주님만 의지해야 합니다. 즉, "온 마음을 다해서, 그리고 모든 일에", 이것이 우리가 하나님을 의지하고 살아야 하는 성경적 수준입니다. 어떻게 이 정도 수준의 "인도의 확신"을 가지고 사는 게 가능할까요? 그리고 우리는 왜 그렇게 살아야 할까요? 잠언에 세 가지 중요한 이유가 나옵니다.

1. 결국 이루어지는 건 하나님의 뜻이다.

첫째, "결국 이루어지는 건 하나님의 뜻"이기 때문입니다. 다음 말씀을 한번 묵상해 보시기 바랍니다.

"마음의 경영은 사람에게 있어도 말의 응답은 여호와께로부터 나오느니라" (잠 16:1)

말이 좀 어렵죠? 현대인의 성경에는 이렇게 번역되어 있습니다. "계획은 사람이 세우지만, 그 결과는 하나님께 달려있다." 맞습니다. 우리가 계획을 아무리 잘 세워도, 그 결과는 하나님께 달려있다는 겁니다. 이건 사실(fact)입니다. 믿기 싫은 사람은 안 믿어도 상관없습니다. 하지만 결국 이루어지는 게 하나님의 뜻이라는 사실은 변함이 없습니다. 이건 안 믿는 사람만 손해라는 말입니다. 그리고 그 사람은 시간만 낭비하고 돈만 낭비하고 인생만 낭비하게 될 거라는 말입니다. 잠언은 계속 말합니다.

"제비는 사람이 뽑으나 모든 일을 작정하기는 여호와께 있느니라" (잠 16:33)

이 말씀도 안 믿는 사람만 손해입니다. 하지만 여러분의 세상 친구들에게 이 말씀을 보여주면 아마 다들 코웃음 칠 겁니다. 제비뽑기는 확률에 의해서 결과가 나오는 것이지 누구도 결과를 미리 정할 수 없기 때문입니다. 즉 세 개 중 하나를 뽑으면 제비가 나올 확률은 1/3이고, 열 개 중 하나를 뽑으면 그 확률은 1/10이 되는 겁니다. 하지만 결정을 정말 주님이 하시는 거고 또 주님이 내가 제비 뽑히는 것을 원하시는 상황이라면, 세 개 중에 뽑건 열 개 중에 뽑건 내가 제비 뽑힐 확률은 언제나 100%인 걸 믿으시기 바랍니다. 만약 하나님이 내가 제비 뽑히는 걸 원치 않으신다면, 세 개 중에 뽑건 열 개중에 뽑건 그 확률은 언제나 0%가 될 것이고 말입니다.

이건 굉장히 중요한 내용입니다. 하나님이 모든 것을 미리 다 아신다는 것을 "예지"라고 부릅니다. 그리고 하나님이 모든 것을 미리 다 정하셨다는 것은 "예정"이라고 부릅니다. 성경은 하나님의 예지와 예정을 모두 강력하게 선포합니다. 여기엔 신학적 보충 설명이 많이 필요합니다만 이건 소위 "운명" 하고는 좀 다릅니다.

운명이라는 것은 과거에 결정된 것이 미래에 그대로 기계적으로 발생한다는 뜻입니다. 거기엔 하나님의 인격성이나 자유의지를 가진 인간의 선택이 전혀 고려되지 않습니다. 하지만 성경은 그런 의미의 운명을 말하지 않습니다. 성경은 "우리의 자유로운 모든 결정들이 모이고 모여서 궁극적으로 하나님의 뜻이 이루어진다"고 말합니다. 이 진리는 생각하면 할수록 정말 신기합니다. 이게 어떻게 가능할까요?

이에 대해 많은 복음주의 신학자들이 내린 결론은, 하나님이 "어제나 오늘이나 영원토록 동일"(히 13:8) 하시다는 점에서 "하나님이 과거-현재-미래의 시간적인 흐름에서 완전히 초월하신 분"이라는 겁니다. 하나님께는 과거, 현재, 미래가 언제나 동시에 일어납니다. 즉, 하나님께는 모든 것이 현재입니다. 이렇게 이해하면 예지나 예정은 그저 인간을 위한 어려운 표현일 뿐 하나님께선 모든 일을 눈앞에서 그분이 원하는 방향으로 이끌어 가는 데 아무 문제가 없으십니다.

그러니 우리가 어떤 계획을 세우고 살건 우리의 도든 자유로운 결정과 행동들이 결국 하나님 뜻을 이루는 방향으로 나아간다는, 이 신기하고 도저히 과학으로 설명이 안 되는 하나님의 역사는 그냥 믿는 수밖에 없습니다. 우린 3차원의 존재이고 하나님은 차원을 알 수가 없는 아마도 무한 차원에 거하시는 창조주이시기 때문에 어쩔 수 없습니다. 하나님을 인간의 과학적 언어로 단 1%도 제대로 설명하기 어렵다는 사실을 겸손하게 받아들이시기 바랍니다. 그래서 성경에는 아무런 보충 설명 없이 그저 "하나님의 뜻이 결국 이루어진다"라는 선포로 가득 차 있습니다.

"사람의 마음에는 많은 계획이 있어도 오직 여호와의 뜻만이 완전히 서리라" (잠 19:21)

그렇습니다. 우리에게 아무리 많은 계획이 있어도, 아무리 완전한 계획을 만들었어도, 결국은 하나님의 뜻만이 성취될 겁니다. 그러니 이 최고의 인생 가이드를 졸졸 따라다니는 게 정답입니다. 그분이 가라는 곳으로 가지 않고 우리 맘대로 여행길을 떠났다가는 결국 시행착오를 겪게 될 것입니다. 그리고 결국 하나님 뜻이 저거였구나 하는 것을 나중에 깨닫고 나서야 낭비되었던 시간을 후회하게 될 거라는 겁니다. 물론 그나마도 신앙이 있는 사람이 그런 걸 깨닫지, 신앙이 없는 사람은 그저 "실패는 성공의 어머니"라는 흔해 빠진 위로나 하면서 오늘도 또 씁쓸하게 잠자리에 들게 될 겁니다.

그런데 궁금증이 완전히 가시지는 않습니다. 하나님은 인간의 수많은 계획들 틈 속에서 어떻게 이렇게 자신의 뜻을 반드시 이루어 내실까요? 놀라운 잠언 말씀을 하나 들려드리겠습니다.

"왕의 마음이 여호와의 손에 있음이 마치 봇물과 같아서 그가 임의로 인도하시느니라" (잠 21:1)

현대인의 성경에는 이렇게 번역되어 있습니다. "여호와께서 왕의 마음을 다스리시며, 그 생각의 방향을 도랑물처럼 마음대로 바꾸신다." 우와. 정말 끝내주는 말씀입니다. 왕은 세상의 권력을 상징합니다. 그런데 하나님이 그의 생각의 방향을, 마치 도랑물 방향처럼 마음대로 바꾸실 수 있다는 겁니다. 혹시 애굽 왕 바로가 떠오르지 않으시나요?

"내가 바로의 마음을 완악하게 하고 내 표징과 내 이적을 애굽 땅에서 많이 행할 것이나" (출 7:3)

이스라엘이 애굽을 탈출하기 전, 그 땅이 거의 다 망가질 때까지 하나님이 열 가지 재앙을 애굽에 내리셨던 걸 기억하실 겁니다. 그리고 그 가장 중요한 원인은 바로의 마음이 완악했기 때문인데, 그가 그렇지까지 완악했던 이유가 여기에 나옵니다. "하나님이 그의 마음을 완고하게 만드셨다"라고 말입니다. 하나님은 바로의 마음을 붓물처럼, 도랑물처럼, 하나님의 뜻을 이루시기 위해서 임의로 움직이셨던 겁니다. 물론 바로는 자신의 자유의지를 충만히 발휘해서 그렇게 움직였던 거지만 그 밑바닥에는 하나님의 의지가 있었습니다.

성경에는 이런 얘기들이 꽤 많이 나옵니다. 그리고 하나님이 권세자의 마음을 바로처럼 부정적으로만 만드시는 게 아니라 긍정적으로 바꾸신 이야기도 나옵니다. 이것도 놀라운 역사입니다.

> "바사 왕 고레스 원년에 여호와께서 예레미야의 입을 통하여 하신 말씀을 이루게 하시려고 바사 왕 고레스의 마음을 감동시키시매 그가 온 나라에 공포도 하고 조서도 내려 이르되 바사 왕 고레스는 말하노니 하늘의 하나님 여호와께서 세상 모든 나라를 내게 주셨고 나에게 명령하사 유다 예루살렘에 성전을 건축하라 하셨나니" (스 1:1-2)

바벨론이라는 나라가 이스라엘(남유다)을 정복하고 그 백성들을 포로로 끌고 갔습니다. 그리고 그 바벨론을 다시 바사 즉 페르시아가 점령했는데, 그 바사의 왕 고레스가 즉위한 해에 하나님이 그의 마음을 "감동시키셨다" 즉 움직이셨다는 겁니다. 그는 무려 70년 동안이나 버려져 있던 예루살렘에 이스라엘 백성들을 귀환시키고, 그뿐만 아니라 거기에 여호와의 성전을 다시 건축하게 하라는 조서를 내렸습니다. 누가 고레스 왕을 협박한 것도 아닌데 이 대제국의 왕이 갑자기 왜 이런 엄청난 유화책을 내놓았을까요?

세상 역사가들의 설명은 이렇습니다. 당시 페르시아 영토가 계속 넓어짐에 따라 각 점령국을 너무 핍박하면 반란이 일어날 것을 우려하여 각 나라마다 자기들 종교를 유지하게 해줬다는 겁니다. 아마 그게 맞겠죠. 그러면 그게 왜 하필이면 예레미야가 예언했던 70년이 찼을 때 일어났느냐는 겁니다. 즉, 위의 1절에 보면 "여호와께서 예레미야의 입을 통하여 하신 말씀을 이루게 하시려고"라고 했는데, 하나님이 예레미야를 통해 도대체 무슨 말씀을 하셨었다는 걸까요? 70년 전에 이런 예언이 있었습니다.

"여호와께서 이와 같이 말씀하시니라 바벨론에서 칠십 년이 차면 내가 너희를 돌보고 나의 선한 말을 너희에게 성취하여 너희를 이 곳으로 돌아오게 하리라" (렘 29:10)

70년 포로 생활이 끝나면 다시 돌아오게 해주신다는 약속입니다. 그런데 이스라엘이 포로로 끌려간 때가 BC 605년입니다. 따라서 70년이 차는 해는 BC 536년이죠. 그런데 고레스 왕의 조서가 공표된 해가 바로 BC 537년이었습니다. 즉 포로 생활 69년 차에 조서가 발표된 겁니다. 그리고 그다음 해부터 즉 70년이 찼을 때부터 드디어 포로 귀환이 시작되었습니다.

기가 막히죠. 세상 역사가들은 이 부분을 우연이라고 설명할 겁니다. 하지만 우린 그것이 우연이 아니라는 사실을 잘 압니다. 하나님은 자기 뜻을 위하여 사람의 마음을 움직이는 분이시기 때문입니다. 하나님이 자신의 뜻을 이루기 위하여 이스라엘뿐만 아니라, 우리 크리스천들뿐만 아니라, 세상의 모든 사람을 다스리시고 그들의 결정에 영향을 주시는 분이라는 사실을 꼭 믿으시기 바랍니다.

그래서 기도가 능력이 있는 겁니다. "기도는 하나님의 오른팔 근육을 움직이는 작은 신경줄"이라고 합니다. 그리고 그 하나님의 오른팔이 사람들 심지어 권세자들의 마음까지도 움직이실 수 있다는 것을 생각하면 기도만큼 강력한 무기도 없습니다. 물론 하나님이 사람들의 마음을 조종하시는 건 아닙니다. 우리가 무슨 로봇도 아니고요. 하지만 드랑물이 굽이굽이 흐를 때 그 굽이굽이를 바로 하나님이 만드신다는 겁니다. 그래서 사람의 생각 자체 또는 전체를 조종하시는 게 아니라, 생각의 방향과 생각의 흐름을 하나님이 원하시는 방향으로 이끌어 가신다는 겁니다. 이걸 믿고 기도하는 분들에게는 반드시 기도의 큰 역사가 나타날 줄 믿습니다.

그러면 그냥 믿고 기도하고 기다리기만 하면 되는 걸까요? 예수님 믿는 사람들에겐 무계획이 상계획일까요? 그건 아닙니다.

"너의 행사(work)를 여호와께 맡기라 그리하면 네가 경영(plan)하는 것이 이루어지리라" (잠 16 3)

우리에겐 경영 즉 계획이 필요합니다. 현대인의 성경에는 이 말씀이 "네가 하는 일을 여호와께 맡겨라. 그러면 네가 계획한 일이 이루어질 것이다."라고 번역되어 있습니다. 아무 계획도 세우지 않고 하늘만 쳐다보고 누워서 감이 떨어질 때만 기다리고 살면 안 된다는 뜻입니다.

단, 계획부터 먼저 잔뜩 세워놓고 거기에 하나님의 뜻이나 하나님의 영광 같은 걸 나중에 장식처럼 붙여놓으면 안 됩니다. 계획을 세우는 초창기부터 하나님 뜻이 무엇인지 간절히 찾으면서 거기에 갖추어 내 계획을 세워야 합니다. 그럴 때 "네가 경영하는 것이 이루어지리라"는 놀라운 약속이 여러분의 것이 될 것입니다. 우리의 걸음을 이끌어 가는 건 계획이 아니라 하나님이시기 때문입니다.

"사람이 마음으로 자기의 길을 계획할지라도 그의 걸음을 인도하시는 이는 여호와시니라" (잠 16:9)

아무리 좋은 계획을 가지고 있어도 그 걸음을 여호와가 이끌지 않으시면 소용없습니다. 우린 한 치 앞도 내다볼 능력이 없기 때문입니다. 지도도, 스마트폰도, 인터넷도 없는 험한 지역으로 여행을 떠난 사람이 가이드의 도움도 없이 "용감"하게 길을 나서는 무모한 상황을 한번 생각해 보세요. 그건 용기가 아니라 무식입니다.

2. 악은 내가 아니라 하나님이 갚으신다.

그런데 살다 보면 하나님의 인도하심에 대해 의심이 들 때가 있습니다. 특히 악한 일을 당할 때, 억울한 일을 당할 때 그렇습니다. 그리고 그런 일은 대개 금방 해결이 잘 안됩니다. 세상 사람들이 주먹이 법보다 가깝다고 말하는 게 다 이유가 있습니다. 하지만 그렇다고 주먹이 하나님보다 가까운 건 아닙니다.

우리가 인도의 확신을 가지며 살 수 있는 두 번째 이유를 말씀드리겠습니다. 그건 바로 "악은 내가 아니라 하나님이 갚으신다"는 약속 때문입니다.

"너는 악을 갚겠다 말하지 말고 여호와를 기다리라 그가 너를 구원하시리라" (잠 20:22)

악한 일 당해본 적 있으시죠? 직장동료나 친구가 자기 혼자 살겠다고 나를 배신하기도 합니다. 내가 힘이 없다는 걸 알고 내게서 과도하게 많은 것을 빼앗아가는 사람이 있습니다. 나를 사람들 앞에서 일부러 창피를 주기도 하고, 내가 하지도 않은 일로 나를 흉보며 다니는 사람도 있습니다. 내 차 타이어를 펑크 내고 도망가는 사람도 있고, 우리는 심지어 강도를 당하기도 합니다.

그때 "복수하지 말라"는 겁니다. 그리고 여호와를 기다리라는 겁니다. 왜냐하면 "하나님이 으리를 구해주실 것"이기 때문입니다. 물론 이 말씀이 세상에서 우리가 악행과 억울한 일을 당할 때 "침묵" 하라는 뜻은 아닙니다. 필요한 말과 필요한 행동은 당연히 해야 할 것이며, 경찰에 신고해야 할 일은 신고해야 합니다. 하지만 적어도 "네가 원수를 갚으려고는 하지 말라"는 뜻입니다. 주먹이 법보다, 그리고 하나님보다 가깝다고 하지 말라는 뜻입니다.

그러면 우리는 원수들에게 도대체 어떻게 해야 할까요?

"네 원수가 배고파하거든 음식을 먹이고 목말라하거든 물을 마시게 하라 그리 하는 것은 핀 숯을 그의 머리에 놓는 것과 일반이요 여호와께서 네게 갚아 주시리라" (잠 25:21-22)

성경은 원수가 배그파하고 목말라할 때 "쌤통이다." 하면서 박수 치지 말라고 말합니다. 오히려 그들에게 따뜻한 음식과 충분한 물을 제공해 주라고 말합니다. 이게 천국 백성이 할 일입니다. 원수 갚는 건 우리에게 속한 일이 결코 아니기 때문입니다. 심판과 징벌은 오직 하나님께 속한 일입니다!

그리고 하나님이 갚아 주실 것을 믿으시기 바랍니다. 그런데 이 말씀은 여호와께서 나 대신 원수를 갚아 주신다는 의미가 전혀 아닙니다. 그게 아니라 "여호와께서 네게 갚아 주시리라"라고 하셨습니다. 여기서 "갚아 주신다"의 히브리어 "샬람"은 평화, 평안이라는 뜻의 "샬름"의 어원이 되는 단어입니다. 즉, 이 말씀은 하나님이 "내게 보답해 주신다"라는 말씀입니다. 그래서 새 번역 성경은 이 말씀을 "주님께서 너에게 상(reward)으로 갚아 주실 것이다"라고 번역하였습니다.

그런데 이게 상까지 받을 듯인가요? 맞습니다. 원수 사랑은 우리 타락한 심령을 심각하게 부인할 것을 요구하는 하나님 말씀에 대한 순종이기 때문입니다. 물론 그 악한 자는 하나님과의 1:1 관계 속에서 하나님이 어떤 식으로건 그에게 징계하실 것이 분명합니다. 하지만 "하나님, 나 대신 원수 갚아 주세요."라는 식으로 기도하지는 마세요. 다시 말씀드리지만 그를 징벌하고 안 하고는 하나님의 영역입니다. 우리는 오히려 "그 사람이 복받을 사람으로 변화되게 도와주세요."라고 축복해야 합니다.

물론 여러분 중에 신약에는 네 원수를 사랑하라고 하셨지만, 구약에는 눈에는 눈, 이에는 이, 즉 내가 당한 대로 갚아 주라는 "동해 복수법"이 나온다고 생각하는 분들이 계실 수도 있습니다. 그런데 그건 너무 단순한 생각입니다. 동해 복수법은 내가 남에게 손해를 입힌 대로 나도 그에게 갚아야 한다는 대원칙입니다. 하지만 사실 구약에서도 하나님은 원수를 사랑하라고 명령하셨습니다. 구약 율법의 집합체인 레위기에 나오는 말씀입니다.

"원수를 갚지 말며 동포를 원망하지 말며 네 이웃 사랑하기를 네 자신과 같이 사랑하라 나는 여호와이니라" (레 19:18)

"네 이웃 사랑하기를 네 자신과 같이 사랑하라!" 이 말씀은 신약 갈라디아서와 야고보서에만 나오는 말씀이 아닙니다. 이 말씀은 구약 레위기 율법에 이미 등장한 말씀입니다. 이 사실이 정말 놀랍습니다. 하나님은 어제나 오늘이나 영원히 동일하시다는 사실을 다시 한번 깨닫게 됩니다.

그런데 세상 사람들은 우리가 악행을 당하고도 복수하지 않고 오히려 그를 위해 복을 빌어주고 "내 억울함과 고통을 주님이 다 알고 계신다"라고 끝까지 믿는 것을 보며 정말 이해 못 할 겁니다. 너는 속도 없냐고 할 겁니다. 그리고 바보 같다고 말할 겁니다. 하지만 이건 바보가 아니라 정말 용기 있는 자만이 할 수 있는 행동입니다. 잠언의 약속을 들어보세요.

"약한 자를 그가 약하다고 탈취하지 말며 곤고한 자를 성문에서 압제하지 말라 대저 여호와께서 신원하여 주시고 또 그를 노략하는 자의 생명을 빼앗으시리라" (잠 22:22-23)

약한 자를 그가 약하다고 함부로 빼앗지 말라고 하셨죠? 그리고 곤고한 자를 그가 힘없는 자라고 성문에서 재판할 때 함부로 압제하지 말라고 하셨죠? 왜일까요? 답이 23절에 나옵니다.

여기 "대저"라는 말은 영어로는 for, 즉 "왜냐하면"이라는 뜻입니다. 우리가 왜 약하고 힘없는 자를 함부로 빼앗고, 함부로 불리한 판결을 내리면 안 되느냐… 그것은 왜냐하면, 하나님께서 그 약한 자를 신원해 주시기 때문이라는 겁니다. 이건 엄청 중요한 말씀입니다. 신원한다는 말은 "송사를 맡아 주신다", "대신 변호해 주신다" 그런 말입니다. 하나님이 변호해 주시는데 그 재판에서 당해낼 사람이 누가 있을까요? 게다가 그 노략하던 자의 생명을 하나님이 빼앗으실 거라는 무시무시한 말씀도 하고 계십니다.

약한 자들, 곤고한 자들은 이제 힘내시기 바랍니다. 저도 이 말씀이 얼마나 힘이 되는지 모릅니다. 혹시 억울한 일을 당하셨나요? 내가 하지도 않은 일, 하지도 않은 말을 가지고 나를 괴롭히는 사람들이 있나요? 내가 힘이 없다고, 약하다고, 가진 게 없다고 사람들에게 소위 갑질을 당하셨나요? 또 심지어 공권력이나 법 집행에 있어서도 내가 힘이 없다고 차별을 받으셨나요?

그러면 기도하세요. 반드시 여호와께서 여러분을 신원해 주실 날이 올 겁니다. 반드시 여호와께서 여러분의 억울한 고통을 풀어주실 날이 올 겁니다. 그게 우리의 믿음입니다. 세상 사람들도 사필귀정을 이야기합니다. 그들도 잠시는 악이 득세하더라도 반드시 바로잡아질 날이 올 것에 대한 믿음이 있습니다. 하물며 우리 하나님의 백성들은 더더욱 우리를 신원하여 주시는 하나님만 믿고 기다려야 할 것 아닙니까? 악은 내가 아니라 하나님이 갚아 주시는 겁니다. 할렐루야.

게다가 하나님은 더 놀라운 일도 해주십니다.

"사람의 행위가 여호와를 기쁘시게 하면 그 사람의 원수라도 그와 더불어 화목하게 하시느니라" (잠 16:7)

우리가 살다 보면, 뜻하지 않게 사람들과 사이가 안 좋아질 수도 있고 나를 미워하는 사람이 생길 수도 있습니다. 그래서 이 말씀이 놀라운 겁니다. 만약 우리 삶이 여호와를 기쁘시게 한다면, 하나님은 우리가 원수와도 화목하게 해주실 것을 약속하셨습니다. 그렇다면 원수도 아닌 사람들과 관계가 좋아지게 하는 건 하나님께는 일도 아닙니다.

혹시 이 글을 읽으시는 분 중에 대인관계에 어려움에 생긴 분이 계신가요? 이 말씀 붙들고 간절히 기도하며 기다리세요.

3. 피난처는 오직 하나님께 있다.

우리가 인도의 확신을 가지며 살 수 있는 세 번째 이유는 "피난처는 오직 하나님께 있다"라는 사실 때문입니다. 이게 무슨 말일까요?

"여호와의 이름은 견고한 망대라 의인은 그리로 달려가서 안전함을 얻느니라" (잠 18:10)

여호와의 이름은 견고한 망대라고 했습니다. 견고한 망대는 영어로는 Strong Tower 즉 튼튼한 탑입니다. 여호와 하나님의 이름은 누구든지 거기로 달려가면 최고의 안전을 제공받을 수 있는 그런 피난처라는 것입니다. 거기로만 달려가면 아무도 우리를 해치지 못할 것입니다. 거기는 아무도 좇아오지 못할 것입니다. 그리고 우리만 안전해지는 게 아닙니다. 우리가 힘들 때마다 하나님께 달려가는 것을 보는 우리 자녀들에게도, 그들에게도 하나님이 든든한 피난처가 되실 거라는 약속이 잠언에 있다는 사실을 아세요?

"여호와를 경외하는 자에게는 견고한 의뢰가 있나니, 그 자녀들에게 피난처가 있으리라" (잠 14:26)

새 번역 성경은 이렇게 번역했습니다. "주님을 경외하면 강한 믿음이 생기고, 그 자식들에게도 피난처가 생긴다." 부모의 피난처는 자식들에게도 피난처가 됩니다. 부모가 고통 중에 무릎 꿇고 기도하며 눈물을 흘린 날 만큼, 나중에 자녀들이 커서 고난당할 때 그들도 부모를 떠올리며 무릎 꿇고 하나님께 달려가게 될 것입니다.

저는 제가 고등학생 때 가정예배 중에 아버지가 기도하며 우시던 날들이 아직도 문득문득 떠오릅니다. 집에 문제가 크게 있을 때 부모님이 며칠씩 기도원에 가서 기도하고 오셨던 기억도 아직도 납니다. 그러니 아마 저도 죽을 때까지 그분들처럼 제 피난처는 오직 하나님이신 걸 잊지 않고 살 겁니다. 또한 제 아이들도 그런 신앙을 가지게 되길 소망합니다.

"너는 갑작스러운 두려움도 악인에게 닥치는 멸망도 두려워하지 말라 대저 여호와는 네가 의지할 이시니라 네 발을 지켜 걸리지 않게 하시리라" (잠 3:25-26)

물론 살다 보면 "갑작스러운 두려움"이 엄습할 때가 있습니다. 저도 있습니다. 여러분도 있으실 거예요. 그리고 악인이 멸망 당하는 모습도 우리에게 두려움을 줍니다. 악인인지 아닌지는 잘 모르겠지만 우리 주변 사람들이 병으로, 사고로, 실수로, 악한 일을 당해서, 그래서 고통당하는 모습을 보면, 우리도 심장이 콩닥콩닥 뛰고 가슴이 조여오는 고통을 느낄 때가 있습니다.

하지만 성경은 말씀합니다. "여호와는 네가 의지할 이시니라. 네 발을 지켜 걸리지 않게 하시리라" 그러니 두려워하지 마세요. 불안해하지 마세요. 물론 하나님 자녀에게 사건, 사고가 안 생긴다고 성경이 약속한 적은 없습니다. 다만 "네가 여호와 의뢰하고 사는 거 맞냐?" 하나님이 우리에게 물어보실 때 "하나님, 제가 주님만 의뢰하고 사는 줄 주님이 아시나이다" 이렇게 고백할 수만 있다면, 하나님은 우리의 피난처가 되시는 것은 물론이거니와 우리는 결국 승리할 겁니다. 이게 하나님의 약속입니다. 이게 바로 가장 약한 자도 발이 걸려 넘어지지 않게 되는 비결입니다.

이는 누구도 결코 하나님을 이길 수 없기 때문입니다.

"지혜로도 못하고, 명철로도 못하고 모략으로도 여호와를 당하지 못하느니라 싸울 날을 위하여 마병을 예비하거니와 이김은 여호와께 있느니라" (잠 21:30-31)

그렇습니다. 지혜로도 명철로도 모략으로도, 감히 여호와 우리 하나님을 이길 수 없습니다. 다들 싸울 날을 위해서 말을 준비하고 마병을 준비하고 별의별 전쟁 물자들을 다 준비하지만, 그런다고 이기는 게 아닙니다. 물론 그런 것들도 필요합니다. 하지만 놓치면 안 되는 게 있습니다. 그게 뭘까요? 바로 "이김은 오직 여호와께 있다"라는 믿음입니다. 나에게 좋은 무기가 있느냐가 아니라 내게 여호와가 계시느냐가 훨씬 더 중요합니다. 이런 강력한 피난처를 모르고 사는 세상 사람들이 불쌍할 뿐입니다.

결론

우린 오늘 잠언을 통해 굉장히 귀중한 진리를 배웠습니다. "결국 이루어지는 건 하나님의 뜻이다"라는 걸 배웠고, "악은 내가 아니라 하나님이 갚으신다"는 것도 배웠으며, 또한 "피난처는 오직 하나님께 있다"는 것도 잘 배웠습니다.

이 위대하신 여호와 하나님은 우리에게 절대 의존을 명하십니다. 하나님과 우리 지혜, 하나님과 세상의 방법, 이렇게 두 곳에 발을 올려놓고 상황 보아가며 발 떼기 하는 사람을 하나님은 아주 싫어하십니다. 그렇게 발 떼기 하는 사람들의 공통점은 나중에 일이 잘못되면 자기 머리를 쥐어박는 게 아니라 하나님께 화살을 돌린다는 겁니다. 괜히 자기가 일 다 망쳐놓고 엄한 하나님만 원망합니다. 그러지 마세요. 다 잠언에 나오는 얘기입니다.

"사람이 미련하므로 자기 길을 굽게 하고 마음으로 여호와를 원망하느니라"
(잠 19:3)

혹시 실패하셨나요? 작년에 실패했었는데 금년에도 일이 잘 안 풀리고 계시나요? 아직 절망에 빠지기는 이릅니다. 자기 지혜 의지하고 살았던 거 반성하시고 일단 머리 한 대 쥐어박으세요. 그리고 빨리 피난처 되신 여호와께 달려가세요. 이제부터 잘하면 됩니다.

우선 "여호와의 뜻이 이루어지기를 간절히 소망합니다"라고 기도하시고, "지금까지 최고 가이드이신 주님보다 제 지혜를 더 의지하고 인생 살았던 거 회개합니다"라고 기도하시고, "이제는 주님의 뜻이 제 삶을 통해 이루어지기를, 제게 악행 하던 자들을 주님의 이름으로 용서하고 사랑하며 살기를, 그리고 제 피난처는 오직 주님밖에 없음을 진심으로 고백합니다"

라고 간절히 기도하시기 바랍니다.

　그리고 계획을 다시 세워보세요. 이김은 오직 여호와께 있습니다. 주님만 도와주신다면, 마병은 얼마 없어도 능히 이길 수 있습니다. 주님만 함께 하신다면, 나는 비록 약하나 주님이 힘 주시사 능히 이길 수 있습니다.
　오늘 주신 잠언 말씀을 다시 한번 소리 내어 읽어보세요.

"너는 마음을 다하여 여호와를 신뢰하고 네 명철을 의지하지 말라 너는 범사에 그를 인정하라 그리하면 네 길을 지도하시리라" (잠 3:5-6)

　이 글을 읽으신 모든 분들이 과거의 실수에 집착하지 않고, 이제는 인생 최고의 가이드 되신 주님 손 다시 한번 꼭 붙잡으시기를 바랍니다. 그리고 말씀과 기도 속에 오직 주님만 따라가시다가 나중에 천국 진주문 앞에서 "주님이 인도하셨습니다." 이렇게 고백하고 들어가시는 귀한 인생 사시기를 주님 이름으로 축원합니다. 할렐루야.

Chapter 2

관계를 위한 잠언

8. 혀의 힘 _ Power of the tongue

‖ 잠언 18:21 ‖
죽고 사는 것이 혀의 힘에 달렸나니 혀를 쓰기 좋아하는 자는 혀의 열매를 먹으리라

10년 만에 용서받다

살다 보면 한 번의 말실수 때문에 두고두고 후회하는 일이 생길 수 있습니다. 저도 예외가 아닙니다. 한 10여 년 전의 일이었습니다. 친한 동생처럼 지내는 어떤 영화배우가 있었는데 하루는 문자가 왔습니다. 이번에 연극을 하는데 형수님과 함께 오실 수 있으면 표를 보내 드리겠다는 문자였습니다. 사실 꽤 잘나가는 주연급 배우였거든요. 전화를 걸었더니, 얼마 전에 둘째도 낳았다면서 밝은 목소리였습니다. 그런데 정제되지 못한 말이 제 입에서 나오는 걸 느끼며 속으로 경악을 했습니다.

"형, 이번에 좋은 연극하는데 형수님하고 오시면 아주 좋은 자리로 줄게."
"그래. 고마워. 그런데 영화배우가 연극도 하네."
"어... 뭐 그런 거지 뭐."

순간 속으로 아차 했습니다. 영화배우가 연극도 한다니요. 당시 연예계 불황이 하도 심해서 영화나 드라마 제작이 많이 중단되었다는 기사를 읽은 적이 있었습니다. 따라서 그런 시기에는 아무리 일류 배우라고 해도 잠시 연극에 출연할 수도 있음을, 그리고 연극이 절대로 영화보다 못한 것이 아니라는 사실을 제가 전혀 생각하지 못했던 겁니다. 생각해 볼수록 굉장히 비꼬는 말이었습니다. 영화배우가 연극도 하네...

그런데 수습이 안 되더라고요. 그동안 그 친구에게 예수님 믿으라고 전도도 많이 했었는데, 제 말 한마디가 얼마나 차가운 얼음송곳이 되어 마음속에 박혔을까... 얼마나 상처가 되었을까... 전화를 끊고 한참을 자책했습니다. 그리고 그 후로 10년 동안 거의 서로 연락이 없었습니다. 힘든 시기를 보내는 사람에게 힘을 주기는커녕 어떻게 제 입에서 그런 잔인한 말이 나올 수 있었는지 지금도 이해가 안 됩니다.

그러다가 "말"에 대한 잠언 설교를 준비하던 2020년의 어느 가을날, 그 일이 생각나면서 다시 한번 회개했습니다. 시간이 많이 지났지만 용서를 꼭 받아야겠다는 생각이 들었습니다. 그래서 문자를 보냈습니다. 전화로 용서를 구할 수도 있었지만 그럴 용기도 나지 않았고, 또 전화로 용서해달라고 하면 누구라도 그럼 용서한다고 그러지 용서 안 하겠다고 하지는 않을 것 같았기 때문입니다.

그래서 용서할지 말지 생각해 볼 시간을 주기 위해서 문자로 보냈습니다. 하도 오랜만에 연락하니 이 번호가 맞는지 확신도 없었습니다. 하지만 아주 길게 보냈습니다. 정말 미안했다고, 10년 동안 그것 때문에 정말 괴로웠다고, 꼭 좀 용서해달라고 그렇게 보냈습니다. 제가 말에 대해 설교하면서 제 말 때문에 상처받은 사람에게 용서를 못 받는다면 이 설교를 못 할 것 같았습니다.

그런데 문자는 점심때 보냈는데 밤에 잘 때까지 답장이 안 오는 거였습니다. 역시 그게 틀린 번호였나 보다 하는 생각도 들었고, 또 누군가 저를 오랫동안 용서하지 못하고 있었을 것 같다는 생각에 진짜 잠이 오지 않았습니다. 어떻게 되었을까요?

다음 날 아침에 일어나 보니 아주 긴 문자가 와있었습니다. 뭐 그런 걸 갖고 그러느냐... 자기가 원래 연극부터 시작했던 사람이다... 자기는 다 잊었다...꼭 놀러 갈 테니 새로 이사 간 병원 주소 알려 달라... 그런 내용이었습니다. 정말 감사했습니다. 용서는 받아본 자만이 그 기쁨을 압니다. 10년 동안 지고 다니던 짐을 드디어 내려놓았습니다.

말이라는 것이 이렇게 무섭습니다. 말의 파괴적인 능력을 잘 아는 시편 기자는 이렇게 기도했습니다.

"여호와여 내 입에 파수꾼을 세우시고 내 입술의 문을 지키소서" (시 141:3)

그래서 이번 글은 "혀의 힘"에 대한 말씀입니다. 사람은 칼로만 서로를 죽이는 게 아닙니다. 우리 주위에, 나의 세 치 혀 때문에 얼마나 많은 사람이 공격받고 쓰러져 신음하고 있는지 모릅니다. 야고보서는 "혀는 능히 길들일 사람이 없나니 쉬지 아니하는 악이요 죽이는 독이 가득한 것이라"(약 3:8)고 했습니다. 오늘 이 글을 읽는 모든 분에게, 죽이는 독만 가득했던 입술과 혀가 사랑의 도구로 변화되는 기적이 일어나기를 주님의 이름으로 기원합니다.

오늘의 보석 같은 잠언을 함께 읽어보겠습니다.

"죽고 사는 것이 혀의 힘에 달렸나니 혀를 쓰기 좋아하는 자는 혀의 열매를 먹으리라" (잠 18:21)

죽고 사는 것이 혀의 힘에 달렸습니다! 이건 그냥 문학적 표현이 아닙니다. 무슨 무협 영화도 아닌데 실제로 사방에서 칼과 화살이 "말"을 통해 날아다닙니다. 사랑과 위로가 넘쳐야 할 가정과 교회에서 말입니다. 그런데 보면, 혀를 날카로운 무기처럼 휘둘러대는 사람도 있고 사람을 살리는 명약처럼 사용하는 사람도 있습니다.

세상 사람들도 말을 잘하고 살려고 노력을 많이 합니다. 그런 책이나 유튜브 영상도 많고 말에 대한 속담은 또 얼마나 많은지 모릅니다. 유명한 사람 중에 말에 대한 멋진 말 하나 안 남긴 사람은 아무도 없는 것 같습니다. 무슨 말이냐면, 우리가 말에 대한 교훈을 배울 수 있는 곳이 성경 말고도 넘쳐난다는 뜻입니다.

그럼 도대체 우리는 왜 굳이 성경에서까지 말에 대한 교훈을 얻어야 할까요? 그건 첫째는, 말에 대한 모든 교훈 중에 성경이 가장 원조이고 으뜸이기 때문입니다. 진리의 성경 말씀이 수천 년 동안 사람들에게 계속 영향을 주어왔고 그래서 그 비스름한 많은 속담이나 격언들이 생겨났습니다. 하지만 오리지널은 못 따라갑니다.

둘째는, 말은 우리가 하나님의 형상대로 창조된 중요한 증거이기 때문입니다. 인간만이 하나님의 형상대로 지어졌는데 인간만이 온전한 언어로서의 말 사용이 가능하다는 것은 중요한 의미가 있습니다. 그러니 말에 대한 질문들은 세상이 아니라 하나님의 말씀인 성경에서 그 대답을 찾는 것이 가장 정확합니다.

특별히 구약 잠언에 중요한 말씀들이 많습니다. 잠언에 나오는 혀의 사용법이 굉장히 다양한데 오늘은 세 가지로 정리해서 말씀드립니다. 똑같은 돈을 가치 있게 쓸 수도 있고 쓰레기처럼 쓸 수도 있는 것처럼, 하나님의 귀한 창조물인 우리 혀가 오늘 말씀을 통해서 아름답고 쓸모 있게 변화될 줄 믿습니다.

1. 부드럽게 말하라!

혀의 첫 번째 사용법은 "부드럽게 말하라"는 것입니다.

"유순한 대답은 분노를 쉬게 하여도 과격한 말은 노를 격동하느니라" (잠 15:1)

유순하다는 말은 히브리어로 "락"인데 락은 부드럽다는 뜻입니다. 영어로는 soft, gentle, tender 이런 뜻입니다. 우리 주위에 보면 말투가 항상 거칠고 공격적인 분들이 있습니다. 계속 듣다 보면 짜증이 나고 "안 낼 화도 내게" 됩니다. 하지만 그런 분을 만나면 일단 용서해 주세요. 어릴 때부터 그렇게 말을 배워왔을 가능성이 높고 주위에 친구도 없을 테니 불쌍한 분입니다. 하지만 성경은 유순하게 말하라고 가르칩니다. 유순한 대답은 "낼 화도 안 내게" 만듭니다.

한번 잘 생각해 보세요. 여러분이 좋아하는 친구나 교회 집사님이나 권사님은 말을 툭툭 던지거나 말이 센 사람은 아닐 겁니다. 대개 말을 부드럽게 하고 상냥한 분들일 겁니다. 언중유골이라고 하죠. 말속에 심지가 느껴지는 그런 말을 그분한테서 들어본 기억이 없는, 그런 분들을 대개 우리는 좋아합니다. 그런 분들과 대화하다 보면 마음도 편해집니다.

그럼 어떻게 말하는 게 부드러운 말일까요? 커피 한 모금 머금은 듯한, 클래식 FM 진행자 같은 그런 낮은 톤으로 천천히 말하는 게 부드러운 걸까요? 우리 중에 그렇게 알파파를 유발하는 아늑한 멋진 목소리의 소유자가 얼마나 될까요? 성경이 우리에게 목소리 교정 학원에 다니라고 말하는 건 전혀 아니겠죠? 그렇습니다. 전혀 그런 게 아닙니다.

"칼로 찌름 같이 함부로 말하는 자가 있거니와 지혜로운 자의 혀는 양약과 같으니라" (잠 12:18)

성경은 칼로 찌르듯이 말하지 말라고 말합니다. 그리고 그게 바로 부드럽게 말한다는 의미입니다. 여러분 주위에 혹시 그런 분 계시나요? 말이 칼로 찌르듯이 공격적이고, 상스러운 단어도 자주 튀어나오고, 어떤 때는 상대방에게 모욕적인 말을 일부러 섞어 쓰면서 자기가 더 위에 있다는 걸 과시하는 분들 말입니다. 그가 하는 말을 여섯 글자로 요약하면 거의 언제나 이겁니다.

"네까짓 게 뭔데."

여러분, 그렇게 말하는 건 분명히 죄악입니다. 심판받습니다.

"내가 너희에게 이르노니 사람이 무슨 무익한 말을 하든지 심판 날에 이에 대하여 심문을 받으리니 네 말로 의롭다 함을 받고 네 말로 정죄함을 받으리라" (마 12:36-37)

칼로 찔러대는 무익한 말들은 분명히 심판받습니다. 심문이 있을 거라고 하셨습니다. 상대를 죽어라고 말로 찔러대는 건, 분명히 암묵적인 살인입니다. 그리고 정말 말로 사람을 죽일 수도 있습니다! 도욕적인 인터넷 댓글 때문에 스스로 생을 끊은 사람들 많습니다. "내 말투가 원래 좀 그래" 하면서 합리화시키지 마세요. 거친 말도 습관입니다.

영국 프리미어리그 축구 좋아하시죠? 박지성도 있었고 지금은 손흥민이 열심히 뛰고 있습니다. 한 방송사에서 선수들 옷에 작은 녹음기를 부착했습니다. 우린 경기 중에 선수들이 무슨 말을 하는지 알 수가 없잖아요? 그래서 경기장에서 무슨 말들을 하는지 들어보려고 그랬던 건데, 결국 다큐멘터리 영상 만드는 걸 거의 포기했습니다. 대부분의 선수들이 포지션을 안 가리고 욕을 너무 심하게 했기 때문입니다. 그런데 그들은 거친 운동경기를 하는 중이어서 그랬던 걸까요?

사실 우리도 축구 경기만큼이나 거친 인생을 살고 있습니다. 그러다 보니 상대에 대한 배려보다는 나에 대한 방어가 중요해지고, 말로 눌리면 안 된다는 생각에 결국 언어가 거칠어지기 쉽습니다. 톤도 높아집니다. 한 번에 상대를 제압해야 하기 때문입니다. 하지만 세상 사람들이 다 그 길을 가더라도 우리는 거꾸로 가야 합니다.

심지어 내가 오해를 받는 상황에서도, 심지어 내가 공격을 당하는 상황에서도, 최대한 부드럽고 겸손하게 대화하시기 바랍니다. 내가 찔렸다고 나도 꼭 상대방을 찔러야 하는 건 아닙니다. 말싸움은 굉장히 미련하고 피곤한 겁니다. 그리고 실제로도 부드러운 말이 일을 잘 풀리게 합니다. 다 잠언에 나오는 이야기입니다.

"오래 참으면 관원도 설득할 수 있나니 부드러운 혀는 뼈를 꺾느니라" (잠 25:15)

깐깐하고 완고한 관원이나 통치자를 만났을 때 어떻게 하면 설득이 가능할까요? 여기 그 답이 나와 있습니다. 성경은 그 핵심이 "부드러운 혀"에 있다고 말합니다. 세상에도 "가는 말이 고와야 오는 말이 곱다"라는 속담이 있습니다. 내가 부드러우면 상대방도 결국 부드러워집니다. 이게 혀의 힘입니다.

"열 번 찍어 안 넘어가는 나무 없다"라는 속담도 있는데, 찍는다는 표현 때문에 우린 도끼 같은 무시무시한 연장을 생각하기 쉽습니다. 그런데 오늘 말씀을 보니 뼈를 뭐가 꺾는다고 했죠? 뼈를 꺾는 건 날카로운 칼도 아니고 무시무시한 도끼도 아니었습니다. 바로 "부드러운 혀"였습니다. 참으로 놀랍습니다.

이제 마음을 열지 않는 직장 상사나, 친구나, 가족이나, 구청 공무원에게 뭘 해야 할지 아시겠죠? 말을 부드럽게 하시되 시간이 오래 걸린다고 칼을 빼 들지는 마시기 바랍니다. 위협이나 협박은 사탄의 방법이지 하나님의 백성에게 허락된 방법이 아닙니다.
그런데도 꼭 말로 매를 버는 분들이 있습니다.

"미련한 자의 입술은 다툼을 일으키고 그의 입은 매를 자청하느니라" (잠 18:6)

이건 교회에서도 가끔씩 보는 일입니다. 예를 들어 우리가 다른 성도에게 하나님의 뜻을 깨닫게 해준답시고 조언을 해주는 경우가 있습니다. 이 "조언"이 문제입니다. 그게 뜻은 좋은데 과도하면 사람을 시험 들게 합니다. 미련한 조언 때문에 교회를 떠나는 분들이 적지 않습니다.

조언이라는 거 정말 조심하시기 바랍니다. 세상에서도 인격적인 깊은 신뢰가 형성되기 전까지는 조언할 때 신중하라고 가르칩니다. 하물며 교회에서 인격적으로 신앙적으로 아직 깊은 신뢰 관계가 없는 상태에서 함부로 정죄하듯이 조언하는 건 정말 위험합니다. 각 구역과 각 기관의 리더들은 이거 정말 조심해야 합니다. 말로 매를 버는 분들이 안 되시기를 바랍니다. 이런 영적 꼰대가 많은 교회에선 정말 신앙생활하기 힘듭니다. 여러분도 교회에서 자기가 이런 사람이 아닌지 잘 돌아보시기 바랍니다.

2. 남 이야기는 하지 말라!

잠언에서 배우는 혀의 두 번째 사용법은, "남 이야기는 하지 말라"는 것입니다. 계속 조용하다가도 딴 사람 이야기만 나오면 침 튀겨가면서 열 올리는 분들이 계시죠. 그리고 그런 분들 말을 듣다 보면 재미있어서 1시간이 금방 지나갑니다. 하지만 인생 충분히 사신 분들은 다들 아실 겁니다. 여러분이 안 계실 때는 그분들이 주로 여러분 이야기하면서 침 튀긴다는 사실 말입니다. 이건 동서고금을 통틀어 보편적인 현상입니다.

"남의 말하기를 좋아하는 자의 말은 별식과 같아서 뱃속 깊은 데로 내려가느니라" (잠 18:8)

남 이야기는 별식 같아서 아주 맛있습니다. 뱃속 깊은 데로 내려가면서 소화도 잘됩니다. 그런데 그 남 이야기가 칭찬인 경우는 별로 많지 않습니다. 대개 침 튀기며 남 이야기하는 재미는 그 사람 약점이나 비밀을 말하는 겁니다. 그리고 그런 대화는 흉보는 말로 끝날 때가 많습니다. 그러니 여러분. 남 이야기 함부로 하지 마세요. 옆 사람이 자꾸 남 이야기하려고 하면 지혜롭게 이야기를 다른 데로 돌려주시기 바랍니다.

여러분이 남 흉보는 거, 아무도 모를 것 같죠? 그건 착각입니다. 세상 사람들도 "낮말은 새가 듣고 밤말은 쥐가 듣는다"라며 세상에 진짜 비밀은 없다고 말들을 합니다. 우리가 남 흉보는 거는, 낮에 흉봤건 밤에 흉봤건 커피숍에서 흉봤건 전화로 흉봤건 결국은 다들 알게 됩니다.

왜냐고요? 우리가 흔히 하는 말 있죠? "너한테만 하는 말인데..." 우린 결국 열 명의 "너한테만" 그 말을 하고 나서야 실수했다는 걸 깨닫습니다. 하지만 수습하기엔 이미 늦었습니다. 잠언도 비슷한 경고를 합니다.

"두루 다니며 한담하는 자는 남의 비밀을 누설하나 마음이 신실한 자는 그런 것을 숨기느니라" (잠 11:13)

두루 다니며 한담하는 사람을 조심해야 합니다. 그리고 요즘은 두루 다닐 필요도 없습니다. 전화로, 문자로, 카톡으로 여기저기 다니면서 남의 비밀 퍼뜨리며 사는 게 정말로 쉬워졌습니다. 인스타라는 앱을 이용하면, 오늘 내가 점심때 뭐 먹었는지 온 세계 사람들이 그 즉시 알게 됩니다. 이런 세상이 올 줄 누가 알았겠습니까? 그 덕택에 숨겨줘도 부족한 얘기가 자꾸 확대 재생산됩니다.

여러분. 남 이야기는 절대로 재미있는 취미가 아닙니다. 미움과 이간질과 질투와 이기심의 화신인 사탄이 우리를 유혹하는 올무가 바로 "남 이야기"입니다. 하나님의 도구로 살아도 부족한 인생인데, 남 이야기하며 사탄의 도구로 살아가는 불쌍한 인생이 되지 맙시다. 허물은 덮어줘야 합니다. 그거 자꾸 말해서 계속 생각나게 하는 사람... 정말 나쁜 사람입니다.

"허물을 덮어 주는 자는 사랑을 구하는 자요 그것을 거듭 말하는 자는 친한 벗을 이간하는 자니라" (잠 17:9)

세상 사람들도 자기 없을 때 자기 흉보는 사람을 굉장히 싫어합니다. 여러분도 싫어하시잖아요? 저도 그래요. 그러니까 저 없을 때 제 흉보지 말아주시면 감사하겠습니다. 하지만 제 앞에서는 제 흉을 좀 보셔도 괜찮습니다. "칼로 찌르듯이"만 말하지 않으신다면, 저에 대해 솔직한 생각을 얘기해 주실 때 달게 듣겠습니다. 하지만 저 없을 때는 제 흉보지 말아 주세요.

그렇다면 남 흉보는 악습관을 어떻게 해야 버릴 수 있을까요? 이게 쉽지는 않지만 제가 아는 어떤 분이 아주 실제적인 조언을 주셨습니다. 그건 누구 얘기를 할 때, 그 사람이 지금 내 앞에 있다고 생각하고 말하라는 겁니다. 그러면 자동으로 말의 수위가 조절됩니다. 그 사람 앞에서 할 수 없는 이야기를 그 사람 뒤에서 절대로 하지 말라는 뜻입니다. 이거 잘 실천에 옮겨보시면 언어생활에 많은 진보가 있으실 줄 믿습니다.

그래도 다른 사람 이야기를 꼭 해야만 되는 순간이 온다면요?

"구부러진 말을 네 입에서 버리며 비뚤어진 말을 네 입술에서 멀리 하라"
(잠 4:24)

구부러진 말과 비뚤어진 말은 반드시 피하세요. 꼭 그런 말을 써야 한다면 차라리 입을 다무는 게 낫습니다. 물론 살다 보면 우리가 억울한 일을 당하거나 피해를 봤을 때, 어떤 사람을 비판하는 것이 필요할 수도 있습니다. 하지만 그런 순간조차도 최대한 그리스도인의 품위를 잃지 마시고, 감정적이기보다 최대한 사실 위주로 말을 하시고, 그 사람 사정도 함께 언급해 주셔야 말로 죄짓지 않습니다.

그럼 억울한 건 누가 풀어주냐고요? 그건 주님이 풀어주십니다! 주님이 신원해 주십니다! 주님 앞에서는 있는 얘기 없는 얘기 다 하셔도 좋습니다. 여러분의 힘든 감정도 다 털어놓으세요. 여러분의 눈물 닦아줄 분도, 그 고통 준 사람 징계하실 분도 다 주님이시기 때문입니다. 그리고 인생의 즐거움은 가급적 남 이야기보다는 다른 데서 찾으시기를 간곡히 부탁드립니다.

3. 생각하고 말하라!

잠언에서 배우는 혀의 세 번째 사용법은, 이게 필요한 분들이 아주 많으실 텐데요, 바로 "생각하고 말하라"입니다.

"의인의 마음은 대답할 말을 깊이 생각하여도 악인의 입은 악을 쏟느니라" (잠 15:28)

좀 더 직설적으로 표현하던, 말을 좀 줄이라는 겁니다. 제가 성경 말고 말에 대해서 가장 감동을 받았던 말은 이거였습니다. "말이 입안에 있을 때는 네가 말의 주인이지만, 말이 입 밖에 나오면 너는 말의 노예가 된다." 기가 막힌 말이죠? 우린 내뱉은 말의 노예가 됩니다. 그러니 아직 여러분이 말의 주인일 때 생각을 더 한 다음에 말씀하시기 바랍니다. 내뱉은 말 주워 담느라고 하는 고생은 정말 쓸데없는 고생입니다. 그런데도 다들 그 고생하며 힘들게 삽니다.

말할 때 꼭 두 가지를 생각하고 말하세요. 첫째, 이 말이 꼭 필요한가? 둘째, 이 말을 듣고 상대방이 어떻게 느낄까? 앞의 것은 말의 내용, 뒤의 것은 말의 표현과 주로 연관됩니다. 내용과 표현, 이 두 가지를 항상 생각하면서 말하면 실수가 많이 줄어듭니다. 잠언은 생각 없이 말하는 자보다 미련한 자가 차라리 더 낫다고 말합니다.

"네가 말이 조급한 사람을 보느냐 그보다 미련한 자에게 오히려 희망이 있느니라" (잠 29:20)

이 말씀이 현대인의 성경에는 이렇게 나옵니다. "아무 생각 없이 성급하게 말하는 사람보다는, 오히려 미련한 자에게 더 희망이 있다." 맞습니다. 아무 생각 없이 성급하게 말하는 자는 미련한 자 중에도 아주 상미련한 자입니다. 생각하면서 말하는 자가 되세요. 그런 분이 교회에 계시고 가정에 계시고 회사나 학교에 계셔야 인간관계로 인한 피로도가 피차 상당히 줄어듭니다.

물론 생각하고 말하려면 말할 때마다 리듬이 자꾸 끊깁니다. 그리고 결과적으로는 말수 자체가 줄어들 수밖에 없습니다. 하지만 아무 걱정 마세요. 생각하며 말하는 것이 습관이 되면 더 나아질 겁니다. 게다가 어차피, 말이 조금 적은 편이 쓸데없이 수다스러운 것보다 낫습니다. 일부러라도 말을 조금 줄여보시기를 권해드립니다. 옛 어른들이 집에 붙여놓는 가훈 중에 "묵묵"이 많았던 이유가 다 있는 겁니다.

제가 대학생 때의 일입니다. 하루는 친구가 이런 말을 해줬습니다. 학교 학생회관에 이발소가 있는데, 거기 이발하러 온 학생에게 이발사 아저씨가 그러시더랍니다. "학생, 어떻게 깎아줄까?" 학생이 그렇게 말했답니다. "좀 조용히 깎아주세요." 얼마나 웃었는지 모릅니다. 저도 생각해 보니까 그 아저씨가 머리 깎으실 때 상당히 말씀이 많으셨던 것이 기억났습니다. 물론 여러분은 그렇게는 말하지 마세요. 칼로 찌르는 말이 될 수도 있으니까요.

돌아가시기 전까지 요양원에 계셨던 자기 노모 이야기를 신문에 쓴 어떤 분의 글을 읽은 적이 있습니다. 그분 말씀이, 자기 어머니가 그 요양원에 3개월 정도 계셨는데 거기서 칭찬이 자자하셨다는 거였습니다. 그 이유가 말이 별로 없으셔서였다는 겁니다. 사람이 나이가 많아지면 말도 덩달아 많아지는 분들이 많지요. 그런데 잔소리와 불평불만이 많으셨던 다른 노인분들과는 달리 이분은 말씀이 별로 없으셔서 직원들에게 인기가 높았다는 겁니다.

혹시 그런 거 아세요? 성경에는 말 많은 자의 축복에 대한 구절같은 건 없습니다. 하지만 오히려 잠잠한 자의 축복은 이야기합니다. 무슨 축복이 있을까요? 예를 들어 우리말에 "입 다물고 있으면 중간이라도 간다"라는 말이 있죠. "침묵은 금"이라는 말도 있습니다. 그런데 잠언에도 그런 말씀이 있습니다.

"미련한 자라도 잠잠하면 지혜로운 자로 여겨지고 그의 입술을 닫으면 슬기로운 자로 여겨지느니라" (잠 17:28)

그렇죠? 입을 다물고 있으면 중간이 아니라, 아예 지혜롭고 슬기로운 자로 여겨진다고 성경은 말합니다. 뿐만이 아닙니다.

"입을 지키는 자는 자기의 생명을 보전하나 입술을 크게 벌리는 자에게는 멸망이 오느니라" (잠 13:3)

입을 지키는 자는 생명을 보전합니다. 하지만 입술을 크게 벌리는 자에겐 멸망이 옵니다. 꼭 명심하세요. 망할 가능성이 높은 사람은 말이 많은 쪽이라는 사실을 말입니다. 또 있습니다.

"말이 많으면 허물을 면하기 어려우나 그 입술을 제어하는 자는 지혜가 있느니라" (잠 10:19)

말이 많으면 그에 비례해 허물도 많아집니다. 말이 많아지면 실수도 많아지기 때문입니다. 그리고 말을 많이 하다 보면 점점 감정도 섞이면서 말에 예의가 사라지고 거칠어지게 되어있습니다. 세상 속담에도, "가루는 칠수록 고와지고 말은 할수록 거칠어진다"라고 했습니다. 같은 의미입니다. 그러니 차라리 하고 싶은 말을 다 하고 사는 것보다는 말을 조금 줄이는 편이 훨씬 낫습니다.

"모든 수고에는 이익이 있어도 입술의 말은 궁핍을 이룰 뿐이니라" (잠 14:23)

일반적으로 수고는 이익을 가져다줍니다. 이익이 있으니 수고를 하는 겁니다. 그런데 이 말씀에 따르면, 입술의 말은 이익이 아니라 궁핍만 가져다줍니다. 물론 말을 아예 하지 말고 살라는 뜻은 절대로 아니죠. 다만, 생각보다 말이 우리 삶에 도움이 안 될 때가 많다는 뜻입니다. 아군인 줄 알았는데 적군이었습니다. 그리고 생각보다 우리가 필요 없는 말을 너무 많이 하고 산다는 뜻이기도 합니다. 그래서 잠언은 입과 혀를 지키라고 강권합니다.

"입과 혀를 지키는 자는 자기의 영혼을 환난에서 보전하느니라" (잠 21:23)

입과 혀를 지켜야 환난을 피할 수 있습니다. 이건 굉장한 진리입니다. 그래서 이런 말도 있습니다. "지혜는 들음에서 생기고, 후회는 말함에서 생긴다."

이런 생각을 해봤습니다. 하나님이 사람의 입은 닫혀있고 귀는 열려있게 창조하신 이유가 뭘까? 혹시 입은 꼭 필요할 때 말고는 닫아놓고 있으라는 뜻이 아닐까.. 그런데 귀는 아무리 노력해도 닫을 수가 없습니다. 한 번 닫아보세요. 귀가 닫히는 분들은 내일 꼭 병원에 가보시기 바랍니다. 귀는 듣기 좋은 말이건 듣기 싫은 말이건 항상 열어놓아라 이 뜻입니다. 듣기 좋은 말만 듣지 말라는 뜻입니다. 그럼 입은 언제 열어야 할까요?

"너는 말 못하는 자와 모든 고독한 자의 송사를 위하여 입을 열지니라" (잠 31:8)

우리 입은 우리를 위해서가 아니라 말 못하는 자를 위해서 열라는 것입니다. 내 변명을 토해내기 위해서가 아니라 고통 속에 있는 자들을 대변해주기 위해서 열라는 것입니다. 그러니 변호사들은 아주 귀한 소명을 받은 사람들입니다. 그리고 여러분도, 불쌍한 사람들을 대변하고, 그들을 위해 기도하고, 그들에게 그리스도의 십자가 보혈을 들려줄 때 사용하라고 하나님이 입을 주신 걸 믿으시기 바랍니다.

결론

탈무드에 이런 말이 나옵니다. "물고기는 항상 주둥이로 낚인다."

우리도 오늘 잠언에서 배운 혀 사용법에 주의하지 않는다면 이런 운명이 될 겁니다. 만약 칼로 찌르는 말만 하고 부드러운 말을 배우지 못한다면 언젠가 주둥이로 낚일 겁니다. 남 이야기하는 것만 좋아하고 남 흉보는 것만 즐기는 자도 반드시 주둥이로 낚이게 될 겁니다. 그리고 차라리 말수가 줄어드는 게 낫지, 생각 없는 수다쟁이로 산다면 그도 언젠가 반드시 주둥이로 낚일 것입니다.

그 증거가 정치가들입니다. 그들처럼 말을 많이 하는 직업도 별로 없을 겁니다. 그런데 정치가들이 자기가 했던 말 때문에 나중에 발목 잡혀 고생하는 뉴스가 얼마나 많습니까? 우리도 똑같은 위험에 처한 걸 아직 모르시겠나요? 우리가 안 유명해서 우리 말을 한마디 한마디 꼬투리 잡는 사람이 없어서 그렇지, 말에 주의하지 않으면 우리도 결국 내뱉은 말 때문에 발목 잡혀 고생할 날이 반드시 옵니다. 잠언의 엄중한 경고를 기억하세요.

"네 입의 말로 네가 얽혔으며 네 입의 말로 인하여 잡히게 되었느니라" (잠 6:2)

이렇게 내 말에 발목 잡히지 않으려면 어떻게 해야 할까요? 오늘 배운 잠언 말씀들을 부지런히 삶에 적용하시면 됩니다. 그런데 과연 이게 우리 노력만으로 될까요? 하루 이틀 시도해 보다가 흐지부지되는 건 아닐까요? 그럼 안 되죠. 그리고 하루 종일 입만 지키고 사는 건 너무 피곤한 일이고 불가능한 일입니다.

이건 성령님께서 도와주셔야만 가능한 일입니다. 우리는 성령님께 입술을 변화시켜달라고, 입술을 통해 자기 건재를 과시하는 내 옛사람을 죽이게 해달라고 간절히 기도해야만 합니다.

그리고 그것만 가지고는 안 됩니다. 내 입에서 나간 칼과 화살 때문에 상처 입고 쓰러져있는 사람들이 있습니다. 잘 기억해 보세요. 그들에게 용서를 구해야 합니다. 이걸 빼먹으면 반쪽짜리 신앙밖에 안 됩니다. 말씀의 적용과 간절한 기도, 그리고 사람에게 용서를 구하는 이 세 가지를 병행하시면서, 이 어두운 세상에서 혀의 힘에 휘둘리지 아니하고 그리스도의 향기를 드러내며 살아가는 모든 성도님들이 되시기를 주님의 이름으로 축원합니다.

9. 부모에 대한 잠언 _ Proverbs talking about parents

‖ 잠언 17:6 ‖

손자는 노인의 면류관이요 아비는 자식의 영화니라

손을 놓는 부모

어떤 아이가 엄마에게 물었습니다.

"엄마, 우리가 먹는 음식은 다 하나님이 주시는 거여요?"

"그럼, 하나님이 주시지. 엄간 그걸 예쁘게 요리해서 밥상을 차리는 거고."

"그럼, 제 생일선물도 하나님이 주시는 거예요?"

"그럼. 하나님이 그거 주시려고 1년 내내 준비했다가 주시는 거란다."

"그럼, 크리스마스 선물은요?

"그것도 하나님이 예쁘게 선물 포장해서 산타클로스 할아버지를 통해서 보내주시지."

"그리고 동생은 다리 밑에서 주워 온 거고요?"

"우와, 다 컸네. 네가 우리 집 비밀을 다 아는구나."

"그럼, 아빠는 왜 필요해요?"

이 꼬마가 굉장히 중요한 질문을 던졌습니다. 부모는 나에게 왜 필요한가? 다른 말로 하면 쿠모는 나에게 어떤 존재냐 하는 겁니다. 여러분. 영화 좋아하시죠? <닥터 지바고>라는 영화 기억하는 분들 많으실 겁니다. 영화음악도 유명하고, 원작 소설을 쓴 보리스 파스테르나크는 이 소설로 노벨문학상을 받았습니다. 공산주의가 인간성을 말살하는 과정을 보고 싶으면 이 영화를 보시면 됩니다. 그런데 영화 끝에 이런 장면이 나옵니다.

닥터 지바고의 딸 타냐가 어릴 때 아버지와 어떻게 해서 헤어지게 되었는지 그 경위를 장군 앞에서 말하는 장면입니다. 사실 이 딸은 자기 아버지가 닥터 지바고인 줄 모르고 있었고, 장군은 그녀의 아버지가 누구인지 아는 사람이었습니다. 장군이 소녀에게 묻습니다. "타냐? 어떻게 길을 잃었지?" 타냐가 말합니다. "거리가 불바다였고, 폭격에 집이 무너지고 있었어요. 그래서 아빠하고 함께 길을 달렸어요. 그런데... 내 손을 놓았어요. 내 손을 놓아 버렸어요..."

아빠가 자기 손을 놓았다고 말하면서 타냐가 고개를 떨구고 흐느끼기 시작합니다. 그녀는 지금까지 자기가 부모에게 버림받았다고 생각하며 살아왔던 겁니다. 그러자 장군이 말합니다. "아빠라면 손을 놓았을까?" 그러면서 그녀의 진짜 아빠 사진을 보여줍니다. 그녀의 손을 놓은 사람은 아빠가 아니고 다른 사람이었던 겁니다. 그녀를 버린 사람이 부모가 아니라 다른 사람이었다는 걸, 그녀는 너무 늦게 알게 된 겁니다.

여러분. 자식 손을 놓는 부모는 없습니다. 전 지금까지 부모가 불난 집이나 지진 현장에서 자식을 자기 몸으로 감싸 안아 자기는 죽고 애는 살렸다는 기사는 많이 봤지만, 자식이 부모를 몸으로 감싸서 살렸다는 기사는 본적이 없습니다. 그게 부모와 자식의 차이입니다. 그리고 자식이 평생 부모를 업고 다녀도 모자란 이유입니다.

여러분 중에도 부모님에 대한 애잔한 마음을 가지고 사시는 분들이 많으실 줄 압니다. 사실, 칼 들고 설쳐대는 조폭들도 자기 부모에겐 효자이고 싶어 합니다. 성경은 효도를 강조하는 책입니다. 성경을 사랑하는 사람 중에 효도하지 않는 자가 있을 수 없습니다.

그리고 우리는 성경을 통해 "자식이 우리에게 주시는 하나님의 선물"임과 동시에 "부모님도 내게 주신 하나님의 선물"인 것을 깨닫습니다. 오늘 이 글을 통해 선포되는 잠언 말씀에 귀 기울이고 적극 순종하시면 하나님이 주신 가정이라는 귀한 보금자리가 더욱 은혜롭고 아름다워지는 복이 임할 것입니다.

오늘의 보석 같은 잠언은 바로 이 말씀입니다.

"손자는 노인의 면류관이요 아비는 자식의 영화니라" (잠 17:6)

여기서 "손자"는 히브리어로 자식들의 자식들(children's children)이고, "영화"는 영광 또는 자랑거리라는 뜻입니다. 그래서 이 말씀의 앞부분은 "자식은 부모의 면류관이다"라는 뜻으로 이해하면 되고, 뒷부분은 현대인의 성경에선 "부모는 자식의 자랑이다"로, 새 번역 성경에선 "어버이는 자식의 영광이다"로 번역했습니다.

앞부분은 잘 이해가 됩니다. 물론 평생을 부모에게 고민거리로 사는 자식도 있겠지만, 그래도 자식이 부모의 자랑이고 면류관이라는 말은 어느 정도 이해가 됩니다. 그런데 정말 부모도 자식에게 영광스러운 존재일까요? 그건 정말 잘난 부모를 둔 경우에만 해당하는 건 아닐까요? 이건 글쎄요 하면서 고개를 저을 문제가 아닙니다. 성경은 분명히 그렇다고 말하고 있기 때문입니다.

잘났건 못났건 부모는 자식의 영광입니다. 자식의 자랑거리입니다. 금이야 옥이야 귀하게 대해야 하는 존재는 여러분의 자식뿐만이 아니라 여러분의 부모였던 겁니다. 이 당연한 듯 당연하지 않은 이야기를 성경은 어떻게 풀어갈까요? 오늘 저와 함께 이 흥미진진한 여행을 함께 떠나보시면 좋겠습니다.

부모를 어떻게 대해야 하는지에 대한 잠언은 크게 세 가지로 요약됩니다. 자기가 잘하고 계신 영역이 나오면 감사하시기 바랍니다. 그리고 아직 잘 못하는 영역이 나오면 회개하고 이제부터 잘하시면 됩니다. 단, 이 글에는 이 책의 다른 글들과는 달리 유효기간이 있습니다. 부모님이 살아계실 때까지입니다. 그때까지 부지런히 이 내용을 실천에 옮기시기 바랍니다. 만약 이미 천국 가셨다면, 그분들이 살아계셨을 동안의 여러분의 삶을 돌아보는 시간으로 삼으시기 바랍니다.

1. 네 부모의 말을 잘 들어라!

부모에 대한 첫 번째 잠언은, "네 부모의 말을 잘 들어라"라는 명령입니다. 부모님 말씀 잘 들어라! 어디서 많이 듣던 말이죠? 맞습니다. 어릴 때부터 집에서 항상 듣던 말입니다. 그런데 그거 아세요? 여러분 집보다 그 말을 더 많이 들을 수 있는 곳이 있었습니다. 그게 바로 구약 잠언입니다. 몇 개만 함께 찾아보겠습니다.

> "내 아들아 네 아비의 훈계를 들으며 네 어미의 법을 떠나지 말라 이는 네 머리의 아름다운 관이요 네 목의 금 사슬이니라" (잠 1:8-9)

아비의 훈계를 듣고 어미의 법을 떠나지 말라! 유대인들은 전통적으로 아버지에게선 구체적인 삶의 교훈 즉, 훈계를 듣고 어머니에게선 율법 교육을 받았다고 합니다. 어쨌든 삶의 교육이건 성경 교육이건 부모님 말씀을 잘 들으라는 것이 성경의 명령입니다. 그리고 그 모습이 마치 "머리에는 아름다운 관을 쓰고 목에는 금목걸이를 하는 것과 같다"라고 했습니다. 이게 얼마나 멋진 모습인지 상상이 되시나요?

여기서 관은 히브리어로 "리비아"인데, 이건 화관 즉 꽃으로 만든 화환을 말합니다. 그러니까 괜히 멀쩡한 꽃 꺾지 마시고 부모님 말씀 잘 순종하며 사세요. 그럼 어느 날 거울 앞에 섰을 때, 머리에서 예쁜 화관을 보시게 될 겁니다.

그리고 간혹 보면, 부모님 말씀 순종하는 걸 개 목걸이처럼 느끼는 분들이 있습니다. 분명히 말씀드리지만, 그건 개 목걸이가 아니고 금목걸이입니다. 어느 귀금속점에서도 살 수 없는 귀한 금목걸이입니다. 저는 여러분이 어느 날 거울 앞에 서서 이처럼 아름다운 화환과 금목걸이를 발견하게 되시기를 진심으로 소망합니다.

부모의 말을 잘 듣는 자에게 약속된 것이 더 있습니다. 우선 다음 말씀을 한 번 읽어보세요.

"내 아들아 네가 만일 나의 말을 받으며 나의 계명을 네게 간직하며" (잠 2:1)

물론 이 잠언은 솔로몬 왕이 부모의 가르침이라는 형식을 빌려서 우리가 하나님의 말씀에 절대적으로 순종해야 함을 가르쳐 준 것입니다. 하지만 여기서의 "아들"은 실제로 솔로몬의 아들을 가리킨다고 보는 학자들도 많이 있습니다. 즉 이 말씀은 하나님의 말씀에 대한 순종과 부모에 대한 순종이라고 하는 이중적인 의미를 가집니다. 따라서 잠언에서 자주 반복되는 "내 아들아"라는 문구 다음에 나오는 "내 말을 잘 듣고 잘 지키라"는 말씀은 실제로 부모의 말씀을 경청하고 순종하라는 말씀으로 이해하는 것에 큰 문제가 없습니다

그런 의미에서 이제 볼 두 말씀이 굉장히 의미가 남다릅니다.

"내 아들아 나의 법을 잊어버리지 말고 네 마음으로 나의 명령을 지키라 그리하면 그것이 네가 장수하여 많은 해를 누리게 하며 평강을 더하게 하리라" (잠 3:1-2)

네 부모의 말을 잘 들으면 어떻게 된다고요? "네가 장수할 것이다. 네가 많은 해를 누리며 평화롭게 살 것이다"라는 것이 하나님의 약속입니다. 비슷한 말씀이 또 있습니다.

"내 아들아 들으라 내 말을 받으라 그리하면 네 생명의 해가 길리라" (잠 4:10)

부모의 말을 잘 들으면 어떻게 된다고요? 네 생명의 해가 길어진다는 것입니다. 물론 이 잠언 3, 4장 말씀들은 "하나님 말씀에 순종하고 살면 받는 일반적인 축복"에 대한 말씀일 수도 있습니다. 그런데 혹시 이 말씀들을 보시면서 제5계명이 떠오르지는 않으셨나요? 십계명의 다섯 번째 계명은 이렇습니다.

"네 부모를 공경하라 그리하면 네 하나님 여호와가 네게 준 땅에서 네 생명이 길리라" (출 20:12)

십계명 중에서, 그 계명을 준행했을 때 이러이러한 복을 주신다는 약속이 함께 나오는 유일한 계명이 바로 이 제5계명입니다. 그래서 (엡 6:2)에도 이 제5계명이 "약속이 있는 첫 계명"이라고 했습니다. 다른 아홉 계명은 그냥 "뭐 해라, 뭐 하지 말아라", 이런 명령들만 나오지만, 오직 부모에 대한 이 제5계명에만 그 명령을 지켰을 때의 약속이 함께 나오기 때문입니다.

그런데 부모를 공경하면 왜 장수하게 될까요? 그 이유가 항상 궁금했었는데, 오늘 잠언 말씀들을 보면서 궁금증이 어느 정도 풀리는 것 같습니다. 부모를 공경하면 부모님 말씀에 순종하게 되잖아요. 바로 그겁니다. 잠언은 "부모의 말을 순종하면 생명의 해가 길어진다"라고 분명히 선포하고 있습니다. 사실 비슷한 말씀이 열왕기상에도 나옵니다.

"네가 만일 네 아버지 다윗이 행함 같이 내 길로 행하며 내 법도와 명령을 지키면 내가 또 네 날을 길게 하리라" (왕상 3:14)

여기서도 하나님 말씀에 순종하며 사는 삶과 부모의 삶을 본받아 사는 삶이 중첩되어 나옵니다. 그리고 그 결과는 장수의 측복이라는 겁니다. 그렇습니다. 하나님 말씀에 순종하는 삶과 부모를 본받아 사는 삶은 결코 분리될 수가 없습니다. 따라서 그 축복도 서로 겹치는 겁니다.

나는 오래 사는 건 좀 별로야 하는 분 계시나요? 그런 배부른 소리는 하지 마세요. 이 장수는 물리적으로 더 오래 산다는 의미만 가지는 것이 아닙니다. 아까 잠언 3장에서 장수와 함께 평강을 더해 준다고 하셨잖아요?

즉, "장수"는 우리가 천국 가기 전에 이 땅에 사는 동안 누릴 많은 복들을 함축하는 언어입니다. 세상에도 효자상이나 효부상 같은 상들이 있지만, 하나님이 주실 효도의 상이 훨씬 더 큰 것임을 믿으시기 바랍니다. 이 글을 읽으시는 모든 분들이 세상 누구보다 부모를 잘 공경하고 부모의 말에 잘 순종하는 분들이 되시기를 주님의 이름으로 축원합니다. 부모 말을 잘 들으라는 잠언 말씀들을 몇 개 더 열거해 보면 다음과 같습니다.

"아들들아 아비의 훈계를 들으며 명철을 얻기에 주의하라 내가 선한 도리를 너희에게 전하노니 내 법을 떠나지 말라 나도 내 아버지에게 아들이었으며 내 어머니 보기에 유약한 외아들이었노라 아버지가 내게 가르쳐 이르기를 내 말을 네 마음에 두라 내 명령을 지키라 그리하면 살리라 지혜를 얻으며 명철을 얻으라 내 입의 말을 잊지 말며 어기지 말라" (잠 4:1-5)

"내 아들아 내 말에 주의하며 내가 말하는 것에 네 귀를 기울이라" (잠 4:20)

"내 아들아 내 지혜에 주의하며 내 명철에 네 귀를 기울여서" (잠 5:1)

"그런즉 아들들아 나에게 들으며 내 입의 말을 버리지 말고" (잠 5:7)

"내 아들아 네 아비의 명령을 지키며 네 어미의 법을 떠나지 말고" (잠 6:20)

"내 아들아 내 말을 지키며 내 계명을 간직하라" (잠 7:1)

"이제 아들들아 내 말을 듣고 내 입의 말에 주의하라" (잠 7:24)

이제 아시겠죠? "아빠 말씀 잘 들어라, 엄마 말씀 잘 들어라" 이런 말을 여러분 집이나 학교보다 잠언에서 더 많이 들을 수 있다는 사실 말입니다. 그리고 부모 말을 잘 들으라는 명령은 절대로 잔소리가 아닙니다. 거기엔 약속이 있습니다. 머리엔 화관이요, 목에는 금목걸이요, 또 이 땅에서 생명의 해가 길어지는 큰 축복이 임할 것입니다.

2. 네 부모를 업신여기지 말라!

부모에 대한 두 번째 잠언은, "네 부모를 업신여기지 말라"는 명령입니다. 업신여기지 말라! 사람이 제일 비열한 순간이 언제일까요? 자기보다 못하고 자기보다 못 배우고 자기보다 못 가진 사람을 업신여기고 무시할 때입니다. 참 가증한 짓입니다. 그런데 이웃에게 그렇게 행해도 죄가 될 터인데, 자기 부모를 업신여기는 사람들이 있습니다. 부모가 못 배웠고, 못 가졌고, 또 자식보다 여러 면에서 부족할 수 있습니다. 하지만 그렇다고 그분들이 우리에게 그런 대접을 받아도 되는 분들은 아닙니다.

"아비를 구박하고 어미를 쫓아내는 자는 부끄러움을 끼치며 능욕을 부르는 자식이니라" (잠 19:26)

아비를 구박하고 어미를 내어쫓는 사람들이 있습니다. 이런 파렴치한 사람들은 지금도 존재하지만 지금부터 수천 년 전에도 적지 않게 있었던 것 같습니다. 성경에까지 기록된 걸 보면 말입니다. 잠언은 흥미롭게도 10장 이전까지는 부모 말을 잘 들으라는 메시지가 많은데, 10장 이후부터는 부모를 경히 여기는 자들에 대한 경고의 메시지가 많이 나옵니다. 이 말씀도 보세요.

"너를 낳은 아비에게 청종하고 네 늙은 어미를 경히 여기지 말지니라" (잠 23:22)

부모의 말을 청종하기는커녕, 이젠 늙고 힘이 없다고 부모를 경히 여기는 못된 사람들은 언제나 어디에나 있어왔습니다. 그런데 더 심한 사람들도 있습니다.

"아비를 저주하며 어미를 축복하지 아니하는 무리가 있느니라" (잠 30:11)

부모를 저주하고 조롱하는 자들이 있다는 것입니다. 축복하지 않는 정도가 아니고 말입니다. 이런 못난이들은 결국 어떻게 될까요? 이렇게 부모를 업신여기는 자들에 대해 하나님이 얼마나 끔찍한 심판으로 경고하시는지 아십니까?

"아비를 조롱하며 어미 순종하기를 싫어하는 자의 눈은 골짜기의 까마귀에게 쪼이고 독수리 새끼에게 먹히리라" (잠 30:17)

그들은 "눈이 새에게 쪼여 먹힐 것"이라고 했습니다. 얼마나 끔찍한 형벌입니까? 어떤 신학자는 이 구절에 대해서, 우리가 다른 사람에 대해 조롱하고 업신여기는 태도가 눈빛에서 제일 먼저 나타난다는 점에서 눈이 심판의 주 대상이 되는 것이라고 해석을 했습니다. 우리도 경험상, 사랑의 눈빛과 경멸의 눈빛을 구분할 줄 압니다. 우리는 존경하는 눈빛과 업신여기는 눈빛을 구분할 수 있습니다. 그런데 그걸 인생 경험 많은 부모님들이 모르시겠습니까? 부모님에게 사랑과 존경의 눈빛을 보내는 자식들이 되시기를 진심으로 기원합니다. 뿐만이 아닙니다.

"자기의 아비나 어미를 저주하는 자는 그의 등불이 흑암 중에 꺼짐을 당하리라" (잠 20:20)

부모를 저주하는 자는 그의 등불이 흑암 중에 꺼질 것이라고 했습니다. 등불은 밝을 때 필요한 게 아니라 캄캄할 때 필요합니다. 그러니 부모를 업신여기고 저주하는 자의 등불이 캄캄할 때 꺼진다는 것은 그가 완전한 절망 상태에 빠지게 될 것이라는 경고입니다. 사실 구약시대에는 아예 법이 그렇게 되어있었습니다. "부모를 저주하는 자는 사형이다"라고 말입니다.

"자기의 아버지나 어머니를 저주하는 자는 반드시 죽일지니라" (출 21:17)

"만일 누구든지 자기의 아버지나 어머니를 저주하는 자는 반드시 죽일지니 그가 자기의 아버지나 어머니를 저주하였은즉 그의 피가 자기에게로 돌아가리라" (레 20:9)

부모를 저주하는 자는 반드시 죽여라! 살벌하시죠? 혹시라도 "내가 유대인이 아닌 게 참 다행이다", 이렇게 생각하는 분 계시나요? 착각입니다. 유대인들에게는 율법에 의해서 공식적인 사형이 집행되었던 것이고, 우리들에겐 공식적이고 가시적인 사형집행은 아니지만 캄캄한 흑암 중에 우리 등불이 꺼지는 비참한 날이 반드시 올 것이기 때문입니다. 부모를 업신여기던 자들의 두 눈이 까마귀와 독수리 새끼에게 먹히는 끔찍한 날이 반드시 올 것이기 때문입니다.

이 경고를 무겁게 받아들이시길 바랍니다. 세상이 너무 복잡하고 정신없이 지나가기 때문에 우리가 결말을 눈여겨보기 어려운 것뿐이지, 부모를 업신여기는 자들에 대한 하나님의 심판은 지금 이 시간에도 다양한 모습으로 진행되고 있습니다.

한번 생각해 보시오. 성경은 하나님이 미리 예언하신 대로 광야 생활 40년 동안 이스라엘 족속 60만 명을 죽이셨다고 했습니다. 그런데 그들이 한꺼번에 죽은 게 아닙니다. 병 때문에 죽고 전쟁 때문에 죽고 지진 나서 죽고 늙어서 죽고, 이렇게 저렇게 해서 나중에 가나안 땅에 들어갈 때 사람 수를 세어보니 정말로 하나님이 출애굽 때 경고하셨던 것처럼 여호수아와 갈렙 두 사람 빼고는 모든 20세 이상 된 자들 중에 60만 명이 다 죽은 걸 확인했다는 것입니다.
아마 다들 "설마 다 죽이시려고…" 했을 겁니다. 하지만 정말 다 죽이셨습니다. 바로 그 하나님이 무서운 형벌을 경고하셨으면, 제발 두려워서라도 부모님 잘 공경하며 사시기를 바랍니다. 부모를 얕보고 업신여기는 자는 저주받는 자임을 믿으시기 바랍니다. 여기서 "아멘" 하셔야 성경적입니다. 아래의 말씀처럼 말입니다.

"그의 부모를 경홀히 여기는 자는 저주를 받을 것이라 할 것이요 모든 백성은 아멘 할지니라" (신 27:16)

3. 네 부모를 기쁘시게 하라!

부모에 대한 세 번째 잠언은, "네 부모를 기쁘시게 하라"는 명령입니다. 부모를 업신여기지 않는 수준이 아니라, 부모를 기쁘시게 해드리라는 겁니다. 어떻게 하면 될까요? 가장 쉬운 방법은 여러분의 자식을 떠올려 보면 알 수 있습니다. 사람들 앞에서 그가 지혜로운 행동을 하는 것을 보면 많이 기쁘셨죠?

"의인의 아비는 크게 즐거울 것이요 지혜로운 자식을 낳은 자는 그로 말미암아 즐거울 것이니라" (잠 23:24)

물론 미련 곰탱이로 살아도 부모 눈에는 자기 자식이 제일 예쁘게 보인다고는 합니다. 하지만 그건 그냥 불효자들 위로하는 말이고, 부모의 답답함과 고통과 근심은 이루 말하기 어렵습니다.

"지혜로운 아들은 아비를 즐겁게 하여도 미련한 자는 어미를 업신여기느니라" (잠 15:20)

지혜로운 자녀가 부모를 즐겁게 합니다. 미련한 자들은 부모를 기쁘게 만들기는커녕 업신여기며 산다고 했습니다. 결국 부모님 돌아가실 때까지 두고두고 근심거리로 살겠죠. 미련한 자식에 대한 경고는 잠언에 많이 나옵니다.

"솔로몬의 잠언이라 지혜로운 아들은 아비를 기쁘게 하거니와 미련한 아들은 어미의 근심이니라" (잠 10:1)

"미련한 자를 낳는 자는 근심을 당하나니 미련한 자의 아비는 낙이 없느니라"(잠 17:21)

"미련한 아들은 그 아비의 근심이 되고 그 어미의 고통이 되느니라"(잠 17:25)

이 잠언들이 공통적으로 말하는 것은 이겁니다. "미련한 자로 살면 부모에게 근심이 된다.' 그런데 이게 꼭 학교 공부 잘하라는 얘기가 아닙니다. 아무리 좋은 대학을 가고 아무리 좋은 직장에 취직해도 참 지혜가 없을 수 있습니다. 참 지혜는 책만 읽고 유튜브만 들여다봐서는 잘 알 수가 없습니다.

그래서 우리는 부모님께 지혜를 배워야 하는 것입니다. 그분들의 다양한 경험과 멀리 내다보는 시야는, 젊은이들이 절대로 쉽게 가지기 어려운 것들입니다. 자꾸 이것저것 여쭤보세요. 여러분과 시야가 다를 수는 있지만 분명히 배울 게 많이 있습니다.

특별히 부모가 신앙 안에서 여러분을 키우셨다면, 그분들의 신앙의 깊이를 반드시 본받아야 합니다. 젊은이들의 신앙은 얄팍한 경우가 많습니다. 쉽게 뜨거워지지만 쉽게 식습니다. 절대 흔들리지 않을 것 같지만 내일이면 금이 가 있습니다. 하지만 우리 부모님들의 신앙의 무게와 그 두께는 우리가 생각하는 것 이상입니다. 부모님과 자꾸 대화하시고 잘 관찰하셔서, 참 지혜도 배우고 참 신앙도 배우시기를 주님 이름으로 축원합니다.

부모님이 신앙이 없으시다고요? 그럼 빨리 전도하셔야 됩니다. 이게 뭐하고 똑같으냐면 자기 혼자 에버랜드 입장권이 생겼다고, 부모는 입구에서 하루 종일 뙤약볕에서 기다리건 말건 혼자 들어가서 신나게 놀이 기구 탈 생각만 하는 철없는 꼬마하고 다를 게 없습니다. 좋은 데는 같이 가셔야

지요. 게다가 천국은 그냥 좋은 데가 아니라 우리 인생의 최종 목적지 두 군데 중 하나입니다. 다른 하나는 지옥이죠. 그러니까 반드시 천국에 같이 가셔야 하는 것입니다.

자, 그런데 성경은 여기에서 멈추지 않습니다. 적극적으로 부모를 기쁘시게 하라고 말합니다.

"네 부모를 즐겁게 하며 너를 낳은 어미를 기쁘게 하라" (잠 23:25)

어떻게 하면 부모를 기쁘시게 해드릴 수 있을까요? 정해진 규칙은 없습니다. 하지만 방법은 많습니다. 선물도 드리시고 자주 대화도 나누시고, 특히 젊은 사람들처럼 쉽게 물건을 주문하시기 어려운 경우가 많으니 스마트폰 앱으로 이것저것 주문해서 보내 드리시면 아주 좋습니다. 그리고 선물은 생일과 명절 때만 드리는 거라는 고정관념도 버리시기 바랍니다.

제가 이 글을 준비하면서, 이전에 어떤 외국 사이트에서 부모님이 돌아가신 뒤 자녀들이 가장 후회하는 7가지를 조사해서 올린 글을 읽은 것이 기억이 났습니다. 그 사이트가 어디였는지 아무리 찾으려고 해도 이제는 찾아볼 수가 없습니다만, 내용이 좋아서 여기 소개해 드립니다. 쉬운 내용들이지만 참 좋습니다. 다들 여기서 아이디어를 얻고 후회할 일은 하지 않으시면 좋겠습니다.

1. 부모님에게 상처 주는 말을 알면서도 한 것.
2. 여유가 없다는 핑계로 챙겨드리지 못한 것.
3. 더 자주 안아드리지 못한 것.
4. 고마움과 사랑을 표현하는 진심 어린 대화를 하지 못한 것.
5. 부모님과 함께하는 시간을 소홀히 한 것.
6. 부모님과 여행을 떠나지 못한 것.

7. 부모님의 꿈을 도와드리지 못하고 심지어 여쭤보지도 않은 것.

저는 부모님이 살아 계시지만 이 중에 다섯 개는 벌써 후회하고 있습니다. 여러분들은 어떠신가요? 일본 속담에 이런 말이 있습니다. "미리 해야 하는 것이 두 가지가 있는데, 하나는 불조심이고 또 하나는 효도이다." 특별히 효도는 할 수 있는 시기가 한정되어 있습니다. 그 시기를 놓치지 마시기를 바랍니다.

결론

제가 아까 글을 시작하면서 드렸던 질문을 다시 한번 드립니다. 과연 부모는 여러분에게 어떤 존재일까요? 정글북의 저자 러디어드 키플링이 이런 말을 했습니다. "하나님이 세상 모든 곳에 계실 수 없어서, 이 세상에 어머니들을 보내셨다."

물론 신학적으로는 하나님이 온 우주에 편재하신다고 얼마든지 반론을 제기할 수 있겠지만, 하나님이 어머니들에게 세상을 맡기셨다는 이 격언의 의미는 누구도 부인할 수 없습니다. 하나님은 어머니들에게 무엇을 맡기셨을까요? 바로 여러분들입니다. 부모가 누구냐고요? 부모는 이 땅에서 우리를 하나님께 부탁받으신 분들입니다. 그러니 그분들은 우리 손을 놓을 수가 없는 것입니다.

그런데 그게 시작부터 정말 고통스러운 일이었습니다. 우리는 그 사실을 뜻밖에 예수님이 하신 말씀에서 읽을 수 있습니다.

"여자가 해산하게 되면 그 때가 이르렀으므로 근심하나 아기를 낳으면 세상에 사람 난 기쁨으로 말미암아 그 고통을 다시 기억하지 아니하느니라" (요 16:21)

예수님이 이 말씀을 언제 하셨는지 아세요? 제자들에게 자신이 죽으실 것과 부활하실 것을 미리 예언하는 과정에서 하신 말씀입니다. 주님이 십자가 고난을 여자의 해산 진통에 비유하셨다는 사실은 대단히 의미하는 바가 큽니다. 저도 이전엔 이 말씀을 아무 생각 없이 읽었었는데, 생각해 보니 주님이 이 땅에서 자신의 고통을 가장 가깝게 비유하실 것을 찾으시다가 어머니들의 해산 고통에서 찾으신 거 아닙니까? 그런데 예수님과 어머니들이 그 해산 고통을 어떻게 이겨내시나요? 바로 자식이 태어난 기쁨으로 그 고통을 이겨낸다고 하신 겁니다. 우리 예수님도, 그리고 우리 육신의 어머니들도 말입니다. 비슷한 말씀이 구약에도 있습니다.

"여인이 어찌 그 젖 먹는 자식을 잊겠으며 자기 태에서 난 아들을 긍휼히 여기지 않겠느냐 그들은 혹시 잊을지라도 나는 너를 잊지 아니할 것이라" (사 49:15)

자기가 젖 먹인 자식을 까맣게 잊어버릴 엄마가 있을까요? 자기 태에서 난 자식을 불쌍히 여기지 않을 여인이 있을까요? 지난주에 어떤 지인에게 이런 말을 들으며 마음이 많이 아팠습니다. 어떤 분이 치매가 심하게 걸리셨는데, 딸이 자기를 엄마라고 부르자 "왜 저한테 엄마라고 부르세요?"라고 했다는 겁니다.

하지만 그게 딸을 정말 잊어버린 겁니까? 나쁜 병에 걸린 게 죄라면 죄지 어머니는 절대로 자기 자식을 잊을 수 없습니다. 하지만 정말로 만약에 그런 일이 있다고 할지라도, 나 여호와는 너희를 결코 잊지 않을 것이라는 말씀입니다. 무슨 말이냐면, 하나님이 이스라엘에 대한 자신의 뜨거운 사랑을 세상 무엇에 비교해 볼까 하고 가장 가까운 걸 찾으시다가, 결국 부모의 사랑에서 찾으신 거 아닙니까?

엄마가 자기 배에서 태어나고 자기가 젖 물려 키운 아이를 절대로 잊을 수 없는 것처럼, 나도 너희를 절대 잊지 않을 거라는 우리 하나님이십니다. 천당 밑에 분당이 있다지만, 하나님 밑에 어머님이 계신 걸 믿으시기 바랍니다. 성자 예수님도 성부 하나님도, 우리에 대한 자신의 사랑을 들려주실 때, 가장 가까운 예가 바로 어머니의 사랑이라고 하신 것을 꼭 기억하시기 바랍니다.

여러분. 우리는 오늘 보석 같은 잠언의 말씀들을 통해 첫째, 부모의 말을 잘 들어야 하고 둘째, 부모를 업신여겨서는 안 되겠으며 셋째, 부모를 기쁘시게 하는 자가 되어야 한다는 정말 중요한 것들을 배웠습니다. 이제 명령에 순종하는 일만 남았습니다.

그리고 무엇보다도 벌받지 않으려고 효도하는 수준이 아니라, 상 받으려고 효도하는 수준이 아니라, 하나님도 인정하신 이 땅에서의 가장 위대한 사랑이 바로 부모의 사랑이라는 사실을 깨닫고, 그분들께 진심으로 감사하고 보답하며 살아가시기를 주님의 이름으로 간절히 기원합니다. 할렐루야.

10. 누가 나의 친구인가 _ Who is my friend?

‖ 잠언 27:10 ‖
네 친구와 네 아비의 친구를 버리지 말며, 네 환난 날에 형제의 집에 들어가지 말지어다. 가까운 이웃이 먼 형제보다 나으니라

진짜 친구 감별법

여러분은 친구가 많은 게 좋으세요, 아니면 적은 게 좋으세요? 옥스퍼드 대학의 인류학자 로빈 던바 교수가 몇 년 전에 18~65세 사이의 영국인 3,375명을 대상으로 조사한 결과가 있습니다. 이들은 페이스북 친구가 평균 155명이었는데, 그중에 자신이 위기에 처했을 때 의지할 수 있는 친구가 몇 명인가 물어보니까, 평균 4명이라는 응답이 돌아왔다는 겁니다. 그럼 위로의 말이라도 건넬 것 같은 사람은 몇 명이냐고 물어보니까, 평균 14명이라고 대답했습니다. 그리고 그 결과는 연령 별로 거의 차이가 없었습니다. 그럼 나머지 사람들은 도대체 뭘까요?

아무리 인터넷이나 스마트폰이 발달하고, 아무리 페이스북이나 인스타나 카톡을 열심히 하고, 그리고 우리가 사회생활을 많이 해서 아는 사람 숫자가 증가해도, 그중 진짜 친구는 다섯 손가락으로도 다 못 셀 정도로 적다는 겁니다. 그러니 여러분 중에 나는 친구가 많다는 사람이나 나는 친구가 별로 없다는 사람이나, 결국 진짜 친구라고 부를 만한 사람은 다들 몇 명 없으실 겁니다.

그러면 누가 진짜 친구일까요? 그들을 어떻게 알아낼 수 있을까요? 미국

NBC의 유명한 토크쇼 진행자인 제이 레노가 이런 말을 했습니다. 핸드폰 주소록을 뒤져서 전화를 걸고, 차로 공항에 데려다줄 수 있겠냐고 부탁해 보라는 겁니다. 데려다주겠다는 사람이 당신의 진정한 친구라는 거죠. 그럼 나머지 사람들은요? 나쁜 사람들은 아니고 그저 당신의 지인일 뿐이라고 했습니다. 관심 있으면 여러분도 한번 이 사람 저 사람 전화 걸어서 공항까지 차로 데려다 달라고 해보세요. 단, 아무도 안 데려다줄까 봐 걱정되시는 분들은 시도하지 마시기 바랍니다. 충격받습니다. 그런데… 정말 그게 진짜 친구를 알아내는 좋은 방법이 맞을까요?

예수님은 요한복음 15장에서 이렇게 말씀하셨습니다. "사람이 친구를 위하여 자기 목숨을 버리면, 이보다 더 큰 사랑이 없나니"(요 15:13). 우리는 우릴 위해서 자기 목숨을 버리신 우리 주님이 우리의 진정한 친구이심을 믿습니다. 그런데 동시에 우리는 이 땅에 발붙이고 사는 인간들이기 때문에 인간 친구도 사귀며 살아야겠죠. 우리에겐 친구가 필요합니다.

그렇다면 누가 우리의 친구일까요? 저는 이 글을 통해 사람들에 대한 여러분의 시야가 바뀌고 특히 우리 그리스도인들에게 친구란 무슨 의미가 있는지 철저하게 깨달아 알게 되는 놀라운 축복이 있으실 줄 믿습니다.

오늘 주시는 보석 같은 잠언 말씀은 다음과 같습니다.

"네 친구와 네 아비의 친구를 버리지 말며, 네 환난 날에 형제의 집에 들어가지 말지어다. 가까운 이웃이 먼 형제보다 나으니라" (잠 27:10)

친구를 버리지 마시기 바랍니다. 심지어 부모의 친구도 버리시면 안 됩니다. 그리고 환난을 당했을 때 형제의 집에 들어가지 말라고 하십니다. 왜일까요? 그 이유는 여기 나오듯이, 가까운 이웃이 먼 형제보다 낫기 때문이라는 것입니다. 가까운 이웃과 가까운 친구가, 멀리 사는 친척이나 평소

연락도 별로 없던 육신의 형제보다 더 낫다는 이 지혜의 말씀을 잊지 마시기 바랍니다.

그런데 사실 우리 속담에도 "가까운 이웃이 먼 친척보다 낫다"라는 말이 있잖아요? 하지만 그 말이 성경에도 나오는지 잘 모르셨죠? 아마 성경이 더 원조일 겁니다. 잠언은 BC 8-10세기 사이에 기록된 성경입니다. 지금부터 거의 3,000년 전에 쓰인 성경이라는 말입니다. 우리나라로 치면 고구려, 백제, 신라도 아니고 고조선 시대입니다. 그러니 우리가 알고 있는 속담보다 이 잠언 말씀이 훨씬 오래전에 만들어졌을 가능성이 높습니다.

진짜 오리지널 지혜들이 성경에 다 들어있는 걸 믿으시기 바랍니다. 그러니까 어디 가서 "가까운 이웃이 먼 친척보다 낫다"는 속담도 못 들어봤냐고 하지 마시고, "가까운 이웃이 먼 형제보다 낫다"는 잠언 말씀도 못 들어봤냐고 하시기 바랍니다.

이번 글에선 구약 잠언에서 친구에 대해 들려주시는 세 가지 메시지를 배우려고 합니다. 그런데 그 메시지들이 굉장히 피부에 와닿습니다. 친구에 대해 갖고 계셨던 그동안의 생각들을 이 말씀들을 통해 확인하시고 수정해 나가시기를 바랍니다.

1. 잘 나갈 때의 친구는 진짜 친구가 아니다.

첫 번째 메시지는, "잘 나갈 때의 친구는 진짜 친구가 아니다"라는 겁니다.

"가난한 자는 이웃에게도 미움을 받게 되나 부요한 자는 친구가 많으니라"
(잠 14:20)

부요한 자들은 친구가 많다고 했습니다. 사실 부잣집에서 잔치 한 번 하면 사람들이 잔뜩 몰려들죠. 그리고 상을 당하면 사방에서 장례식장으로 몰려듭니다. 그런데 부자들은 정말 친구가 많을까요? 여러분은 정말 축의금이나 조의금을 내는 사람 숫자가 여러분의 진짜 친구 숫자라고 생각하는 건 아니시겠죠?

제가 어릴 때 어머니가 이런 얘기를 자주 해주셨습니다. "정승집 개가 죽으면 문상객이 들끓지만, 정승이 죽으면 개 한 마리도 안 온다." 그러면 부자 주위에 모여드는 사람들은 정체가 도대체 뭘까요? 대부분은 그냥 지인입니다. 특히 그중 많은 사람들은 그저 부자 덕 좀 보려는 속 보이는 지인들입니다.

그런데 그들이 꼭 이상한 사람들은 아닙니다. 내가 덕을 볼 것 같은 사람과 친해지고 싶은 것은 인간의 본성 같은 것이기 때문입니다. 우리는 나한테 짐이 되고 나한테 손해가 될 것 같은 사람과는 본능적으로 거리를 둡니다. 하지만 유명한 사람, 부유한 사람, 멋진 사람 그리그 높은 사람이 있으면, 그 사람과는 친해지고 싶은 마음이 다들 있습니다. 왜 없겠습니까?

그리고 우리는 거기서 멈추지 않습니다. 내가 그 사람과 친하다는 것을 사람들이 알아주기를 바랍니다. 자랑하고 싶은 거죠. 결국은 이솝우화에 나오는 그 교만한 나귀처럼 됩니다. 사람들이 사실은 그 사람 때문에 나한테 잘 해줬던 건데, 우리는 마치 우리가 뭐나 되는 사람인 것처럼 착각에 빠지게 됩니다. 다 쓰잘머리 없는, 수준 떨어지는 욕심들입니다. 이제 그런 데서 벗어나세요.

어쨌든 소위 잘나가는 사람 곁에는 이런저런 이유로 사람들이 많이 붙습니다. 하지만 그 잘나가는 사람들 중에 외로움을 느끼는 사람이 적지 않습니다. 왜냐하면, 내 주위에 사람들이 이렇게 많고 내 핸드폰에 전화번호가 이렇게 많지만, 이들이 다 내 친구가 아니라는 것을 결국 알게 되기 때문입니다. 경조사에 오는 사람이 더 많아졌을 뿐이고 잠시 어떤 특별한 주제를 가지고 웃고 떠들 수 있는 사람이 더 많아졌을 뿐이지, 진짜 친구는 내 주위에 별로 없다는 냉혹한 현실을 어느 날 깨닫게 됩니다. 이건 동서고금을 통틀어 언제나 진리입니다. 잠언도 그 얘기를 하고 있습니다.

"너그러운 사람에게는 은혜를 구하는 자가 많고 선물 주기를 좋아하는 자에게는 사람마다 친구가 되느니라" (잠 19:6)

여기 '너그러운 사람'이라는 말은 히브리어 원어로는 "권세를 가진 사람"이라는 뜻이 있습니다. 즉, 권력이 있는 자에겐 다들 찾아와서 은혜를 구합니다. 그리고 선물 주기를 좋아하는 자에게는 다들 찾아와서 그의 친구가 됩니다. 그러니 여러분 중에 친구가 많은 분은 꼭 분별하셔야 합니다. 내가 권력이 많거나 줄 것이 많아서 사람들이 내게 오는 것은 아닌가 하는 것을 말입니다.

어떤 회사 사장님이 아재 개그를 좋아하셨는데, 그날도 사무실에 불쑥 나타나시더니 웃긴 얘기를 한바탕 늘어놓았다고 합니다. 그런데 다들 웃는데 평소에 제일 크게 잘 웃던 여직원이 그날은 안 웃더래요. 그래서 "자네는 내가 항상 무슨 얘기만 하면 제일 잘 웃더니, 오늘은 별로 웃지를 않는구먼." 이렇게 말을 했더니, 그 여직원이 그러더랍니다. "아 네. 제가 오늘부로 퇴사하거든요."

사람들이 여러분의 재미있지도 않은 개그에 깔깔거린다면 거기에도 다 이유가 있을 수 있습니다. 혹시 어느 날부터 그들이 웃지 않는다면 이제 여러분이 줄 게 별로 없어진 겁니다. 비참해진 거죠. 이게 잠언에도 나옵니다.

> "가난한 자는 그의 형제들에게도 미움을 받거든 하물며 친구야 그를 멀리 하지 아니하겠느냐 따라가며 말하려 할지라도 그들이 없어졌으리라" (잠 19:7)

사람이 가난해지면, 그래서 이제 줄 것도 없고 권력도 없어지면 그의 형제들도 친구들도 다 그를 멀리하게 된다는 것입니다. 그들에게 가까이 가서 말 좀 붙여보려고 해도 다들 도망가서 아무도 남아있지 않을 거라는 것입니다. 얼마나 황당하고 얼마나 비참합니까? 그러니 명심하세요. 잘 나갈 때의 친구는 그냥 지인이지 진짜 친구는 아닙니다.

저도 그런 아픈 경험이 있습니다. 제가 하나님의 은혜로 피부 성형 분야에서 나름 전문성을 인정받고 특히 주름 치료에 대한 교과서도 많이 쓰고 논문도 많이 내고 또 강의도 많이 했습니다. 하나님과 여러분 앞에서 제가 별 볼 일 없는 부족한 사람입니다만, 제 세상 직업과 연관되어서는 저도 속된 말로 잘 나가는 사람에 속합니다. 아니, 속했었습니다.

2011년에는 아예 피부 항노화를 전문적으로 연구하는 학회를 만들어서, 거기에 뜻이 맞는 동료 의사들을 규합해서 열심히 키웠습니다. 지금은 너무 커져서 피부과 학회 산하의 모든 단체들 중에 제일 큰 단체가 되었습니다. 그런데 거기서 8년간 회장을 하다가 후배들을 키워야겠다는 생각에, 그리고 가정과 신학과 목회에 더 시간을 들여야겠다는 생각에 하루아침에 회장직을 자진해서 내려놓고 학회는 믿을만한 후배에게 맡겼습니다.

그런데 그 후 몇 달이 지나면서 저는 문득 뭔가를 깨달았습니다. 제게 그렇게 즐거운 목소리로 자주 연락하던 후배들이 요즘 연락이 없다는 거였습니다. 그렇게 문이 닳도록 병원 문 드나들면서 저와 주름 치료제의 개발 방향에 대해 의견을 나누던 제약회사 책임자들의 발길도 몇 달 새에 거의 다 끊겼습니다.

처음엔 이유를 잘 몰랐는데 어느 날 깨달았습니다. 아, 이젠 나도 권력이 없어졌구나... 끈 떨어졌구나... 처음엔 굉장히 서운했고 불편했습니다. 그래도 그렇지, 그렇게 친한 척하다가 회장 내려놨다고 이제 연락까지 안 하는 사람들은 뭘까 싶었습니다. 하지만 좋아진 것도 있었습니다. 덕택에 제 주위 사람들을 이제는 친구와 지인으로 구분하는 게 아주 쉬워진 겁니다.

하나님이 제 교만 병 고치시려고, 제가 권력을 내려놓게 하셨다는 것을 저는 잘 알고 있었습니다. 사실 저는 은근히 제 인격이 훌륭해서 사람들이 제게 모여든다고 생각했던 겁니다. 그런데 알고 보니 다들 권력 주위에 모여든 것이었습니다. 그들이 잘못했다는 것은 전혀 아닙니다. 우리는 사업이나 학문을 할 때 어떤 리더 중심으로 활동을 하는 것이 당연하기 때문입니다.

하지만 제가 지금까지도 거기에 계속 회장으로 있었다면 아마 저는 "교만 암"에 걸렸을 것이고, 병원 문턱은 닳았을 것이며, 핸드폰 배터리는 남아나지를 않았을 것입니다. 그리고 지인들 틈에 둘러싸여 진짜 친구 사귈 기회도 다 잃어버렸을 겁니다.

여러분. 하나님의 은혜로 여러분도 잘 나가실 때가 분명히 옵니다. 그때가 지금인 분도 있고, 왔었던 분도 있고, 앞으로 올 분도 있겠죠. 권력이나 명예나 재물 같은 것이 하나님의 은혜로 여러분에게 잔뜩 생길 때가 분명히 있습니다. 그리고 그때 여러분에게 잘 대해주는 사람들이 여기저기서 나타납니다. 그런데 명심하세요. 그 대부분은 여러분의 친구가 아닙니다. 물론 다 악한 의도를 가지고 접근하는 건 아니며 좋은 인간관계를 경험하는 기회가 될 수 있습니다.

하지만 그들 중 여러분 덕을 한번 보려는 본심이 없지는 않은 분들이 절대로 적지 않을 겁니다. 이게 우리가 세상에서 실제로 경험하는 바이고, 또 이렇게 잠언에 잘 나와 있는 지혜이기도 합니다. 그러니 잘 나갈 때의 친구를 진짜 친구로 생각하는 건 굉장히 큰 오해일 가능성이 큽니다.

2. 어려울 때의 친구가 진짜 친구다.

어떤 분이 이런 말을 했습니다. "거짓 친구란 그림자와도 같다. 양지를 걸을 때는 우리에게 가까이 붙어있지만, 그늘에 들어가면 사라져 버린다." 맞는 말입니다. 내 주머니가 불룩할 때 나를 따라다니던 사람들은, 내 주머니가 빈 것을 보면 이 핑계 저 핑계 대고 다 빠져나갑니다. 그래서 잠언에서 주시는 친구에 대한 두 번째 메시지가 아주 중요합니다. 그건 바로, "어려울 때의 친구가 진짜 친구다"라는 겁니다.

"재물은 많은 친구를 더하게 하나 가난한즉 친구가 끊어지느니라" (잠 19:4)

가진 것이 많아지면 친구도 많아진다는 것이고, 가진 것이 없어지면 친구도 사라진다는 것입니다. 이건 우리의 "진짜 친구 명단 뽑는 법"이 생각보다 간단하다는 뜻이기도 합니다. 우리가 성공했을 때 연락이 잘 오던 사람들 명단에서 우리가 망했을 때 연락이 끊어지는 사람들 명단을 빼면, 그 남는 사람들이 진짜 친구들입니다. 왜일까요?

"친구는 사랑이 끊어지지 아니하고 형제는 위급한 때를 위하여 났느니라" (잠 17:17)

진짜 친구라면 어떤 상황이 되어도 사랑이 끊어지지 않습니다. 그리고 형제는, 여기서 형제는 친구와 같은 의미라고 신학자들은 생각하는데요, 형제는 위급한 때를 위하여 났습니다. 즉 진짜 친구라면, 상황이 아무리 나빠져도 친구에 대한 사랑이 식지 않고 그 아픔을 함께 나누는 사람들이라는 뜻입니다.

그리고 보면, 우리가 잘 나갈 때 진짜 친구를 알아보는 건 굉장히 힘든 일입니다. 양지를 걸을 때는 진정한 친구를 알기 어렵습니다. 우리가 진짜 친구를 알게 되는 건 그늘에 들어갔을 때입니다. 어려울 때 나를 떠나지 않는 자, 상황이 안 좋을 때 손을 먼저 내밀어 주는 자가 진짜 친구입니다.

여러분에겐 그런 친구가 있으신가요? 저는 무슨 빚보증 서줄 수 있는 친구를 말씀드리는 게 아닙니다. 오히려 성경은 남의 빚보증 서는 것은 지혜 없는 행동이라고 강하게 경고합니다. 그건 하지 마세요.

"지혜 없는 자는 남의 손을 잡고 그의 이웃 앞에서 보증이 되느니라" (잠 17:18)

그거 아세요? 잠언에 이렇게 남의 보증 서지 말라는 말씀이 무려 여섯 번이나 나옵니다. 성경이 하지 말라는 건 하지 마시기 바랍니다. 성경이 말하는 바는, 빚보증 같은 거 말고 나의 고난의 시간에 나와 그 고통을 함께 나눌 자가 있느냐 하는 것입니다. 나의 위기를 자신의 위기로 알고 나를 대신해서라도 금식 기도해줄 사람이 나에게 있느냐 하는 겁니다. 그런 사람이 있으면 정말 좋겠죠? 그런 사람이 당장 머리에 떠오르시는 분들은 정말 행복한 사람들입니다. 그러니 친구 숫자가 많은 건 그렇게 중요한 게 아닙니다. 오히려 성경은 친구 숫자가 너무 많은 것이 문제가 될 수 있다고 말합니다.

"많은 친구를 얻는 자는 해를 당하게 되거니와 어떤 친구는 형제보다 친밀하니라" (잠 18:24)

친구가 많으면 좋지 왜 해를 당할까요? 이 말씀이 사실 좀 난해합니다. 많은 친구를 유지하기 위해 이 사람 저 사람에게 시간과 돈과 정성을 많이 쏟아서 나의 재물이나 건강에 피해가 발생한다는 뜻일 수도 있고, 또는 아는 사람 숫자가 많아지면 아무래도 그중에 내게 해로운 자들도 숨어있을 수 있다는 뜻일 수 있습니다. 어쨌든 친구 숫자가 많은 게 결코 자랑은 아니라는 겁니다. 솔직히 친구 숫자가 많은 건, 경조사 때 사람들이 많이 오는 것 말고는 거의 유익이 없습니다. 게다가 그게 다 품앗이잖아요? 여러분도 그 사람들 경조사에 뻔질나게 드나드셔야 합니다.

그런데 어떤 친구는 형제보다 더 친밀하다고 했습니다. 그래서 환난 날에 형제 집에 들어가지 말고, 가까운 이웃 즉 친구를 의지하라고 하신 겁니다(잠 27:10). 특별히 어려울 때, 힘들 때 함께해 준 친구는 결코 잊을 수가 없습니다. 내 슬픔에 같이 울어준 친구는 결코 우리를 떠나지 않을 것입니다. 그래서 성경은 혼인집보다는 초상집에 가라고 지혜의 말씀을 들려주십니다.

"초상집에 가는 것이 잔칫집에 가는 것보다 나으니 모든 사람의 끝이 이와 같이 됨이라 산 자는 이것을 그의 마음에 둘지어다" (전 7:2)

잔칫집보다 초상집을 가라. 물론 이 말씀에서 초상집이 잔칫집보다 나은 이유는 초상집에 가는 것이 자기 인생 마지막 날에 대해 잔칫집보다 훨씬 더 잘 돌아보게 만들기 때문입니다. 하지만 동시에, 기쁠 때 함께해 주는 사람들은 많지만 슬플 때 함께해 주는 것은 그만큼 더 힘든 일이기 때문이기도 합니다. 그러니 지혜로운 사람은 그 마음이 언제나 혼인집보다는 초상집에 있습니다.

"지혜자의 마음은 초상집에 있으되 우매한 자의 마음은 혼인집에 있느니라"
(전 7:4)

청첩장을 다 갖다 내어버리라는 뜻이 아닙니다. 청첩장과 부고장을 다 귀히 여기되 부고장에 우선순위를 두시라는 말씀입니다.

3. 아픈 얘기를 해주는 자가 진짜 친구다.

자 이제 친구에 대한 잠언의 세 번째 메시지를 들을 시간이 되었습니다. 그건 바로 "아픈 얘기를 해주는 자가 진짜 친구다."라는 겁니다.

"면책은 숨은 사랑보다 나으니라 친구의 아픈 책망은 충직으로 말미암는 것이나 원수의 잦은 입맞춤은 거짓에서 난 것이니라" (잠 27:5-6)

누가 내 앞에서 눈 똑바로 바라보며 꾸짖는 사람이 있다면, 뺨을 때리지 말고 감사하시라는 겁니다. 절대로 미워하지 마세요. 물론 충고와 책망이 달콤할 리 없습니다. 하지만 내 뒤에서 욕하는 것보다는 훨씬 나은 것 아닙니까? 면책은 아무나 못 합니다. 나름대로 큰 결심을 해야만 할 수 있습니다. 잘못하면 싸움 나잖아요. 잘못하면 뺨 맞잖아요. 그리고 잘못하면 평생 원수가 되는 것 아닙니까. 그러니 그분들이 얼마나 귀한 분들입니까?

만약 그 꾸지람이 마음에 상처가 되었다고 그 친구를 멀리하게 된다면, 우린 어리석은 사람들입니다. 면책은 숨은 사랑보다 낫습니다. 설사 그 책망이 많은 사람들 앞에서 나를 창피 주려는 악한 목적이었더라도, 만약 그의 말에 진실이 들어있는 게 맞다면 그냥 받아들이세요. 그럼 여러분은 분명히 성장합니다. 물론 악한 의도로 말한 그 사람은 그로 인해 하나님께 받을 징계가 따로 있을 것입니다. 징벌은 하나님께 속한 것입니다.

자주 입 맞추는 원수가 아니라 아픈 책망을 해주는 친구를 찾으시기 바랍니다.

"기름과 향이 사람의 마음을 즐겁게 하나니 친구의 충성된 권고가 이와 같이 아름다우니라" (잠 27:9)

고대 이스라엘에선 집에 중요한 손님이 올 때 미리 집 안에 좋은 향을 뿌려두었다고 합니다. 그러니까 좋은 향이 나는 집에 들어간다는 것은 "내가 이만큼 귀한 손님이구나, 대접받고 있는 것이구나" 하는 그런 뜻입니다. 친구의 충성된 권고가 이처럼 아름다운 것입니다.

물론 우리는 완벽한 존재가 아니죠. 그래서 친구에게 생각나는 대로 함부로 말하면서 그걸 충고라고 착각합니다. 충고는 함부로 하시면 안 됩니다. 기도하고 또 기도하신 뒤에 최대한 예의를 갖추고 하셔야 그게 충고지, 그냥 기분 나쁘다고 막 지껄이는 건 저주나 다름없습니다. 하지만 그럼에도 우리 대부분에게 더 필요한 건 달콤한 말보다는 아픈 말일지 모릅니다.

"철이 철을 날카롭게 하는 것 같이 사람이 그의 친구의 얼굴을 빛나게 하느니라" (잠 27:17)

사실 이 말씀 하나만 놓고 보면 철이 철을 날카롭게 한다는 게 무슨 뜻인지, 사람이 그 친구의 얼굴을 빛나게 한다는 것이 무슨 뜻인지 쉽게 알기가 어렵습니다. 그런데 잠언 27장 앞부분에 보면 친구에 대한 말씀이 여러 개 나오는데 다 공통적으로 책망과 관련되어 있습니다. 그러니까 17절 말씀도 친구의 책망, 심지어 아픈 상처를 남길 정도의 강한 꾸지람과 연관된 말씀일 가능성이 높습니다. 철과 철이 부딪치는 수준의 그런 감정적인 대립이 친구를 꾸짖을 때, 친구에게 충고할 때 생길 수 있기 때문입니다. 그런데 그 결과 친구 얼굴에는 광채가 나게 될 것이라는 겁니다.

아일랜드의 문학가 오스카 와일드가 이런 말을 했습니다. "진정한 친구라면 당신 앞에서 당신을 찌른다."

내 옆이나 내 뒤에서 찌르는 자들은 절대로 친구가 아닙니다. 내 원수죠. 그리고 날 배신한 사람들이죠. 하지만 진짜 친구는 내 앞에서 나를 찌르는 사람입니다. 내 앞에서 나를 꾸짖을 수 있는 친구를 가지시기 바랍니다. 그리고 절대로 그를 미워하지 마세요. 차라리 고맙다고 커피 쿠폰 보내 드리세요.

친구에 대한 진짜 이야기

자 이렇게 해서 잠언에서 들려주시는 친구에 대한 세 가지 메시지를 다 들었습니다. 그리고 이 글의 제목에 나오는 질문도 대답이 된 것 같습니다. "누가 나의 친구인가?" 누가 여러분의 친구인가요? 이제 아시겠죠? 첫째, 잘 나갈 때의 친구는 진짜 친구가 아닙니다. 둘째, 어려울 때의 친구가 진짜 친구입니다, 그리고 셋째, 아픈 얘기를 해주는 자가 진짜 친구인 것을 믿으시기 바랍니다.

여러분은 이런 친구가 몇 명이나 있으세요? 혹시 한 손으로 셀 정도는 되시나요? 아니면 다른 손으로 넘어갈 정도로 많으신가요? 자 그런데 죄송하지만... 오늘 말씀의 진짜 메시지는 여러분의 친구 숫자를 세게 하는 데 있지 않습니다. 이제부터 진짜 이야기가 남아있습니다. 잘 들어보세요.

이 글의 제목과 비슷한 질문을 예수님께 했던 사람이 있었습니다. 누가복음 10장에 보면 어떤 율법 교사가 예수님께 "누가 내 이웃입니까?"라고 물었습니다. "누가 나의 친구인가", 이 글 제목과 비슷하죠? 그때 예수님은 그 유명한 "사마리아인의 비유"를 들려주십니다. 어떤 사람이 예루살렘에서 여리고로 내려가던 길에 강도를 만났습니다.

거기 지나가던 제사장도, 레위인도 다 그냥 피해서 지나갔지만, 오직 사마리아 사람만 그를 보고 불쌍히 여겼습니다. 그 사람의 상처에 기름과 포도주를 부어서 소독하고 싸매어 주었습니다. 그리고 그게 끝이 아니었습니다. 그 사람을 자기 짐승에 태워 여관에 데리고 가서 밤새 돌봐줬습니다. 그러고도 그냥 가지 않았습니다. 다음날 여관 주인에게 돈을 주면서 이 사람을 잘 돌봐달라고, 혹시 돈이 더 들면 자기가 다음에 돌아올 때 갚아 주겠다고 하면서 간곡하게 부탁하며 떠납니다.

이야기를 마치시던서 예수님이 사람들에게 물으셨습니다. "이 세 사람 중에 누가 강도 만난 자의 이웃이 되겠느냐?" 듣던 사람들이 다들 말합니다. "자비를 베푼 자가 그 사람의 이웃입니다." 그때 주님이 그러셨죠. "가서 너도 이와 같이 하라."

맞습니다. 주님의 관심은 누가 나의 이웃인가 보다는 내가 고통당하는 자의 이웃이냐 아니냐에 있었습니다. "누가 내 이웃인가요?" 하고 묻는 자들에게 주님은 "너는 누구의 이웃이냐?"로 대답하신 겁니다.

눈치 빠른 분들은 여기서 주님이 말씀하신 "이웃"이 오늘 우리가 잠언에서 묵상했던 "친구"와 사실상 같은 의미라는 사실을 발견하셨을 겁니다. 선한 사마리아인 비유는 물론이거니와 신약성경에 나오는 이웃에 대한 말씀들은 다 친구로 바꿔서 읽어도 무리가 없습니다. 주님은 친구에 대해 이렇게 말씀하셨습니다.

"사람이 친구를 위하여 자기 목숨을 버리면 이보다 더 큰 사랑이 없나니" (요 15:13)

주님은 우리를 친구로 부르셨고, 친구를 위해 자기 목숨을 버리셨습니다. 그리고 너희도 가서 이와 같이 하라고 말씀하십니다. 그게 진짜 친구이고 그게 진짜 이웃입니다. 우리도 주님처럼 내 이웃 사랑하기를 내 몸과 같이 해야 하지 않겠습니까.

"온 율법은 네 이웃 사랑하기를 네 자신 같이 하라 하신 한 말씀에서 이루어졌나니" (갈 5:14)

맞습니다. 이제 보니 우리는 그동안 너무 이기적으로 "내 친구는 누구인가" 하는 문제에만 골똘했었습니다. 내가 진정한 친구가 되어주어야만 하는 사람들에 대한 생각은 우리 관심 밖이었습니다. 하지만 사마리아인의 비유를 듣고 보니, 아무래도 이 글의 제목을 바꿔야 할 것 같습니다. 원래는 "누가 나의 친구인가(Who is my friend?)"였죠. 이 제목을 이제는 "나는 누구의 친구인가(Whose friend am I?)"로 바꿔야겠습니다.

여러분께도 다시 묻습니다. "여러분은 누구의 친구입니까?" 이제는 내 친구가 몇 명인지 세던 손은 그만 내려놓으세요. 그 대신 내가 친구가 되어줘야 할 사람이 누구인지, 내가 이웃이 되어 줘야 할 사람이 누구인지 그들의 얼굴을 떠올리면서 손으로 세어보세요. 그리고 가서 그들에게 친구와 이웃이 되어주세요. 나 자신을 사랑하는 만큼 그들을 사랑해 주세요. 그게 구약과 신약을 관통하는, 친구와 이웃에 대한 하나님의 진정한 메시지입니다.

결론

어느 글에 보니까 아메리카 인디언 말로 친구가 '카도(caddo)'인데, 그 뜻이 "내 슬픔을 등에 지고 가는 사람"이라는 뜻이라고 합니다. 내 슬픔을 등에 지고 가는 사람이 내 친구입니다. 그리고 내 이웃입니다. 우리 주님이 그런 친구와 이웃과 "카도"가 되어주셨기에 당신이 오늘 이 자리까지 오게 된 것 아닐까요?

여러분은 누구의 친구가 되시겠습니까? 누구의 슬픔을 등에 지고 함께 가주시겠습니까? 혹시 아직도 잘나가는 사람들 옆에서 비비적거리고 계시는가요? 그런 거 닫고 이제는 인생의 어두운 터널을 지나는 분들에게 눈을 돌리시기 바랍니다. 말로, 행동으로, 물질로, 기도로 그들을 도와주세요.

한 10년 전에, 제가 대학생 때 저를 신앙적으로 많이 도와주던 어떤 치과 선배를 만났습니다. 아들이 가출을 했다며 너무 힘들어하셨습니다. 저는 아직 제 애들이 사춘기가 오기 전이었던지라 속으로 그 선배를 정죄했습니다. 하지만 한 달 동안 매일 그 애를 위해서 기도해 드리기로 약속하고, 실제로 하루도 안 빼놓고 한 달 동안 매일 그 애를 위해 기도했습니다. 제 애들을 위해서도 그렇게 간절히 꾸준히 기도한 적이 없었습니다. 그리고 기도하는 김에 그 선배한테 물어보지도 않고 그 애가 주의 종이 되게 해달라고 기도했더랬습니다.

그런데 몇 년 전에 "누가 나의 친구인가"라는 제목으로 설교를 준비하면서 어둠의 터널을 지나던 그 선배가 갑자기 기억나서 오랜만에 연락을 드렸었습니다. 선배는 그 사이에 신학을 공부하고 목사님이 되셨습니다. 그런데 아들 소식을 물으니, 아들이 거의 하루 종일 교회에서만 산다고 했습니다. 너무 놀라웠습니다. 선배에게 제가 간절히 기도했었던 얘기를 해드리니, 너무 놀라고 너무 고마워하면서 이번에는 제 애들에 대해 묻더라고요. 그리고 제 애들을 위해 기도해 준다고 했습니다. 얼마나 힘이 되는지 몰랐습니다. 경조사비 그거 몇만 원짜리 품앗이는 해도 그만 안 해도 그만인 거지만 이런 기도의 품앗이라는 것이 얼마나 귀한 건지 모릅니다. 너무 감사했습니다.

여러분. 여러분도 여러분이 친구가 되어주셔야 할 분이 떠오르시나요? 있으신가요? 여러분의 직장과 학교와 동네에, 그리고 사실 멀리 찾을 것도 없이 여러분의 가정과 교회 목장 안에도 분명히 있을 겁니다. 이제 내 친구가 몇 명인가 말고 내 도움이 필요한 사람이 몇 명인지 그걸 세보세요. 그리고 한번 연락해 보세요. 놀라운 기적이 일어날 수도 있습니다. 자기의 진정한 친구 이름에 여러분을 제일 앞에 올리는 분들이 여러분 주위에 많아지시기를, 우리의 진정한 친구 되신 주님의 이름으로 축원합니다. 할렐루야.

11. 속이지 않기 _ Not to be dishonest

‖ 잠언 11:1 ‖
속이는 저울은 여호와께서 미워하시나 공평한 추는 그가 기뻐하시느니라

거짓말 탐지기

"거짓말 탐지기"가 뭔지 아시죠? 혹시 거짓말 탐지기로 검사받아 본 적 있으신가요? 이런 장치가 나와야 할 정도로 사람들은 거짓말을 잘합니다.

한 조사를 보니까 사람들이 8분에 한 번꼴로 거짓말을 한다고 합니다. 하루에 100번 이상 거짓말을 하는 겁니다. 최근에 나온 미국 매사추세츠 주립대학의 실험 결과에 따르던, 서로 초면인 사람들끼리는 10분에 3번꼴로 거짓말을 한다는 사실도 드러났습니다. 이러니 거짓말 탐지기라도 동원하지 않으면 우리가 사람들에게 얼마나 많이 속으며 사는지 도저히 알 도리가 없습니다.

그런데 거짓말 탐지기를 쓰면 정말로 거짓말을 다 밝혀낼까요? 네, 그건 거짓말입니다. 거짓달 탐지기의 정확도는 일반적으로 "90% 이상"이라고 알려져 있습니다. 지금은 탐지능력이 계속 높아져서 거의 95% 정도 된다고 하고 기껏해야 최고 97%까지 나온다고 합니다.

이게 상당히 높은 걸까요? 그렇게 생각하는 분도 계시겠죠. 하지만 이 말은 거꾸로, 100명을 조사하면 5명은 결과가 틀린다는 뜻이고 그럼 100명

중에 다섯은 굉장히 억울하게 감옥 생활을 하게 될 수도 있다는 뜻입니다. 그래서 대법원 판례에서도 거짓말 탐지기 결과는 유무죄를 가리는 직접증거로는 인정되지 않고 있습니다. 간접증거로만 쓰입니다.

그런데 이상한 것은 정확도가 100%가 아닌데도 수사기관에서 거짓말 탐지기를 사용하는 빈도가 점점 늘고 있다고 합니다. 그건 또 왜일까요?

그 이유가 뜻밖입니다. 많은 범죄자들이 이 장치를 보기만 해도 겁을 먹기 때문이라고 합니다. 그래서 "거짓말 탐지기를 쓸 건데 마지막 자백 기회를 주겠다"라고 하면 자백하는 경우가 꽤 있다는 겁니다. 심지어 어떤 미국 경찰서에서는 복사기를 거짓말 탐지기라고 속이니까 바로 자백한 경우도 있었다고 합니다. 나중에 미국 드라마에서 비슷한 스토리가 방영되기도 했습니다.

사실 굳이 기계를 쓰지 않아도 사람들의 행동을 잘 관찰하면 거짓말을 하는지 안 하는지를 어느 정도 알 수는 있습니다. 예를 들어 거짓말하는 사람들은 양손을 더 많이 쓴다고 합니다. 상대방 눈을 더 자주 마주치고요, "음…"과 같은 감탄사를 더 자주 쓴다고 하고, "내가"보다는 "그 사람이"라는 말을 더 많이 쓰고, 또 입을 자꾸 만지거나 입을 가리는 경우가 많다고 합니다. 했던 말을 또 하거나, 또 지나치게 자세하게 설명하는 경향도 있고, 얼굴을 자주 찌푸리거나 자주 끄덕인다고도 합니다.

그런데 이런 관찰로는 한계가 많습니다. 말할 때 입을 몇 번 만지는지 그런 거나 세고 있을 수는 없고요, 그래서 거짓말 탐지기를 만든 겁니다. 영어로 Polygraph라고 하는 이 장치는 1921년에 존 라슨이라는 미국 경찰관이 처음 개발했습니다. 벌써 100년 전이네요. 심리학적으로 잘 디자인된 질문들을 던지면서 맥박, 혈압, 호흡, 땀 같은 생리적 변화들을 측정해서 거짓말 유무를 알아내는 겁니다. 하지만 속이려고 마음먹으면 얼마든지 이 기계를 무용지물로 만들 수 있다는 게 문제입니다.

그런데 우리가 사람도 속이고 기계도 속일 수 있지만, 하나님도 속일 수 있을까요? 우리가 8분에 한 번이 아니라 8분에 열 번씩 거짓말을 한다고 해도, 하나님은 그중에 한 번도 속지 않으십니다. 심지어 "나는 정직하게 살았다"라고 자신하는 순간까지도 하나님은 그때 우리에게 있었던 거짓을 정확하게 판단하십니다. 왜냐하면 하나님은 우리 마음을 다 들여다보시기 때문입니다.

"사람의 행위가 자기 보기에는 모두 정직하여도 여호와는 마음을 감찰하시느니라" (잠 21:2)

그래서 누구도 하나님을 속일 수는 없습니다. 그런 의미에서 거짓이 일상화되어있는 우리에게 정직한 삶에 대한 잠언은 더없이 귀중합니다. 이번 글은 "속이지 않기"라는 제목의 글입니다. 이 주제에 대한 다음 잠언을 소리 내서 한 번 읽어 보세요.

"속이는 저울은 여호와께서 미워하시나 공평한 추는 그가 기뻐하시느니라" (잠 11:1)

속이는 저울이라는 말은 의도적으로 속이는 걸 말합니다. "실수로 거짓말한 게 되어버리는" 그런 게 아니고 일부러 속이는 것, 이걸 하나님이 미워하십니다. 하나님이 우리를 미워하신다면 우리는 남아나지 못합니다. 그러니 누구도 의도적으로 속이지 마세요. 그런데... 세상 사람들은 8분에 한 번씩 거짓말을 한다는데, 여러분은 어떠세요? 우리 예수님 믿는 사람들은 훨씬 낫다고 자신할 수 있을까요?

우리는 누구를 속이며 살까요? 이걸 크게 셋으로 나눌 수 있습니다. 우리는 나를 속이고, 남을 속이고, 또 하나님을 속이며 삽니다. 이 셋이 항상 잘 구별되는 것은 아니지만, 구별해서 이해해 보면 유익이 있습니다.

1. 나를 속이지 말라!

오늘 주시는 첫 번째 경고는 "나를 속이지 말라"는 것입니다. 나를 속이지 말라! 뭐가 나를 속이는 걸까요? 우린 누구나 정직하게 살아야 한다는 걸 본능적으로 알고 있고 또 그걸 다짐하며 삽니다. "정직"은 거짓된 삶을 살지 않기로 자기 자신과 약속하는 겁니다. 그런데 그게 쉽지 않습니다. 부정직한 말과 행동의 유혹을 받을 때, 우리는 거기 타협하며 자기를 속이려고 합니다.

어떤 형제가 자기 군 생활 이야기를 들려줬는데 오랫동안 제게 큰 도전이 되었습니다. 그 형제는 군 행정실에 근무하고 있었습니다. 하루는 전화가 걸려 왔는데 자기 상관을 찾는 전화였습니다. 그런데 바로 앞에 그 상관이 있었는데, 자기 지금 없다고 하라고 손으로 신호를 보내고 있었습니다. 사무실의 다른 병사들도 그 형제가 전화받는 걸 보고 있었습니다. 그런데 그 형제는 모두가 자기가 교회 다니는 걸 뻔히 아는 상황에서 차마 거짓말을 할 수가 없었습니다.

그래서 후환이 두려웠지만 전화기에 대고 이렇게 말을 했습니다. "네 지금 여기 계시는데, 지금 없다고 하라고 말씀하시는데 말입니다." 전화 끝나고 욕을 바가지로 먹었습니다. 그리고 몇 대 맞았습니다. 그런데 그 후로는 그 상관 찾는 전화가 오면 상관이 스스로 밖으로 나갔다고 합니다. 그리고 그 선배는 크리스천은 거짓말하지 않는다는 걸 몸으로 증명해 내었습니다!

정직이란 뭘까요? 히브리어로 "정직한"에 해당하는 말은 "야샤르"인데 야샤르는 똑바르다는 뜻입니다. 이건 단순히 거짓말을 하지 않는 수준을 넘어서서 영어로는 upright, straight, 즉 구부러지지 않고 똑바르게 진실대로 말하고 행동하는 겁니다. 그런데 편하게 살고 싶으면 적당히 구부러져 살라고 세상은 말합니다.

하지만 여러분. 자기를 속이지 마세요. 다들 적당히 구부러져 사는 게 인생이라고 자기를 속이지 마세요!

우리가 세상 친구들과 어울려 살다가 결정적인 순간에 그들과 갈림길에 서는 곳이 있습니다. 거기가 바로 정직과 거짓의 갈림길입니다. 그들은 꼭 정직하게 살아야 할 이유가 없습니다. 그들에겐 정직 유무를 감찰하는 신이 없으며 그럼에도 그들이 정직하게 산다면 그건 그저 개인 윤리의 차원일 뿐입니다.

하지만 천국 시민들에게 정직은 하나님이 감찰하시는 영역이요 거듭난 자의 당연한 인격입니다. 적당한 거짓과 부정직이 세상 살아가는 윤활유라고 말하는 친구들에게, 천국 백성이 세상 살아가는 윤활유는 정직이라는 것을 꼭 보여주세요.
그리고 정직하게 사는 자에겐 복이 약속되어 있습니다.

"대저 패역한 자는 여호와께서 미워하시나 정직한(upright) 자에게는 그의 교통하심이 있으며" (잠 3:32)

정직한 자에게는 하나님의 교통하심이 있습니다. 이게 무슨 말일까요? 교회에서 목사님이 축도하실 때 항상 "성령의 교통하심이" 우리와 함께 하시기를 위해 기도하십니다. 기억나시죠? 그런데 이 말씀에 보니까 교통하심, 즉 하나님이 친근히 하시고, 교제하시고, 가까이하시는 그 은혜가 누구와 함께 한다고요? 바로 정직한 자와 함께 한다는 것입니다. 거짓이 없이 똑바로 살려는 자와 함께 하신다는 겁니다.

솔직히, 정직하게 살면 세상에서는 잠시 불이익을 당할 수도 있습니다. 저 사람 미쳤나 봐 하면서 잠시 따돌림을 당할 수도 있습니다. 하지만 힘내세요. 하나님이 여러분과 더 가까이 교통하실 것입니다. 하나님의 위로하심이 이전 어느 때보다도 더 강하게 함께 하실 것입니다. 뿐만이 아닙니다.

"악한 자의 집은 망하겠고 정직한 자의 장막은 흥하리라" (잠 14:11)

악한 자는 혼자 망하지 않습니다. 그의 집이 망할 것입니다. 마찬가지로 정직한 자도 혼자만 잘 되는 게 아닙니다. 그의 장막, 그의 집, 그와 함께하는 자들이 다 흥하게 될 것입니다. 정직하게 사는 자는 끝이 좋은 사람들입니다. 자, 그런데 정직한 자는 도대체 어떻게 해서 흥하게 되는 걸까요?

"악인의 제사는 여호와께서 미워하셔도 정직한 자의 기도는 그가 기뻐하시느니라" (잠 15:8)

하나님은 말씀하십니다. 내가 악인의 제사는 미워하겠지만, 정직한 자의 기도는 기뻐하겠다고 말이죠. 정직한 자들이 왜 결국 흥하게 되는지 이제 알았습니다. 그의 기도를 하나님이 기뻐하신다는데 왜 흥하지 않겠습니까?

특히 하나님은 남들은 다 적당하게 거짓말하며 살더라도 우리는 예수님 믿는 사람으로서 도저히 거짓말하면서 살 수 없다며 기꺼이 손해를 보고, 욕을 먹고, 따돌림당하는 주의 자녀들이 흘리는 눈물과 고통을 절대 외면치 않으십니다. 그리고 그때 드리는 간절한 기도의 제목들을 반드시 귀하게 여기십니다. 이 말씀은 꼭 믿으셔야 합니다. 어금니 잠깐만 깨물고 계세요. 결국 승리하실 겁니다. 하나님의 약속은 계속됩니다.

"게으른 자의 길은 가시 울타리 같으나 정직한 자의 길은 대로니라" (잠 15:19)

아까는 정직한 자의 반대말이 악인이었는데, 이번에는 게으른 자입니다. 이건 정직한 사람은 악하거나 게으를 수 없다는 뜻일 겁니다. 어쨌든 "정직한 자의 길은 대로"라고 하셨습니다. 너무 좋죠? 현대인의 성경에는 더 피부에 와닿는 표현이 나옵니다. "정직한 자의 길은 고속도로와 같다." 세상에! 성경에 고속도로(highway)라는 단어가 나올 줄은 모르셨죠? NIV, ESV, NASB 등 많은 영어성경들도 highway로 번역했습니다.

그렇습니다. 하나님이 그 사람의 기도를 기뻐하시고, 하나님이 그 사람의 길을 고속도로처럼 쭉 뻗게 해주시겠다는 겁니다. 그 사람이 누군가요? 바로 정직한 사람입니다. 구부러지지 않은 사람입니다. 그러니 적당히 거짓말 섞어가며 살지 마시고, "적당히 살아도 돼" 하며 자기를 속이지 마시고, 정직한 삶에 대한 자기와의 약속을 지키며 사세요. 정직을 하나님이 얼마나 좋아하시는지 모릅니다.

"만일 네 입술이 정직(what is right)을 말하면 내 속이 유쾌하리라" (잠 23:16)

정직한 말, 즉 거짓을 적당히 섞어야 손해를 보지 않을 텐데 거짓이 아닌 옳은 쪽을 택해서 말을 하는 것은 하나님의 속을 유쾌하게 할 거라는 말씀입니다. 새 번역 성경은 이 잠언의 뒷부분을 "나의 속이 다 후련하다"로 번역했습니다. 사실 하나님뿐만 아니라 우리 속도 다 후련해집니다. 거짓이 아닌 정직을 택했을 때 손해를 볼 수 있는 상황에서 누군가 옳은 말을 하는 것을 보는 것은 정말 귀하기 때문입니다. 이런 얘기가 있습니다.

어린 아들이 식당 주인인 아버지에게 물었습니다. "아빠, 우리가 정직해야 할 때는 언제예요?" 아빠가 대답합니다. "손님이 밥을 먹고 돈을 냈는데, 거스름돈 받는 것을 깜빡하고 식당을 나가려고 할 때란다." 그러니까 아들이, "아 그때 '손님!'하고 부르는 게 정직이죠?" 그랬더니 아빠가 이렇게 말합니다. "그게 아니고, 그 돈을 나 혼자 가지지 않고 동업자와 반반씩 나누는 게 정직이란다."

이건 정직이 아니죠. 이런 말도 안 되는 얘기는 우리를 유쾌하게 하지 못합니다. 그냥 씁쓸해서 웃을 뿐이고 이런 걸 블랙 유머라고 하죠. 그런데 제 딸이 6학년 때 얘기입니다.

하루는 씩씩대면서 들어왔길래 왜 그러냐고 물었습니다. 그랬더니, 자기가 길거리에서 돈을 주웠고 그래서 가까이에 있는 파출소에 그걸 신고하려고 가지고 갔었다는 겁니다. 그런데 들어가서 돈을 주인 찾아주라고 신고하려고 하는데, 거기 있는 사람들이 자기를 보고 막 웃었다며 울상이었습니다.

그래서 "그게 얼마였는데?" 하고 물었다가 그만 저도 웃음이 나올 뻔했습니다. 2,000원이었다고 했습니다. 눈물이 글썽이는 딸을 꼭 안아주었습니다. 닳고 닳은 어른들한테는 웃음이 나오는 금액일지 모르지만, 그래도 그걸 자기가 몰래 쓰지 않고 주인을 찾아주려고 한 제 딸이 얼마나 예뻤는지 모릅니다. 딸을 안아주면서 제 웃음의 의미가 바뀌었습니다. 처음에는 금액이 적어서 웃었지만, 곧 이런 정직한 딸을 둔 것이 기쁘고 유쾌해서 웃게 되었습니다. 하나님도 얼마나 유쾌하셨을까요?

여러분. 세상에선 비웃음을 사더라도 하나님 속은 우쾌하고 후련하게 해 드리시기를 바랍니다. 그리고 또 한 가지 말씀드릴 것은, 정직한 사람은 하나님께만 사랑받는 것이 아니라는 겁니다.

"의로운 입술은 왕들이 기뻐하는 것이요 정직하게 말하는 자는 그들의 사랑을 입느니라" (잠 16:13)

정직하게 올바른 말을 하는 자는 왕들의 사랑을 입는다고 했습니다. 왜냐하면 정직은 아무 데나 굴러다니는 돌멩이 같은 게 아니기 때문입니다. 찾기 힘든 보석이기 때문입니다. 그래서 세상 사람들도 정직한 사람을 발견하면 깜짝 놀랍니다. 여러분의 회사에서, 일터에서, 학교에서, 친구들 사이에서 여러분이 정직한 사람으로 발견되시기를 진심으로 바랍니다.

물론 처음엔 좀 불이익을 당할 수도 있고, 바보 취급을 당할 수도 있습니다. 하지만 결국 사람들은 여러분을 좋아하고 사랑하게 될 겁니다. 그리고 여러분은 아주 훌륭하게 삶으로 예수님을 증거하신 겁니다. 그리고 사실 정직하게 살려는 노력은 우리만 하는 게 아닙니다. 어느 신문에서 읽은 이야기입니다.

뉴욕시에서 어떤 사람이 택시를 타고 가다가 목적지에 도착해서 내렸습니다. 그런데 뒤에서 자꾸 빵빵대서 돌아보니까 아까 그 택시 기사가 자기를 부르고 있더랍니다. 가서 보니까 뒷좌석에 핸드백을 놓고 내린 거였고, 그래서 너무 고마워서 돈으로 보답을 하려고 했습니다

그러자 택시 기사는 돈을 사양하면서 혹시 괜찮다면 핸드백 속에 돈이 얼마나 들어있었는지 알려달라고 했습니다. 그래서 고개를 갸우뚱하면서 핸드백 속에 들어있던 돈의 액수를 알려주자, 그걸 수첩에 기록하더랍니

다. 그래서 그걸 왜 적느냐고 물어보니까 이런 대답이 돌아왔습니다. "저는 정직하게 사는 데 필요한 대가가 얼마나 되는지 기록하며 삽니다."

여러분. 혹시 여러분 중에 마트에서 장을 보고 왔는데 계산이 안 된 물건이 장바구니에 들어있는 것을 발견했을 때, 돌려주러 가지 않으실 분은 아마 한 분도 안 계시리라 믿습니다. 그 정도는 안 믿는 세상 사람들도 다 합니다.

그런데 심한 불이익이 예상되는 상황에서는 얘기가 다릅니다. 그런 상황에선 누구나 갈등을 겪죠. 하지만, 여러분의 상급자가 "나 지금 없다고 그래!", 이렇게 말하라고 시켜도 예수님 믿는 사람으로서 그렇게 말하는 것을 거부하시기를 진심으로 바랍니다. 그런 거짓말을 하면 당장은 그 사람이 고마워할지 모르지만, 그 사람 예수님 믿겠습니까? "교회 다니는 사람들도 다 거짓말하더라." 어디 가서 그런 얘기나 하지 않겠습니까?

2. 남을 속이지 말라!

하나님이 주시는 두 번째 경고는 "남을 속이지 말라"는 말씀입니다. 이건 쉽게 말해서 사기 치지 말라는 겁니다.

"한결같지 않은 저울 추와 한결같지 않은 되는 다 여호와께서 미워하시느니라" (잠 20:10)

한결같지 않은 저울추와 한결같지 않은 되, 쉽게 말해서 저울을 조작해서 물건 팔지 말라는 겁니다. 1,000원짜리밖에 안 되는 걸 저울을 조작하고 가격표를 위조해서 2,000원 받지 말라는 겁니다. 물론 교회 다니는 사람이 그런 식으로 장사하시는 분은 아마 한 분도 없을 겁니다. 세상 사람들도 그런 식으로 사기 쳤다가는 쇠고랑 찬다고 다들 알고 있습니다. 그런데 사기 치는 게 그런 것만 있는 게 아닙니다. 내 이익을 위해서 사람들에게 거짓된 신호를 주는 게 다 사기 치는 겁니다. 말로, 행동으로, 심지어 침묵으로 말이죠.

"속이고 취한 음식물은 사람에게 맛이 좋은 듯하나 후에는 그의 입에 모래가 가득하게 되리라" (잠 20:17)

남을 속여서 얻은 건 당장은 맛있게 느껴질 수도 있습니다. 공짜라면 양잿물도 맛있다고 합니다. 하지만 결국 남을 속였다는 사실이 밝혀지면, 그래서 벌을 받거나 무리들 중에서 쫓겨나면 그 맛은 모래 씹는 맛이 됩니다. 물론 사기 친 게 오랫동안 안 밝혀질 수도 있습니다. 그렇더라도 우리 안에 계신 성령께서 계속 우리 맘에 괴로움과 가책을 느끼게 하십니다. 그러면 그 맛도 결국 모래 씹는 맛입니다. 뿐만이 아닙니다.

"속이는 말로 재물을 모으는 것은 죽음을 구하는 것이라 곧 불려다니는 안개니라" (잠 21:6)

남을 속여서 재물을 모을 수도 있습니다. 사기꾼들이 무조건 다 망하는 게 아닙니다. 큰 재물을 단기간에 모으기도 합니다. 그런데 이 잠언에 보니까 속임수로 재산을 모으는 건 결국 죽음을 추구하며 산 것과 다르지 않습니다. 그게 다 안개처럼 사라져 버리기 때문입니다.

수십억을 사기 치고 도망쳤는데 결국 붙잡고 보니, 그 많은 돈을 다 탕진하고 빈털터리더라, 버스 차비도 없더라... 이런 뉴스를 가끔 보지 않습니까? 쉽게 들어온 돈은 쉽게 나갑니다. 사기 쳐서 번 돈도 사기당해서 날리는 경우가 많습니다. 사기꾼들의 귀에는 사기 치는 말들이 끊임없이 들려옵니다. 다 성경에 나오는 말씀입니다.

"악을 행하는 자는 사악한 입술이 하는 말을 잘 듣고 거짓말을 하는 자는 악한 혀가 하는 말에 귀를 기울이느니라" (잠 17:4)

현대인의 성경에는 이렇게 쉽게 번역되어 있습니다. "악인은 악한 말을 잘 듣고, 거짓말쟁이는 거짓말에 귀를 기울인다." 신기하죠. 이상하게 사기꾼 옆에는 계속 사기꾼들이 몰립니다. 사기꾼은 반드시 역대급 사기꾼을 외나무다리에서 만납니다. 어떻게 보면 그들은 이 땅에 사는 동안 그런 식으로 심판을 받는 것일 수도 있습니다. 여러분은 절대로, 큰일이건 작은 일이건 나의 이익을 위해서 남을 속이는 일은 하지 마시기를 바랍니다.

3. 하나님을 속이지 말라!

오늘 주시는 세 번째 경고는 "하나님을 속이지 말라"는 겁니다. 그런데 우리가 하나님을 속이는 게 가능할까요? 말도 안 될 것 같죠. 그런데 항상 시도합니다. 아마 대표적인 경우는, 하나님께 뭘 하겠다고 해놓고 하지 않는 것일 겁니다. 하나님께 서원한 건 꼭 지키시기를 바랍니다.

"함부로 이 물건은 거룩하다 하여 서원하고 그 후에 살피면 그것이 그 사람에게 덫이 되느니라" (잠 20:25)

"이 물건은 거룩하다 하여 서원한다"라는 게 무슨 말일까요? 이건 어떤 것을 하나님께 바치겠다고 약속하는 걸 말합니다. 그런데 약속해 놓고 나중에 생각해 보니 아까운 겁니다. 여기서 비극이 시작됩니다. 현대인의 성경에는 이렇게 번역되어 있습니다.

"신중하게 생각해 보지도 않은 채 무턱대고 하나님께 바치겠다는 약속을 해놓고, 나중에 후회하는 것은 어리석고 경솔한 짓이다."

살다 보면 사람들과 약속을 해놓고 나중에 이런저런 이유로 약속을 깰 때가 있습니다. 그러면 신뢰를 확 잃죠. 욕을 먹기도 하고 사회생활에 큰 지장이 초래되기도 합니다. 위약금을 내기도 합니다. 그래서 그게 두렵기 때문에, 나한테 좀 불리하더라도 약속은 꼭 지켜야 한다는 의식이 우리에게 자리 잡고 있습니다.

그런데 하나님과 한 약속은요? 이러이러한 삶을 살겠다든지, 또는 안 살겠다든지, 혹 이러이러한 것을 주님께 바치겠다든지, 또 내가 언제부터 언제까지 새벽 기도나 금식 기도를 하면서 간절히 주님께 나아가겠다는 그런 구체적인 약속을 주님과 할 때가 있습니다. 그런더 그때는 분명히 약속했는데, 나중에 보니까 약속을 괜히 했다는 생각이 들고 후회가 들고 그래서 그게 덫이 되는 경우가 있다는 것입니다.

그래서 사람 사이에서는 쉽게 못 내릴 결정을 쉽게 내리기도 합니다. 약속을 그냥 깨버리는 겁니다. 하나님과의 약속은 누가 본 것도 아니니, 누가 왜 그랬냐고 따질 사람도 없습니다. 그러니 부담도 없습니다. 그런데 정말 그래도 될까요?

부도수표라는 말이 있죠? 사람들에게 "너는 부도수표야"라는 말을 듣는 건 굉장히 기분 나쁜 말입니다. 그런데 하나님께 부도수표를 남발하는 건 쉽게 생각하는 분들이 있습니다. "함부로" 서원해도 안 되지만 "함부로" 그 서원을 깨서도 안 됩니다. 다만 주위에서 가족이나 목회자가 그 서원 내용을 알았을 때 그 내용이 정상적이지 않거나 지나치게 감정적일 경우, 그 서원을 철회하라고 제안할 수 있습니다. 성경에도 그런 경우는 서원을 철회해도 된다고 나옵니다.

하지만 충분히 지킬 수 있는 서원이었는데도 그냥 없던 일로 해버리는 분들이 있습니다. 이유는 다양합니다. 다른 해결책이 생겼기 때문일 수 있습니다. 또는 은혜받았을 때는 그걸 드리는 게 아무 문제 없었는데 나중에 지갑을 열어보고 통장을 열어보고 살림을 돌아보니, 그게 아깝게 느껴져서 그럴 수도 있습니다. 하지만 우리가 약속을 무작정 없던 일로 해버리면 그게 사람이라도 황당할 텐데, 하나님은 얼마나 불쾌하실까요? 세상에서도 금기시하는 노쇼(no show)를 어떻게 하나님 앞에서는 저지를 생각을 하는 걸까요?

"네가 하나님께 서원하였거든 갚기를 더디게 하지 말라 하나님은 우매한 자들을 기뻐하지 아니하시나니 서원한 것을 갚으라" (전 5:4)

하나님께 서원한 것은 자꾸 미루지 마세요. 미루는 건 수상한 겁니다. 계속 미루면 결국 안 하게 되고 못 하게 되잖아요. 그러니 자꾸 미루는 건 우매한 자들이나 하는 짓이라는 겁니다. 하나님은 지키지 못할 서원은 차라리 하지 말라고 하십니다.

"서원하고 갚지 아니하는 것보다 서원하지 아니하는 것이 더 나으니" (전 5:5)

그리고 내가 서원했던 게 실수였었다고 말하지 말라고 하십니다. 그건 하나님을 대놓고 속이는 것이고, 그건 범죄라고 하십니다.

"네 입으로 네 육체가 범죄하게 하지 말라 천사 앞에서 내가 서원한 것이 실수라고 말하지 말라 어찌 하나님께서 네 목소리로 말미암아 진노하사 네 손으로 한 것을 멸하시게 하랴" (전 5:6)

여러분. 우리가 은혜를 받을 때가 있습니다. 간절한 마음으로 말씀을 듣거나 읽거나 공부하다가 말할 수 없는 감동과 은혜를 받을 때가 있습니다. 또 간절한 마음으로 기도하다가 어떤 일을 해야만 할 것 같은 또는 하지 말아야 할 것 같은 그런 강권적인, "말로 설명하기 힘든 감동"을 성령께서 주실 때가 있습니다. 그리고 그런 은혜의 순간에 우리는 보통 하나님께 어떤 약속을 합니다.

이런 거룩한 약속을 보통 서원이라고 부릅니다. 내 시간을 드리기로, 내 재물을 드리기로, 내 인생을 드리기로, 이제는 무엇을 하기로, 또는 하지 않기로, 또는 내 자식의 장래를 드리기로, 그렇게 귀한 약속을 하나님과 합니다. 얼마나 하나님이 기뻐하시겠습니까? 그런데 옆 사람이 서원한다고 휩쓸려서 서원하시는 분들이 문제입니다. 충동구매만큼 바보스러운 짓도 없죠. 하나님이 뭐가 부족하셔서 충동 서원을 원하시겠습니까?

서원 자체는 귀한 일이지만, 충분히 기도하면서 천천히 결정하셔도 됩니다. 아니 그렇게 하셔야 진짜 서원이 나옵니다. 아무리 시간이 지나도 흔들리지 않는 확신이 있을 때 그게 서원입니다. 만약 조금이라도 확신이 없다면 교회의 신앙적인 어른이나 목회자에게 서원 내용을 알리시기 바랍니다. 그러면 도움을 받을 수 있습니다.

제가 아는 어떤 교회 목사님 말씀이, 한 성도가 교회에 건축헌금을 약정했는데 그 금액이 굉장히 크더랍니다. 저 성도가 분명히 저런 여유가 없으신 분인데 어떻게 저런 약정을 하셨을까 하고 궁금해서 여쭤보셨습니다.

그런데 알고 보니 그게 전세보증금이었습니다. 그분은 지금 전세를 살고 계시는데 그 보증금을 빼서 다 하나님께 드리고 자기는 월세를 살겠다는 거였습니다.

목사님이 충격에 빠졌습니다. 그리 크지 않은 교회에서 그 헌금은 큰 힘이 될 수 있는 금액이었습니다. 하지만 목사님은 이 헌금을 받아야 되는지 말아야 되는지 그걸 놓고 금식 기도에 들어가셨습니다. 그리고 며칠 후에 확신이 생기셔서 성도에게 말씀하셨습니다. 그 서원 철회하시라고 말입니다. 전세 사는 사람에게 전세보증금이란 사실상 자기 목숨 같은 건데 그걸 드리기로 하셨으니 그 마음은 하나님이 이미 다 받으셨다고 했습니다. 정말 귀한 성도요 정말 귀한 목사님이 아닐 수 없습니다.

물론 하나님은 특별한 경우에는 전세보증금 정도가 아니라, 내 인생 전체, 내가 가진 것 전체를 다 주님께 바치라고 말씀하실 수 있습니다. 하지만 그 목사님과 그 성도에게는 그런 식으로 그들의 믿음을 받으시는 방법으로 하나님이 역사하셨습니다. 하나님께 작은 약속 하나 해놓고 그런 약속 언제 했더라 하면서 머리나 긁적거리는 사람들에게 이분들의 간증은 정말 많은 것을 생각하게 합니다.

결론

오늘 우리는 잠언을 통해 "속이지 않기"라는 제목의 말씀을 함께 받았습니다. 누구를 속이지 말라는 겁니까? 첫째, 나를 속이지 말아야 합니다. 정직하게 살아야 한다는 자기와의 약속을 지키시기 바랍니다. 적당한 부정직과 거짓은 세상 사는 윤활유가 아니라 내 영혼을 좀먹는 벌레들입니다. 그리스도인들이 세상 살아가는 윤활유는 정직입니다.

둘째, 남을 속이지 말아야 합니다. 사기 치지 마시기 바랍니다. 무슨 큰 돈을 속여서 빼앗는 것만 사기 치는 게 아닙니다. 자기 이익을 위해서 크고 작은 거짓말로 사람들을 속이는 게 다 사기 치는 겁니다. 그 정도가 심하면 세상에서도 법률로 엄격히 규제하고 있지만, 우리는 신앙인으로서 아예 남을 속이려는 조그마한 시도도 하지 않아야 합니다.

셋째, 하나님을 속이지 말아야 합니다. 특별히 오늘은 서원해 놓고 입 딱 씻는 자들에 대한 경고 말씀을 들었습니다. 크건 작건 하나님께 서원을 하신 게 있으면, 꼭 적어서 책상 앞에 붙여놓으시든지 주위 분들과 교회 목회자에게 알리시기 바랍니다. 그건 서원을 검증받는 의미도 있고 서원을 철회하려는 유혹을 이기는 비결도 됩니다. 서원하셨으면 꼭 지키시기 바랍니다.

세상에서도 속이는 자로 한번 낙인찍히면 그 사람을 믿고 의지하는 게 아주 힘듭니다. 하물며 우리가 지금까지 자신을 속이고 남을 속이고 하나님을 속였던 것들을 잘 생각해 보면, 우리 중 정말 믿고 의지할 만한 사람은 단 한 사람도 없습니다.

그런데 신기하게도 주님은 우리를 믿어주셨습니다. 주님이 이 땅을 떠나실 때 세상을 누구에게 맡기셨습니까? 바로 우리들입니다. "땅 끝까지 이르러 내 증인이 되리라"(행 1:8)고 누구에게 말씀하셨나요? 천사들이 아니라 바로 우리들입니다. 우리 자체는 서로 속고 속이는, 전혀 믿을만한 존재들이 아닙니다. 하지만 "오직 너희에게 성령이 임하시면" 우리는 그리스도의 군사로, 그리스도의 향기로, 그리스도의 편지로, 천국 복음의 청지기로서 살아갈 수 있는 것입니다.

예수님을 믿음으로 우리 안에 성령이 들어오셨습니다. 우리는 이제 더 이상 자신을 속이고, 남을 속이고, 또 심지어 하나님을 속이면서 허송세월할 사람들이 아닙니다. 나는 믿을 수 없는 자라고 패배의식에 젖어있을 시간도 없습니다. 주님 다시 오실 날이 멀지 않았기 때문입니다.

여러분. 이제 속이지 않고 살기를 결단하세요. 거짓의 유혹과 사람들에게 따돌림당할 것에 대한 두려움에서 벗어나세요. 이게 우리 능력만으로는 안 되지만 성령께서 도와주실 겁니다. 여러분의 인생이 고속도로처럼 시원하게 뚫리고 하나님을 진정으로 유쾌하게 만들어드리는 이 귀한 "정직"한 삶을 향해 위대한 한 걸음을 꼭 내딛게 되시기를 진심으로 바랍니다. 할렐루야.

12. 화가 날 때 _ When you feel angry

‖ 잠언 16:32 ‖
노하기를 더디하는 자는 용사보다 낫고 자기의 마음을 다스리는 자는 성을 빼앗는 자보다 나으니라

화가 날 때

살다 보면 화가 날 때가 있습니다. 분노가 너무 치밀어올라서 도저히 어떻게 할 수 없는 상황에 이르기도 합니다. 얼마 전에 병원에서 어떤 환자분의 기미를 치료하려고 레이저 치료실에 들어갔는데, 누워계신 얼굴을 보니 평소와는 다르게 얼굴에 핏줄들이 많이 터져있었습니다. 저는 처음에는 어디서 뺨을 한 열대는 맞고 오신 줄 알았습니다. 이렇게 많은 점상 출혈들이 그냥 생겼을 리가 없기 때문입니다.

그런데 물어보니까 그날 회사에서 굉장히 화나는 일이 있었고, 그래서 자기 평생 세 손가락에 들어갈 정도로 엄청나게 화를 내고 끝내 오열을 하다가 오셨다고 했습니다. 내가 이 더러운 회사 더 다녀서 뭐 하겠느냐는 생각에 울화통이 터져서 한참 동안 화내고 울고 하다가 오신 겁니다. 벌써 눈물이 그렁그렁 해지셔서 무슨 일로 그렇게 화가 나셨건 건지는 더 물어볼 수가 없었습니다. 그래서 잠시 진정시켜드린 뒤에야 치료를 시작할 수 있었습니다.

우리가 자기 얼굴에 혈관이 다 터질 정도로 그렇게 심하게 화를 내는 일은 사실 흔하진 않습니다. 하지만 짜증 나는 일들은 우리 주위에 널렸습니

다. 그런데 어떤 사람은 짜증 나는 일이 한두 번 쌓이면 버럭 화를 내고, 또 어떤 사람은 아무리 짜증 나는 일이 많아도 옆에서 봤을 때 참 잘도 이겨낸다 싶을 정도로 화도 안 내고 잘 참고 살아갑니다.

저는 오늘 화를 무조건 참으라는 말씀을 드리려는 것이 아닙니다. 에너지 불변의 법칙이라는 게 있는 것 같아요. 남편에 대한 화 에너지가 제대로 분출이 안 되면 그게 애한테 분출됩니다. 직장 후배나 옆집 강아지한테 분출되기도 합니다. 아무에게도 분출이 안 되면 자기 속이 썩어들어가기도 합니다.

그래서 사람들은 화를 잘 내는 게 건강에 좋으냐 화를 참는 게 건강에 좋으냐 하는 것에 관심이 많습니다. 저도 논문을 찾아보니까, 화를 잘 내는 사람이 더 오래 산다는 연구도 있고 또 그와는 반대로 화를 잘 내면 뇌졸중이나 심장질환이 잘 생겨서 세상을 더 일찍 뜬다는 연구도 있었습니다. 제가 보기엔 후자의 연구가 좀 더 신빙성이 있습니다. 사실 오늘날 화를 너무 많이 참아서 화병 난 분들도 문제지만, 화를 너무 많이 내는 분들 때문에 사회적으로 큰 문제가 되고 있습니다.

그리고 화가 심하게 나면 꼭 뭘 던져야만 직성이 풀리는 분들이 있습니다. 베개나 방석을 던지면 양반입니다. 우리 주위에 보면 책인 줄 알고 던졌는데 아이패드를 던진 사람도 있습니다. 핸드폰을 던졌다는 사람은 부지기수입니다. 화는 나중에 해결이 되는데, 카드값은 해결이 잘 안됩니다. 화의 기회비용이 의외로 높습니다.

그런데 그거 아세요? 화는 단순히 심리적인 문제가 아닙니다. 사람들에게 상처를 주건 말건 나는 화를 내서 내 스트레스를 풀어야 하겠고, 기분 나쁘게 굴던 사람이 실수를 하면 그 기회를 놓칠세라 기어이 말폭탄을 던지면서 말로 원수를 갚고 싶어 하는 우리의 이 못난 성품은 결국 영적인 문제입니다. 성령께서 성령의 검인 하나님의 말씀을 통해서 역사하실 때만 근본적으로 변화가 됩니다.

지금 이 글을 읽는 분 중에도 오늘 어디선가 한바탕하고 오신 분들이 계실지 모릅니다. 그래서 오늘은 우리의 분노와 화에 대해서 하나님이 뭐라고 말씀하시는지 보석 같은 잠언 말씀들을 통해서 들어보려고 합니다. 화를 버럭버럭 잘 내는 분들과 천하의 싸움꾼들을 모두 환영합니다. 이 글을 찬찬히 잘 읽으시면 인생이 바뀌고 평화의 사도로 거듭나는 은혜가 반드시 넘쳐날 겁니다.

오늘의 잠언 말씀은 (잠 16:32)입니다.

"노하기를 더디하는 자는 용사보다 낫고 자기의 마음을 다스리는 자는 성을 빼앗는 자보다 나으니라" (잠 16:32)

성경은 노하기를 더디 하라고 말합니다. 여기 "더디 하라"는 말은 히브리어로 "아레크"인데, 아레크는 길다(long), 느리다(slow), 이런 뜻입니다. 즉 화를 느리게 내라는 말입니다. 이제 아시겠죠? 성경은 화를 내지 말라고 가르치지는 않습니다. 잠언이 가르치는 것은 화를 느리게 내라는 겁니다. 그뿐만 아니라 잠언은 화나는 상황에서 이런 사람은 되지 말라고 세 가지 유형을 우리에게 가르쳐 줍니다. 오늘은 거기에 대해 말씀드리겠습니다. 귀 있는 자는 이 복된 말씀에 끝까지 귀 기울여주세요.

1. 화를 쉽게 내는 미련한 자

우리가 피해야 할 첫 번째 유형은 "화를 쉽게 내는 미련한 자"입니다. 화가 난다고 그냥 화를 내 버리는 건 미련한 짓입니다. 화는 그렇게 쉽게 내는 것이 아닙니다.

"미련한 자는 당장 분노를 나타내거니와 슬기로운 자는 수욕을 참느니라" (잠 12:16)

미련한 사람은 화나는 일이 생기면 바로(at once) 화를 냅니다. 하지만 슬기로운 사람은 모욕을 잘 참는다는 것입니다. 그런데 의문이 들기는 합니다. 왜 화를 바로바로 잘 내는 것이 미련한 짓일까요? 잠언에 의하면 그건 무엇보다도 내가 상황을 오해했을 수 있기 때문입니다.

"사연을 듣기 전에 대답하는 자는 미련하여 욕을 당하느니라" (잠 18:13)

사연을 알지 못한 상태에서 화부터 냈다가는 결국 부끄러운 일을 당하게 됩니다. 이건 우리가 다 경험해 본 일입니다.

제가 하루는 치료실에서 열심히 레이저치료를 하고 있었습니다. 그런데 간호 직원들이 아무도 저를 어시스트하러 들어오지를 않았습니다. 다들 굉장히 바쁜가 보다 하고 있었는데, 혼자서 한참 동안 어시스트 없이 계속 레이저치료를 하다 보니 상당이 힘들었습니다. 그런데 옆의 CCTV를 우연히 봤는데, 한 직원이 병원 데스크에서 한가롭게 핸드폰을 하고 있었습니다.

갑자기 배신감이 확 밀려왔습니다. 그런 기분 아시죠? "야, 여기 빨리 와서 도와줘."라고 소리치고 싶었고, 나중에 따끔하게 화를 내주고 싶은 마음도 들었습니다. 원장님 치료할 때 어시스트하라고 직원을 뽑은 건데 이렇게 놀고 있다니… 하지만 혹시나 해서 참았는데, 나중에 알고 보니 까다로운 환자분과 카톡으로 상담하고 있는 거였습니다. 나름대로 병원 업무를 하는 중이었죠. 원장인 저도 한참 쩔쩔맬 환자를 혼자서 나름대로 열심히 선방해 주고 있었던 겁니다. 저는 버럭 소리 한 번 질렀다가 충직한 직원 한 명 시험 들게 할 뻔했습니다. 그러니 자세한 사정을 알기 전에 지레짐작으로 화부터 내는 것은 굉장히 어리석은 일입니다.

화를 쉽게 내는 것이 미련한 이유가 또 있습니다.

"분을 쉽게 내는 자는 다툼을 일으켜도 노하기를 더디 하는 자는 시비를 그치게 하느니라" (잠 15:18)

화를 쉽게 내는 사람은 사람들과 자꾸 싸우게 된다는 겁니다. 당연하죠. 피차 화가 나는 상황이 생겼을 때 한 사람이 화를 접지 않으면 결국은 싸움이 일어납니다. 적당하게 화를 접고 양보하면 좋았는데 그러지를 못해서 평생 원수지간이 된 사람들이 우리 주위에도 있지 않습니까.

한번 화를 내면 평생 다시는 얼굴 안 볼 사람인 것처럼 불같이 화를 내는 사람들이 있습니다. 문제는 그분들이 평생 같이 지내야 할 가정 내에서, 그리고 천국 갈 때까지 주의 군사로 평생 함께 동역해야 할 교회 내에서 그렇게 화를 낸다는 것입니다. 원수를 사랑하라고 하신 말씀을 실행하려고 사방에 원수를 만드시는 건지, 하여간 화를 내도 너무 쉽게 내고 그것도 불같이 냅니다. 그러면 그 사건이 지나간 다음에 함께 지내는 시간들이 피차 너무 숨 막히고 힘듭니다.

그래서 세상 사람들도 어떤 때는 내가 잘못하지 않았어도 먼저 미안하다고 말하면서 싸움을 피하는 지혜를 터득하고 삽니다. 그게 지혜로운 겁니다. 그리고 놀랍게도 하나님도 그걸 지혜라고 부르십니다.

"어리석은 자는 자기의 노를 다 드러내어도 지혜로운 자는 그것을 억제하느니라" (잠 29:11)

화를 참는 건 "지혜"에 속합니다. 그리고 그게 "거룩한 지혜"인 경우도 있습니다. 그냥 싸우기 싫어서가 아니라, 나중에 관계가 나빠질 것이 두려워서가 아니라, "하나님의 영광을 위해서" 나는 좀 억울하지만 내가 먼저 꼬리를 내리는 겁니다. 내가 욕먹는 건 괜찮지만 저 사람에게 화를 내고 싸우게 되면, 설사 그 싸움이 정당한 싸움이라 하더라도, 내가 크리스천인 것을 나중에 알게 된 뒤 저 사람은 나만 욕하는 게 아니라 결국 하나님을 욕하게 될 거라는 생각을 하고 화를 접는 겁니다.

2007년 어느 가을날이었습니다. 부산에서 피부과 학회 강의를 마치고 서울로 돌아온 날이었습니다. 제가 강의 중에 여성 잡지에 나왔던 어떤 모델 얼굴 사진을 이용해서 피부치료법 설명을 했었는데, 부산의 피부과 선생님 한 분이 그 모델이 자기 환자라면서 전화로 불쾌감을 표시했습니다. 대중잡지에 실린 모델 사진을 교육 목적의 비영리적 의사 강의에 사용하는 것이 특별히 문제가 될 것은 아니었지만, 그래도 죄송하다고 말씀드렸습니다. 대부분의 피부과 의사들이 제가 크리스천인 것을 잘 알기 때문에 저 때문에 괜히 하나님께서 욕먹으시게 할 수는 없었습니다.

그런데 진짜 문제는 이제부터였습니다. 그 선생님이 어떤 미용학회의 회원이었는데 거기 회장님이 노발대발하고 있다는 거였습니다. 그분은 피부과 의사도 아니고 또 자기와 직접 연관된 일도 아닌데 왜 화를 내신다는 건지 이해가 안 되었습니다. 그런데 잘 생각해 보니까 그 회장이라는 분이 어떤 시술법을 강하게 밀고 있는 분이었는데, 그 분야의 교과서를 여러 권 썼었던 제가 사석에서 그분의 시술법이 근거가 별로 없다는 말을 했던 것이 생각났습니다. 아마 그걸 전해 들으신 것 같았습니다. 그래서 그분은 자기와 전혀 관련이 없는 일인데도 크게 화를 내고 있었습니다.

저는 이건 부당한 화라고 생각했습니다. 당장 전화를 걸어서 왜 화를 내느냐고 오히려 제가 화를 내고 싶었습니다. 그리고 내친김에 그분의 시술법이 왜 잘못되었는지 몇 시간이라도 학문적으로 따질 자신이 있었습니다. 17년 전이니 저도 한참 혈기가 충만할 때였습니다. 그런데 한 가지가 마음에 걸렸습니다. 그때는 저가 신학을 공부한 지 얼마 안 되었을 때였고 저는 나중에 주의 종이 될 사람이었습니다. 만약 지금 원수를 만들어 놓으면 이분이 그러잖아도 말발이 굉장히 세신 분인데 나중에 제가 목회자가 되었을 때 저만 욕하는 게 아니라 하나님과 교회에 대해 얼마나 해로운 말을 많이 할 것인가 하는 생각이 들었습니다.

그래서 억울하지만, 그냥 제가 지기로 했습니다. 전화를 걸었습니다. 아까는 싸우려고 전화기를 들려고 했었지만 지금은 사과를 위해서 들었습니다. 제가 첫 마디부터 정말 죄송하게 되었다고 고개를 숙이니까 그분도 곧 말투가 부드러워졌습니다. 무조건 죄송하다고 나를 낮추는 것이 이렇게 위력적일 줄은 몰랐습니다. 하나님의 강한 역사하심을 느꼈습니다. 그분의 시술법에 대해선 따로 얘기하지 않았습니다. 그게 정말 안 좋은 시술법이면 자연스럽게 사라지게 될 것이고 또 좋은 치료법이라면 더 발전하겠죠. 저는 제 원수, 하나님의 원수를 만들지 않기로 결심하고 그저 제가 지기로 결심했을 뿐이었습니다. 통화가 잘 끝났습니다. 할렐루야.
즉시 화를 내지 않는 것에는 확실히 위력이 있습니다. 잠언은 말합니다.

"오래 참으면 관원도 설득할 수 있나니 부드러운 혀는 뼈를 꺾느니라" (잠 25:15)

그렇습니다. 화를 참으면 높은 지위에 있는 관원도 설득됩니다. 그리고 이게 중요합니다. 뼈를 꺾는 것이 "짜증난 혀"가 아니라는 사실 말입니다! 목소리 큰 사람이 뼈를 꺾는 것도 아닙니다! 뼈를 꺾는 것은 이 말씀처럼 "부드러운 혀"인 것을 믿으시기 바랍니다. 부드러운 대답이 분노를 가라앉힙니다.

여러분. 혹시 누가 여러분에게 어이없이 화를 내고 있나요? 누군가 다른 데서 뺨 맞고 와서 여러분에게 분풀이를 하고 있나요? 일단 참으세요. 설불리 화내지 마세요. 지금 말고 전후 사정을 다 살핀 뒤에 천천히 화내도 늦지 않습니다. 가급적 오래 참으세요. 언제까지요? 감정적인 화가 아니라 이성적인 대화가 가능하다고 생각될 때까지 참으세요. 그게 하나님께서도 인정하신 "지혜"입니다.

혹시 주님의 영광을 위해서라면 싸워야 할까요? 그럼요. 주님의 영광을 위해서라면 회사 잘릴 생각하고 싸우시기 바랍니다! 하지만 저는 지금까지 살면서, 화내는 것이 하나님의 영광을 위해 사용되는 경우를 거의 본 적은 없는 것 같습니다. 대개는 자기 기분이 나빠서 싸운 거지 하나님은 핑계였습니다. 야고보서 말씀을 들어보세요.

"내 사랑하는 형제들아 너희가 알지니 사람마다 듣기는 속히 하고 말하기는 더디 하며 성내기도 더디 하라 사람이 성내는 것이 하나님의 의를 이루지 못함이라" (약 1:19,20)

여기서도 성내는 것을 더디 하라고 했습니다. 화내는 것이 하나님의 의를 이루지 못하기 때문입니다. 그래서 오래 참음은 성령의 아홉 가지 열매에도 들어갈 정도로 아주 귀한 성품입니다.

2. 하나님을 대신하는 심판자

화를 내는 데 있어서 우리가 피해야 할 두 번째 유형은 "하나님을 대신하는 심판자"입니다. 일반적으로 우리가 화를 내는 건 "그 사람이 잘못해서" 화를 내는 거겠죠? 그런데 이걸 약간 다른 측면에서 그리고 좀 더 정확하게 말해본다면, "그 사람 때문에 기분이 나빠져서" 화를 내는 겁니다. "사실"보다는 "기분" 때문에 화를 내는 겁니다.

그러니까 우리는 화를 냄으로써 그가 나를 기분 나쁘게 한 것에 대해 정죄하고 심판하고 있었던 겁니다. 이건 월권행위입니다. 심판은 하나님의 고유 권한인데 우리가 심판 자리에 앉아있었던 겁니다. 잠언은 심지어 행악자들에게도 분을 품지 말라고 가르칩니다.

"너는 행악자들로 말미암아 분을 품지 말며 악인의 형통함을 부러워하지 말라 대저 행악자는 장래가 없겠고 악인의 등불은 꺼지리라" (잠 24:19-20)

행악자들에게 왜 분을 품지 말아야 할까요? 그건 그들에게 미래가 없기 때문입니다. 그의 등불은 꺼지게 되어있기 때문입니다. 얼마나 불쌍합니까? 여기서 우리는 알아야 합니다. 그의 장래에 불이익을 주고 그의 장래에 등불을 꺼뜨리는 심판은 내가 아니라 하나님이 행하신다는 겁니다. 이게 중요합니다.

물론 우리는 악에 대해 단호한 태도를 취해야 하고 불의에는 저항해야 합니다. 당연하죠. 하지만 대부분의 경우, 다시 말해서 우리가 실수한 식당 직원에게 큰소리치며 화내는 것이, 또 갑자기 끼어든 차에게 경적을 빵빵 울리고 하이빔을 켜대는 것이, 그리고 나를 직원들 앞에서 대놓고 꾸짖은 상사에게 당신도 잘못했다며 언성을 높이며 대드는 것이, 무슨 정의를 위하고 무슨 하나님의 영광을 위한 것은 아닙니다. 그저 내가 무안을 당했으니 당신도 무안을 당해야 되고, 내가 고통을 당했으니 당신도 고통을 당해야 한다는 지극히 개인적인 심판 행위일 뿐입니다.

심판은 하나님께 맡기시기 바랍니다. 식당 직원은 괜찮다고 용서하시고, 끼어든 차에겐 그가 사고 나지 않도록 복 빌어주시고, 내게 상처 준 상사에게는 박카스 한 병 선물하면서 앞으로는 잘하겠다고 밝은 얼굴을 보여주시면 어떨까요?

"네 원수가 배고파하거든 음식을 먹이고 목말라하거든 물을 마시게 하라 그리 하는 것은 핀 숯을 그의 머리에 놓는 것과 일반이요 여호와께서 네게 갚아 주시리라" (잠 25:21,22)

그렇습니다. 당장 갚아 주시든 10년 후에 갚아 주시든 결국은 하나님이 갚아 주실 겁니다. 하나님이 풀어주실 겁니다. 그러니 누가 나를 해코지하거나 억울하게 하거나 내게 무례하게 행동할 때 우리가 그에게 할 일은, 물론 오해가 있다면 적극적으로 풀어야 하겠지만, 적어도 감정적인 분노나 복수는 아닙니다. 잠언은 오히려 그에게 먹을 거 하나 더 주고 마실 거 하나 더 주라고 말씀합니다.

그런데 원수에게 왜 이렇게 잘 해줘야 할까요? 첫째는, "너희가 용서받았으니 너희도 용서하라"는 주님 말씀 때문입니다. 주기도문에 "우리가 우리에게 죄지은 자를 사하여 준 것같이 우리 죄를 사하여 주옵시고"라고 되어있죠. 우리가 하나님께 죄 용서를 받는 것은 우리가 다른 사람의 죄를 용서해 주는 것과 결코 분리되지 않습니다.

둘째는, 아까 말했듯이 심판은 내가 아니라 하나님의 고유 권한이기 때문입니다. 그럼 내 억울한 사정은요? 이 말씀처럼 여호와께서 갚아 주실 겁니다. 이게 워낙 중요한 개념인지라 신약의 로마서에도 이 말씀이 한 번 더 나옵니다.

"내 사랑하는 자들아 너희가 친히 원수를 갚지 말고 하나님의 진노하심에 맡기라 기록되었으되 원수 갚는 것이 내게 있으니 내가 갚으리라고 주께서 말씀하시니라 네 원수가 주리거든 먹이고 목마르거든 마시게 하라 그리함으로 네가 숯불을 그 머리에 쌓아 놓으리라" (롬 12:19,20)

너희가 친히 원수를 갚지 말라는 것입니다. 하나님의 진노하심에 맡기라는 것입니다. 원수는 내가 갚는 게 아니라는 것입니다. 내 원수도, 우리 어머니 원수도, 우리 아버지 원수도, 우리 애들 원수도 내가 갚는 게 아니라는 것입니다. 원수 갚는 걸 하는 분이 따로 계시기 때문입니다. 바로 하나님이십니다. 우리가 할 일은 사랑의 마음으로 원수에게 먹을 거 하나, 마실 거 하나 더 주는 일인 줄 믿습니다. 하나님의 심판이 예정되어 있으니 불쌍한 사람들 아닙니까.

그런데... 이게 솔직히 우리 성에 안 찹니다. 우리는 "내가 상처받았으니 너도 똑같이 당해 봐라"라는 생각이 훨씬 자연스러운 죄인들입니다. 고통 준 사람에게 고래고래 소리치고 저주스러운 갈폭탄을 던지는 게 더 시원하게 느껴지는 타락한 존재들입니다.

제가 TV나 유튜브에서 정치 뉴스나 정치토론 프로그램을 즐겨 본 적이 있었습니다. 제가 그쪽으로 아는 게 별로 없어서 자주 봤었습니다. 자꾸 보다 보니까 말 잘하는 사람들은 다 정치가가 되는 것 같았습니다. 날카롭게 상대방 주장을 받아치는 촌철살인의 말솜씨는 저는 흉내도 못 낼 정도로 정말 대단한 것이었습니다.

그런데 지금은 거의 안 봅니다. 거기 나오는 사람들에게 독기가 가득하다는 걸 깨달은 뒤부터입니다. 대부분의 정치가들은 상대방에게 어떻게 하면 치욕스러운 저주를 세련되게 퍼부을지 밤새 고민하는 사람들 같아 보였습니다. 그게 방송이니까 그 정도지 카메라가 꺼지면 다들 주먹다짐이라도 할 사람들처럼 보였습니다. 그들은 확실히 말로 원수갚는 기술이 뛰어난 사람들이었습니다. 웃으면서 말하지만, 교묘하게 저주하는 실력이 출중한 기술자들이었습니다.

그리고 그들의 독기가 저에게도 전염되고 있는 걸 느꼈습니다. 이분들의 얘기를 계속 듣던 어느 날, 정치적 견해가 저와 다른 분이 쓴 글을 인터넷에서 봤는데 전에는 그런 일이 없었는데 갑자기 분노가 치밀어 오르는 걸 느꼈습니다. 그래서 이러다간 주님이 금하신 "사람들을 정죄하고 심판하는 죄"를 계속 짓겠구나 하는 생각이 들었습니다. 저와 비슷한 경험을 하신 분들이 적지 않으실 겁니다. 그런 프로는 이제 그만 보세요. 이게 잠언에도 나옵니다.

"노를 품는 자와 사귀지 말며 울분한 자와 동행하지 말지니 그의 행위를 본받아 네 영혼을 올무에 빠뜨릴까 두려움이니라"(잠 22:24,25)

누구와 사귀지 말라고요? 누구와 동행하지 말라고요? 그렇습니다. 화를 잘 내는 사람, 울분이 많은 사람과는 함께 하지 말라는 것입니다. 때가 되면 우리도 그들처럼 폭발하게 될 것이기 때문입니다. 저는 제가 말로 복수하는 것을 일삼고 생각지도 못했던 말폭탄을 사정없이 던져대는 괴물로 변해버리는 것은 생각하기도 싫습니다. 그건 제 영혼을 올무에 빠뜨리는 일입니다. 그러니 여러분 주위에 유달리 화를 잘 내고 울분이 쌓인 사람이 있다면, 해야 할 일이 있습니다. 조용히 곁을 떠나시기 바랍니다.

여러분에게도 이기 증상이 시작되고 있는지 모릅니다. 혹시 요즘 사람들에게 짜증이 자주 나시나요? 가정과 학교와 일터와 심지어 교회에서 자꾸 분노가 치밀어 오르시나요? 여러분이 보는 TV 프로와 유튜브와 친구들을 정리하실 때가 되었습니다.

그리고 그거 아세요? 나의 짜증과 분노를 통해서 내가 사람들의 심판자 행세를 하는 것을 부추기는 존재가 있습니다. 바로 으리 대적 마귀입니다. 분노를 폭발시키고 말로 원수 갚는 것이 통쾌하게 느껴지는 세상을 만들려는 이 악랄하고 더러운 존재를 반드시 대적하시기 바랍니다!

3. 기어이 끝을 보려는 싸움꾼

마지막으로 우리가 피해야 할 세 번째 유형은 "기어이 끝을 보려는 싸움꾼"입니다. 예수님이 전쟁의 왕이 아니라 평화의 왕으로 오셨다는 사실을 꼭 기억하세요.

우리가 믿기 전에는 다들 한가락 하는 싸운꾼이었을 수 있습니다. 하지만 믿은 후에는 칼과 창은 내려놓고, 상처만 주는 날카로운 말투도 내려놓고, 이제는 평화의 사도로 살도록 부름을 받았습니다. 물론 악의 세력과는 싸워야 하겠지만, 그것도 칼이 아니라 십자가를 들고 싸워야 합니다.
쉽게 말해서, 이제 우리는 화 좀 덜 내고 사는 수준이 아니라 다른 사람의 화도 그치게 하는 사람들이 되어야 한다는 것입니다. 그런데도 우리 주위에 보면 여전히 싸움닭 같은 분들이 있습니다. 잠언에 기가 막힌 표현이 나옵니다.

> "대저 젖을 저으면 엉긴 젖이 되고 코를 비틀면 피가 나는 것 같이 노를 격동하면 다툼이 남이니라" (잠 30:33)

소나 양의 젖을 열심히 저으면 젖이 엉킵니다. 그렇게 해서 치즈나 버터를 만듭니다. 그리고 코를 비틀면 코에서 피가 납니다. 이렇게 당연한 일이 또 하나가 있는데, 그건 바로 노를 격동하면 다툼이 난다는 겁니다. 계속 사람 속을 긁으면 결국 화내고 싸우게 된다는 겁니다. 너무 당연한 얘기 아닌가요?

그런데도 우리 중 어떤 사람들은 직업이 격투기 선수도 아니면서, 그리고 결국은 싸우게 될 걸 알면서 계속 사람 속을 긁는 걸 즐기는 분들이 있습니다. 언제까지 긁을까요? 화날 때까지 긁습니다. 평화가 아니라 싸움의 사도입니다. 아직 성화가 덜 된 분들입니다. 이런 분들이 가정을 어지럽히고 회사를 어지럽히고 심지어 교회를 어지럽힙니다. 기어이 끝을 볼 때까지, 상대방이 완전히 무릎 꿇을 때까지 말폭탄을 정신없이 던지는 게 정말 그렇게 재미있을까요?

이런 말씀도 있습니다.

> "북풍이 비를 일으킴 같이 참소하는 혀는 사람의 얼굴에 분을 일으키느니라" (잠 25:23)

비슷한 말씀입니다. 새 번역 성경은 "북풍이 비를 일으키듯, 헐뜯는 혀는 얼굴에 분노를 일으킨다"라고 번역했습니다. 쉬지 않고 헐뜯는 사람 앞에서 누가 끝까지 화를 참을 수 있을까요? 아무리 잘 참는 분이라도 얼굴이 일그러지지 않겠습니까?

하나님의 영광을 위해서라면 어떤 때는 내가 하지도 않은 일로 억울하게 누명을 썼어도, 그는 "죄송합니다", "미안합니다" 하면서 넘어가야 할 사람들이 왜 그렇게 싸움을 하지 못해 안달일까요? 물론 어떤 분들은 말합니다. 받아치는 게 원래 내 성격이고, 억울한 건 못 참는 게 원래 내 성격인데 어떻게 하느냐고 말입니다.

저도 "사람은 고쳐 쓰는 것이 아니다"라는 말을 많이 들어봤습니다. 세상에선 이게 맞는 말일 수 있습니다. 하지만 교회에선 틀린 말입니다. 만약 교회에서도 이 말이 맞는다면 성령께선 아무 능력이 없으신 겁니다. 우리가 그리스도 안에서 새로운 피조물이고 이제 능력의 성령께서 내 안에 계시는데 우리가 변화되지 않고 이전처럼 계속 싸움꾼으로 산다는 건 불가능합니다.

그러니까 교회에서 이 말은 더 이상 힘을 못 씁니다. 교회는 "사람을 고쳐서 쓰는 곳"입니다! 말씀과 기도와 예배와 찬양을 통해, 싸움꾼은 반드시 사랑꾼으로 바뀌는 곳이 교회인 것을 믿으시기 바랍니다! 세상의 약으로 못 고치는 분노조절장애 환자가 오히려 사람들의 다툼을 잠재우는 은사를 받는 곳이 바로 교회인 것을 믿으시기 바랍니다!

잘나가던 싸움꾼들은 이제 그 명함을 휴지통에 던져버리세요. 이젠 누가 오른쪽 뺨을 치면 왼쪽 뺨도 때려보라고 돌려 보세요. 그리고 누가 억지로 5리를 가게 하면 한번 그 사람과 10리도 동행해 보세요. 왜냐하면 우리는 화평케 하는 자로 부름을 받았기 때문입니다. 주님이 산상수훈에서 말씀하셨습니다.

"화평하게 하는 자는 복이 있나니 그들이 하나님의 아들이라 일컬음을 받을 것임이요" (마 5:9)

여러분은 하나님의 자녀이신가요? 예수님을 자기 주님으로 인격적으로 모셔 들이셨다면, 여러분은 누구나 하나님의 자녀입니다. 그런데 그건 동시에 여러분이 화평케 하는 자라는 뜻입니다. 화평케 하는 자들의 또 다른 이름이 하나님의 아들이기 때문입니다. 여러분의 본분이 싸움이 아니라 사람들을 화평케 만드는 것에 있음을 꼭 기억하세요.

저는 살아오면서 화를 잘 내지 않았습니다. 특별히 대학생 때 성경 공부를 하며 성품이 많이 변화된 후로는 더욱 그랬습니다. 그런데 위기가 찾아왔습니다. 애들을 키우다 보니 이게 마음대로 안 되는 겁니다. 제 평생 냈던 화의 80%를 애들에게 다 냈습니다.

처음엔 의지적인 화였습니다. 그냥 넘어가면 버릇이 나빠질 텐데 지금 화를 내줘야 하나 말아야 하나 하다가 일부러 화난 척을 한 적이 많았습니다. 그런데 그게 나중에는 감정적인 화로 바뀌었습니다. 애들이 사춘기의 긴 터널을 거칠 때 제 입술도 분노의 바닷속에서 정처 없이 허우적대고 있었습니다.

물론 최대한 절제하려고는 했지만 그게 마음대로 되지 않았습니다. 그래서 제 입에서 평생 누구에게도 써본 적이 없는 무섭고 상스러운 말이 사춘기를 겪는 제 아이들에게 내뱉어졌습니다. 어떤 선을 넘어가면 혼내는 게 아니라 서로 싸우는 수준으로 발전한다는 걸 알면서도, 그걸 잘 조절 못 한 적도 있었습니다.

그래서 지금 이 지면을 빌어 제 아이들에게 사과합니다. 미안하다 얘들아. 아빠를 용서해다오. 심한 말 해서 정말 정말 미안하다. 저는 제 애들이 저를 용서해 줄 거라고 굳게 믿습니다.

그런데요... 우리가 화를 너무 심하게 내면 상처를 심하게 주게 되고, 그러면 나중에 그 사람과 화해하기가 굉장히 어렵습니다. 화해는 하더라도 그 응어리가 평생을 갑니다. 잠언에도 나옵니다.

"노엽게 한 형제와 화목하기가 견고한 성을 취하기보다 어려운즉 이러한 다툼은 산성 문빗장 같으니라" (잠 18:19)

한번 사람을 제대로 노엽게 하면, 다시 화목해지는 것이 성을 빼앗는 것보다 어렵다는 것입니다. 그 상처받은 문빗장을 누가 쉽게 열겠습니까? 제가 아는 어떤 분은 두 딸을 키우는데, 세상에 딸바보 아닌 아빠가 어디 있겠습니까마는, 그 아빠가 사춘기 딸과 심하게 싸웠답니다. 그리고 몇 년 동안 지금까지 딸과 단 한마디도 말을 안 하고 지낸다는 얘기를 들었습니다. 얼마나 가슴이 아팠는지 모릅니다.

여러분. 아무리 짜증이 나고 아무리 화나는 일이 생겨도 절대로 끝까지 가려고 하시면 안 됩니다. 그렇게 과도하게 화를 내고 싸우는 것이 반복되면, 시간이 지나면 원한이 됩니다. 그거 어떻게 감당하시겠습니까?

화를 내고 싸우다가 가까운 사람이 내게 평생 원한을 가지게 된다면, 그 사람도 물론 회개해야 하겠지만, 여러분은 도대체 하나님 앞에서 그걸 어떻게 뒷감당하려고 그러십니까? 용서는 의지로 될 수 있지만, 상처 중에는 아무리 시간이 흐르고 아무리 의지로 이기려고 해도 아물지 않는 상처가 있습니다. 사람들에게 그런 상처 남기시면 안 됩니다.

결론

이런 미국 속담이 있습니다. "화는 위험에서 한 글자 뺀 말이다(Anger is

one letter short of Danger).″ 참 멋진 말이죠.

화는 우리의 언어와 표정과 몸짓이 총체적으로 만들어 내는 독특한 소통 방식입니다. 그런데 이게 굉장히 위험할 수 있습니다. 화는 불처럼 위험한 겁니다. 조심해서 다루지 않으면 큰일 치르게 됩니다. 온유함이 지상의 모든 사람보다 더 낫다고 했던 모세조차도 화를 한 번 잘못 다스렸다가 가나안에 못 들어갔습니다. 화는 함부로 내는 것이 절대로 아닙니다.

물론 꼭 필요한 경우에는 낼 수 있습니다. 아니 내야 합니다. 자녀의 교육을 위해서라면 사랑하는 자녀에게, 그리고 하나님의 영광을 위해서라면 하나님을 대적하는 자들에게 단호히 경고하면서 화를 내야 합니다. 하지만 성경은 사람이 성내는 것이 하나님의 의를 이루지 못한다고 했고, 노엽게 한 형제와 화목하기가 견고한 성을 취하는 것보다 어렵다고 했습니다. 그러니 여러분, 화가 난다고 감정적으로 그냥 막 내시면 굉장히 곤란합니다. 아무 데나 불 지르고 다니는 방화범과 다를 바가 없습니다.

오늘 하나님께서 잠언을 통해 우리가 화날 때 피해야 할 세 가지 유형을 말씀해 주셨습니다. 첫째는 "화를 쉽게 내는 미련한 자"입니다. 화를 끝까지 참는 자가 이기는 자인 걸 믿으시기 바랍니다. 둘째는 "하나님을 대신하는 심판자"입니다. 일부러 상처 주는 말을 써가면서, 과도하게 화를 내가면서 상대방을 혼내려는 그런 악독한 성품은 오직 사탄 마귀만 박수 칠 일입니다. 셋째는 "기어이 끝을 보려는 싸움꾼"입니다. 아무리 상대가 잘못했더라도 그가 무릎 꿇고 빌 때까지 끝까지 화를 내야 직성이 풀리는 분들은, 평생 원한을 가지고 사는 사람 여러 명 만들 겁니다. 그들을 신원하실 하나님을 두려워하셔야 합니다.

혹시 여러분 중에 이 세 가지 중 하나라도 해당하시는 분이 있다면 오늘은 회개의 날입니다. 혹시 요즘따라 화날 일이 많이 생기셨나요? 이전 기억을 되살려 보세요. 누구 한 사람 실려 나갈 때까지 실컷 화내고 욕하고 저주하면 문제가 해결되던가요? 아니죠? 이젠 그렇게 살면 안 됩니다.

혹시 오늘도 화나는 일이 있으셨나요? 싸우느니 먼저 미안하다고 말씀해 보세요. 화내느니 먼저 용서하겠다고 손을 내밀어 보세요. 그리고 혼날까 봐 덜덜 떨고 있는 식구와 친구와 직원들에게 화 안 낼 테니 안심하라고 용서와 기쁨을 선물해 보세요. 화평케 하는 자에겐 복이 있을 것입니다. 할렐루야.

13. 곤고한 자를 위한 손 _ Hands for the poor

‖ 잠언 31:20 ‖
그는 곤고한 자에게 손을 펴며 궁핍한 자를 위하여 손을 내밀며

보우선

　혹시 피부과에서 손톱에 보우선이 있다는 말을 들어본 적이 있으신가요? 손톱에 희끗희끗하게 가로로 작은 선 또는 고랑이 생기는 것을 보우선(Beau's line)이라고 합니다. 우리말로는 손발톱 가로 고랑이라고 합니다. 이게 생기면 손톱에서 그 부분이 만들어질 때 뭔가 장애가 있었다는 뜻입니다. 원인은 다양한 전신질환, 외상, 항암치료 또는 심한 형태의 열성 질환이나 정신적, 육체적 스트레스 같은 것이 있습니다.

　피부과 의사는 손톱이 다 자라는데 시간이 얼마나 걸리는지 잘 압니다. 그래서 환자 손톱에서 보우선을 발견하면 그걸 역으로 추산해서 그게 언제 생긴 건지 대략 알 수가 있습니다. 며칠 전에도 진료실에서 환자 상담을 하다가 손톱에 보우선이 큰 게 하나 있는 게 보였습니다. 그래서 혹시 두 달쯤 전에 집이나 회사에 큰일이 없었냐고 물어봤더니 깜짝 놀라더라고요. 그걸 어떻게 알았냐고 하면서 그때쯤 직장을 옮겼다고 했습니다.

　그래서 저는 보우선을 발견할 때마다 갑자기 점쟁이가 됩니다. 맞출 확률이 한 90%는 됩니다. 길거리에 자리 깔고 나가봐도 될 것 같습니다. 물론 이건 점이 아니라 과학이지만 말입니다.

그런데 하루는 레이저로 환자를 치료하는 중이었는데, 옆에 있는 직원 손톱에서 보우선을 발견했습니다. 그것도 손톱 세 가의 같은 위치에 동시에 보우선이 있었습니다. 뭔가 정말 힘든 일이 있었나 보다 하는 생각이 들었습니다. 손톱 하나에만 생겨도 잘 맞췄는데 세 개에 생겼으니 이건 확률 100%라는 생각도 들었습니다. 그래서 나중에 물어봤습니다. 혹시 한 달 반 전에 굉장히 힘든 일이 있지 않았느냐. 제 목소리에는 확신이 넘쳤고 전혀 거침이 없었습니다.

직원이 조그만 소리로 "네"라고 대답했습니다. 저는 웃으면서 물어봤습니다. 도대체 무슨 일이 있었길래 그렇게 손톱에 흉터가 생길 정도까지 힘들었었느냐. 그런데 문득 깨달았습니다. 이 직원이 우리 병원에 근무를 시작했던 게 그때부터였다는 사실을 말입니다.

갑자기 눈물이 나올 뻔했습니다. 얼마나 미안하고 또 얼마나 대견했는지 모릅니다. 새 직장에서 실수하지 않으려고, 그리고 빨리 일을 배우려고 그가 감내했을 힘든 시간들이 충분히 상상이 갔습니다. 저는 병원 개원 후 지난 20여 년간 병원 직원들에게 어떤 일로도 소리치며 화를 내본 적이 없습니다. 하지만 그래도 높은 진료 수준을 유지하기 위해서 많이 노력하고 있었는데, 그게 특히 새로운 직원들에게 꽤 스트레스였겠다 싶었습니다. 그래서 그날부터 그 직원을 더 친절히 대해주게 되었습니다. 여러분도 주변에 직장을 옮기거나 회사에 새로 들어오는 분이 계시면 정말 잘 대해주시기 바랍니다. 그 곤고한 심령을 모른 척하지 마시기 바랍니다.

이번 글의 제목은 "곤고한 자를 위한 손"입니다. 다들 두 손을 앞으로 펴보세요. 그리고 쳐다보세요. 이 두 손은 어디에 쓰라고 주신 걸까요. 제가 말씀드리겠습니다. 이 두 손은 모을 때는 기도하는 손이요, 펼칠 때는 곤고한 자의 두 손을 꽉 붙잡아 주라고 주신 손입니다.

"그는 곤고한 자에게 손을 펴며 궁핍한 자를 위하여 손을 내밀며" (잠 31:20)

그렇습니다. 곤고한 자에게 손을 펴시기 바랍니다. 궁핍한 자를 위해 손을 내미시기 바랍니다. 이 말씀은 지금으로부터 3,000년 전, 하나님이 솔로몬 왕에게 그 어머니를 통해서 주신 잠언입니다. 하지만 하나님은 21세기를 살아가는 우리들에게도 곤고한 자를 위해서 두 손 내밀어야 할 동일한 이유와 약속과 명령을 이 말씀을 통해 주셨습니다.

1. 다들 근심이 있다.

오늘 잠언을 통해 주시는 첫 번째 메시지는 "다들 근심이 있다"는 겁니다. 다들 웃으며 즐겁게 사는 것 같지만 말 못 할 근심이 있습니다. 웃는 게 웃는 게 아닙니다. 어릴 때는 친구 때문에, 장난감 때문에, 학생 때는 공부 때문에, 장래 때문에, 사회 나와서는 결혼 때문에, 직장 때문에, 중년이 되면 자식 때문에, 돈 때문에, 그리고 건강이나 실직, 가까운 사람으로 인한 근심거리는 일평생 항상 도사리고 있습니다.

그런데 사람들에게 고민을 다 털어놓기도 어렵고 그걸 다 얘기한다고 해서 사람들이 다 이해해 주는 것도 아닙니다.

"마음의 고통은 자기가 알고 마음의 즐거움은 타인이 참여하지 못하느니라" (잠 14:10)

현대인의 성경에는 이렇게 번역되어 있습니다. *"마음의 고통은 자기만이 알고 마음의 즐거움도 진정한 의미에서 다른 사람은 맛볼 수 없다."* 맞습니다. 기쁜 일이 생겨 사람들이 아무리 박수를 쳐 줘도 나보다 더 기쁜 사람은 없죠. 고통으로 힘들 때 사람들이 아무리 내 사연에 고개 끄덕여줘도 나보다 더 아픈 사람은 없습니다.

우리는 다 아프고 힘듭니다. 찡그린 얼굴을 좋아할 사람이 없어 그저 웃고 있을 뿐입니다. 그런데 얼굴은 웃고 있는데 속으로는 울고 있습니다.

"웃을 때에도 마음에 슬픔이 있고 즐거움의 끝에도 근심이 있느니라" (잠 14:13)

역시 우리를 창조하신 하나님다우십니다. 우리 마음속에 진짜 무엇이 있는지 다 아세요. 그런데 정말 짠한 건, "슬플 때에도 마음에 웃음이 있다"라고 하신 게 아니라 "웃을 때에도 마음에 슬픔이 있다"라고 하신 겁니다. 웃으면서도 울고 있는 사람이 정말 많은가 봅니다.

사실 마음이 즐거우면 돈은 좀 못 벌고 건강은 좀 안 좋고 집은 월세를 살아도 감사할 수가 있습니다. 하지만 심령에 한 번 근심과 슬픔이 자리 잡으면 아무리 풍족하게 사는 것 같아도 뼈가 마릅니다. 이 말씀도 잠언에 나옵니다.

"마음의 즐거움은 양약이라도 심령의 근심은 뼈를 마르게 하느니라" (잠 17:22)

뼈가 마를 정도의 심한 근심과 걱정이 있으면, 피부에도 증상이 나타납니다. 제가 피부과 의사이니 한번 이 얘기를 먼저 해보겠습니다. 우선 여드름이 대표적입니다. 여드름이 청춘의 꽃이라고 정신없는 말을 하는 사람도 있지만, 사실 성인 여드름의 가장 중요한 원인은 스트레스입니다. 그리고 어떤 사람은 스트레스가 많으면 머리가 동그랗게 구멍이 나면서 빠집니다. 원형탈모증이라고 합니다. 이게 너무 심하면 전두탈모증이라고 해서 아예 머리 전체가 다 빠집니다.

또 어떤 사람은 손바닥이나 손가락에 작은 수포들이 생깁니다. 이건 한포진이라고 해서 땀구멍이 막히는 건데요, 굉장히 아프거나 가려운 경우가 많습니다. 또 어떤 사람은 지루 피부염이 악화되거나 입술에 헤르페스가 생기거나 다크서클이 심해집니다. 또 어떤 사람은 손톱 발톱에 보우선이 나타나기도 합니다.

그리고 놀라운 건 나만 근심 걱정이 많은 줄 알았는데 옆 사람은 더 많더라는 겁니다. 저도 솔직히 여러 고민을 가지고 있고 특히 중년이 되면서는 건강에 대한 근심이 많아졌습니다. 작은 글씨가 안 보이는 노안이 심해지고, 회전근개 파열로 오십견이 왔다가 1년 동안 재활치료를 거쳐서 간신히 회복되고, 무릎도 이전 같지 않습니다. 그래서 건강에 대한 근심이 항상 마음속에서 사라지지 않았습니다.

어깨가 너무 아파서 정형외과에 갔다가 회전근개가 파열되어 오십견이 왔다는 X-Ray 결과를 들었던 그날이 기억납니다. 병원을 나와서 차를 운전하는데, 차 속에서 한참을 울었습니다. 세상이 다 무너지는 것 같았습니다. 이수근 너도 이제 끝나가는구나 하면서 얼마나 슬펐는지 모릅니다. 하나님 나라에 가까워지는 건 슬픈 일이 아니지만, 그래도 저는 정말 건강하게 주님 나라에 가고 싶었거든요.

그런데 얼마 전에 친구 장인어른 장례식장에 다녀올 일이 있었습니다. 거기서 친구와 한참 동안 이야기를 나누다가 제가 요즘 건강 문제로 고민이 있다고 했습니다. 그런데 제 이야기를 계속 듣던 그 친구가 갑자기 이러는 거였습니다. "야, 너 그 정도 갖고 힘들다고 하면 어디 가서 욕먹어!"

그러면서 자기 얘기를 하는데 이 친구는 더해요. 노안이나 무릎 통증은 기본이었고, 회전근개 파열로 인한 오십견은 지금도 진행 중이었고 얼마 전에는 귀에 원인 모를 이명이 시작되었다고 합니다. 잘 때 귀에서 "삐~" 하는 소리가 계속 나는데 너무 힘들다고 했습니다. 그리고 최근에는 코로나 후유증으로 얼굴에 삼차신경통이 심하게 와서 그 통증이 너무 심해 삶의 의욕을 많이 잃었다고 했습니다. 저만 고민이 많은 줄 알았더니 이 친구는 더 했습니다. 그래서 돌아오는 차 안에서 회개했습니다.

다들 근심이 많습니다. 어떤 사람들은 직장이 안 구해져서 근심이고 어떤 사람들은 직장 때문에 근심입니다. 어떤 사람은 자식이 없어서 걱정이고 어떤 사람은 자식 때문에 걱정합니다. 어떤 사람은 돈이 없어서 곤고하고 또 어떤 사람은 돈이 많아서 문제가 생겼습니다.

그래서 사람들은 근심과 고통을 잊어보려고 술을 가시고 취해보려고 하기도 합니다. 성경에도 그런 얘기가 나옵니다.

"독주는 죽게 된 자에게, 포도주는 마음에 근심하는 자에게 줄지어다 그는 마시고 자기의 빈궁한 것을 잊어버리겠고 다시 자기의 고통을 기억하지 아니하리라" (잠 31:6,7)

그런데 이 말씀은 다들 집에 술 몇 병씩 갖다 놓고 살라는 말씀이 아닙니다. 이 말씀을 그런 식으로 은혜받으면 큰일 납니다. 이 말씀은 굉장히 역설적인 말씀입니다. 하나님은 오히려 "술 취하지 말라 이는 방탕한 것이니 오직 성령으로 충만함을 받으라"(엡 5:18)고 하셨고, 거룩한 하나님의 백성은 포도주와 독주를 멀리해야 된다는 말씀이 성경에 많이 나옵니다.

하지만 그런 하나님께서, 근심 많은 자에게 독주와 포도주를 주어서 그 고통을 잊어버리게 하라고 하신 이런 역설적인 표현을 성경에 기록해 주신 이유는 무엇일까요? 그건 그만큼 인간의 근심이 심각할 수 있다는 것이고, 또 그만큼 하나님께서 우리의 고통받고 아파하는 모습을 불쌍하게 여기신다는 뜻입니다.

내 속에 말 못 할 근심이 있는 걸 아시는 하나님, 웃지만 울고있는 걸 아시는 하나님, 우린 그 하나님을 우리 아버지로 모시고 살고 있습니다. 얼마나 감사합니까. 내 고통에 무심하신 아버지가 아님을 감사하시기 바랍니다. 하지만 우리가 근심만 한다고 일이 해결되는 건 아닙니다. 근심에는 문제를 해결할 능력이 없습니다. 주님이 말씀하셨습니다.

"너희 중에 누가 염려함으로 그 키를 한 자라도 더할 수 있겠느냐" (마 6:27)

핵심을 찌르신 거죠. 염려해서 키가 큰다면 다들 오늘부터 염려만 하시면 됩니다. 하지만 그게 아니죠. 오히려 주님은 염려가 하나님의 자녀가 할 일이 아니라고 분명히 못 박으셨습니다. 근심과 염려는 우리 필요를 아시는 하늘 아버지께 다 맡기세요.

"그러므로 염려하여 이르기를 무엇을 먹을까 무엇을 마실까 무엇을 입을까 하지 말라 이는 다 이방인들이 구하는 것이라 너희 하늘 아버지께서 이 모든 것이 너희에게 있어야 할 줄을 아시느니라" (마 6:31,32)

2. 그들을 불쌍히 여기고 위로하라!

혼자 힘으로 마음속의 근심을 다 없애고 살기는 힘듭니다. 그래서 잠언의 두 번째 메시지, "곤고한 자들을 불쌍히 여기고 위로해 주라"는 명령에 주목해야 합니다. 이게 우리가 할 일이고, 누군가가 우리에게 해줘야 하는 일입니다. 물론 참된 위로는 주님만이 주실 수 있습니다만, 주님은 사람을 통해 그 일을 행하실 때가 많습니다.

여러분 주위에도 심령이 상해서 쓰러진 사람이 있을 겁니다.

"사람의 심령은 그의 병을 능히 이기려니와 심령이 상하면 그것을 누가 일으키겠느냐" (잠 18:14)

심령만 강하면 웬만한 어려움이나 병은 스스로 이겨낼 수 있습니다. 하지만 한번 심령이 상하고 낙심되면 약간의 어려움만 닥쳐도 입에 거품을 물고 쓰러질 것입니다. 그러니 심령이 상한 자, 그 영혼이 곤고한 자, 이런 분들을 힘내도록 도와주는 것은 그게 작은 일 같아 보여도 어두운 세상에서 하나님의 자녀들이 해야 할 굉장히 중요한 사역입니다.

그럼 누가 곤고한 자일까요? 잠언이 기록되던 당시에 대표적으로 곤고한 자들은 물질적으로 가난한 사람들이었습니다. 당연하죠. 그때는 지금처럼 인간관계, 사회관계, 개인 생활이 복잡하지 않았으니까요. 하지만 지금은 다양한 물질적, 정신적, 사회적, 그리고 심지어 신앙적으로 곤고한 자들이 많습니다.

우리가 모든 게 넉넉하고 잘 나갈 때는 신기하게도 다들 우리 친구가 되고 싶어 합니다. 하지만 빈곤해지고 곤란해지고 정말로 친구가 필요할 때가 오면, 신기하게도 우리 곁에 별로 사람이 없습니다. 다들 경험해 보셨죠? 이건 잠언에도 나옵니다.

"가난한 자는 이웃에게도 미움을 받게 되나 부요한 자는 친구가 많으니라 이웃을 업신여기는 자는 죄를 범하는 자요 빈곤한 자를 불쌍히 여기는 자는 복이 있는 자니라" (잠 14:20,21)

여기 보니까, 어떤 사람을 그가 돈이 없다고, 능력이 부족하다고, 정신력이 약하다고, 믿음이 없다고 업신여긴다면 그건 "죄"라고 하십니다. 우리는 그들을 불쌍히 여겨야 합니다. 그리고 그들을 불쌍히 여기는 자에게는 복이 있을 것입니다. 예수님도 "긍휼히 여기는 자는 복이 있나니 그들이 긍휼히 여김을 받을 것"(마 5:7)이라고 힘주어 말씀하셨습니다.

그리고 이 책의 네 번째 글에서도 말씀드렸지만, 잠언에는 엄청난 약속의 말씀이 있습니다.

"가난한 자를 불쌍히 여기는 것은 여호와께 꾸어 드리는 것이니 그의 선행을 그에게 갚아 주시리라" (잠 19:17)

여기 보니까 가난한 자를 불쌍히 여기는 것은 우리가 하나님께 꾸어 드리는(lend) 일이라고 했습니다. 세상에!! 여러분이 하나님께 외상으로 무언가 꾸어 드릴 수 있다는 생각을 해본 적이 있으신가요? 감히 하나님께 이런 속된 표현을 쓰는 것이 너무나 송구스럽습니다만, 그래도 그게 이 말씀을 가장 알기 쉽게 이해하는 표현인 것 같습니다. 그리고 하나님께 꾸어 드리면 결국 어떻게 된다고 하셨나요? 반드시 갚아 주신다는 겁니다.

우리가 금융거래를 하다 보면 각자에게 신용점수라는 게 매겨진다는 거 다들 아실 겁니다. 혹시 세상에서 가장 신용점수가 높은 분은 누구일까요? 바로 하나님이십니다. 만점이시죠. 그분은 상황이 아무리 불리하더라도 하신다고 하시면 반드시 하시며, 주신다고 하시면 반드시 주시는 분이십니다. 그런 분이 "내가 너에게 꾼 것을 너에게 갚아주겠다"라고 약속하셨습니다. 이 얼마나 분명한 약속입니까?

그런데 가난하고 곤고한 사람을 불쌍히 여기는 자를 하나님이 이처럼 귀하게 여기시는 이유는 무엇일까요? 그건 바로 이런 긍휼한 마음의 원조가 하나님이시기 때문입니다. 만약 하나님이 긍휼이 없고 오직 정의롭기만 하신 분이라면 절대로 일어나지 않았을 일이 하나 있습니다. 그건 자기 아들을 십자가에 죽게 하셔서 우리 죄가 주홍 같을지라도 눈과 같이 희어지고, 우리 죄가 진홍같이 붉을지라도 양털같이 되는 일입니다. 하나님의 긍휼이 아니었다면 우리는 살아도 산 자가 아니요, 죽으면 영원한 지옥 형벌에 빠질 자들이었습니다. 우리를 불쌍히 여기신 하나님의 그 크신 은혜는 평생을 찬양하며 살아도 부족합니다.

그러니 이제 하나님의 백성 된 우리들도 가난한 자, 곤고한 자, 가련한 자, 억울한 자, 근심 속에 있는 자들을 진심으로 긍휼히 여겨야 합니다. 그건 하나님이 정말로 기뻐하실 일입니다. 그리고 그저 기억하셨다가 나중에 갚아 주시는 일이 꼭 일어날 일입니다.

만약 곤고한 심령이 있는 것을 알았는데도 우리가 일부러 모른 체하면 어떻게 될까요? 우리 눈을 감고 귀를 닫으면 어떻게 될까요? 그러면 "나중에 우리가 부르짖을 때에 아무도 듣지 않을 것이다"라는 것이 잠언의 경고입니다. 다음 말씀을 보세요.

"귀를 막고 가난한 자가 부르짖는 소리를 듣지 아니하면 자기가 부르짖을 때에도 들을 자가 없으리라" (잠 21:13)

혹시 여러분이 정말 곤고했을 때 여러분에게 귀를 열고 불쌍히 여겨주던 사람에 대한 기억이 있으신가요? 제가 이 글을 쓰며 옛날 일기를 뒤적이다가 2007년 어느 가을날, 굉장히 아쉬우면서도 감사했던 내용의 일기를 발견했습니다.

어떤 중년의 여성 환자분이 있었습니다. 그 미소와 다른 사람을 배려하는 말투가 남달랐던 아주 멋진 분이셨습니다. 제가 병원 일로 아주 힘들던 시기에 그분이 제 병원에 오셨던 날의 일기를 들려드리겠습니다.

진료를 받다 말고 갑자기 이분이 정색을 하더니 "원장님, 기도하세요. 힘내세요. 아무리 힘들어도 낙심하지 마세요" 하시는 거였습니다. 아마 힘든 게 제 얼굴에 다 쓰여 있었나 봅니다. 제가 불쌍했나 봅니다. 자기도 남편과 함께 사업을 하고 있는데, 어려운 일이 많지만 그래도 자기가 이런 삶을 살고 있는 것이 얼마나 감사한지 모른다고 하셨습니다. 저는 제 진료실에서 이런 강력한 위로를 환자에게서 들을 거라고는 생각해 본 적이 없었습니다. 정말 힘이 많이 되었습니다. 그래서 저는 이분의 평소 모습도 그렇고 이날 위로의 말씀도 그렇고 이분은 틀림없이 어느 교회의 신실한 권사님이실 거라는 생각을 했습니다.

그런데 며칠 뒤 이분이 피부관리 때문에 병원에 다시 들르셨는데 그러는 거였습니다. 이제 외국으로 출장을 가야 하는데, 자기 친구들은 다들 편하게 사는 나이이지만 그래도 자기는 이렇게 열심히 사는 것이 너무 감사하다… 그리고 힘들 때도 있지만 그럴 때마다 – 이 대목이 중요합니다 – 법화경 28품 중에 나오는 무슨 무슨 내용이 다 맞는 것 같다… 불경 이야기였습니다.

알고 보니까 불교 신자셨습니다!! 그것도 아주 독실한 분이었죠. 제 책상에 성경이 있는 걸 자주 보셨을 거고, 그래서 제가 크리스천인 것을 잘 아셨을 텐데도, 제가 힘들 때 '기도하세요, 힘내세요' 하면서 용기를 주셨던 겁니다. 이분은 제 병원에 오시는 모든 환자분들 중에 가장 권사님 같은 분이었습니다. 그래서 얼마나 아쉬웠나 모릅니다. 이날 일기 제목은 "정말 아까운 불교 신자"였습니다.

그 후 사업이 분주하여 거의 오지를 못하셨습니다. 그래서 전도할 기회를 가지지 못한 것이 정말 후회스러웠습니다만, 그때 제가 얼마나 위로가 필요했고 얼마나 마음이 곤고하고 메말랐던지 하나님은 불교 신자의 입을 통해서라도 위로받게 해주셨던 겁니다. 그때 저는 정말 힘들었었습니다. 아마 길거리의 돌멩이가 위로해 줬어도 눈물 흘리며 고마워했을 겁니다.

여러분. 곤고한 자는 멀리 있지 않습니다. 여러분의 가족 가운데, 구역 식구 가운데, 학교와 직장과 친구들 가운데, 아니면 여러분이 자주 가시는 식당이나 병원이나 학원에 곤고한 자들이 많이 숨어있습니다. 그중에는 에너지가 고갈되어서 쓰러지기 직전인 분들도 적지 않습니다.

우리가 빛과 소금으로 살도록 세상에 부름을 받은 것이 맞다면, 그분들에게 다가가세요. 이야기를 들어주고, 그들을 아버지 하나님의 심정으로 불쌍히 여기고, 위로해 주고, 오직 주님만 바라보고 살라고 용기를 불어넣어 주고 오시기 바랍니다. 여러분이 위로해 주지 않으면 불교 신자나 이슬람 신자나 아니면 정말 길바닥의 돌들이 그들을 위로하게 될지도 모릅니다.

3. 그들에게 손을 펴라!

잠언의 세 번째 메시지는 "그들에게 손을 펴라"는 것입니다. 즉 행동으로 도우라는 겁니다. 이건 불쌍히 여기고 위로해 주는 것에서 한 걸음 더 나아가는 겁니다. 두 손을 펴서 그들의 손을 잡고 그가 웅덩이를 빠져나올 수 있게 힘껏 당기라는 것입니다. 이건 적극적인 것이고 지속적인 것이고 그리고 우리 힘이 소진되는 것을 각오해야 하는 것입니다.

특히 오늘 도울 수 있는 분들은 오늘 도우시기 바랍니다. 내일 오라고 하지 마세요. 그게 잠언의 명령입니다.

"네 손이 선을 베풀 힘이 있거든 마땅히 받을 자에게 베풀기를 아끼지 말며 네게 있거든 이웃에게 이르기를 갔다가 다시 오라 내일 주겠노라 하지 말며" (잠 3:27,28)

자, 그런데 곤고한 자에게 손을 펴서 돕는다는 것은 구체적으로 무슨 뜻일까요? 거기에는 물질적인 도움과 정신적인 도움이 있을 수 있습니다. 그리고 사실 우리는 그 이상으로 도와줄 수도 있습니다.

우선 물질적으로 말하자면, 우리가 개인적으로도 물질로 도울 수 있고 또 교회 차원에서도 불우 이웃을 돕고 장학사업을 펼치고 또 개척교회와 선교사들을 돕고 있습니다. 그리고 정신적으로 말하자면, 힘들 때 따뜻한 위로의 한 마디가 얼마나 힘이 되는지 우리는 다들 잘 알고 있습니다. 곁에서 든든한 정신적 버팀목이 되어주는 사람이 있는 것과 아닌 것과는 전혀 다릅니다.

그런데 거기엔 한계가 있습니다. 물질적으로는 우리 주머니도 그리 넉넉하지 않기 때문이고 또 정신적으로는 우리도 자기 문제 해결하느라 항상 힘든 상황이기 때문입니다. 물질적이고 정신적인 도움이 중요하지 않다는 것은 전혀 아니며, 할 수만 있다면 열심히 도와줘야 합니다. 하지만 예수님 믿는 사람들은 더 근본적이고 더 강력한 도움의 손길을 내밀 수 있습니다. 그게 뭘까요?

자, 어떤 사람이 물질적으로, 신체적으로, 정신적으로, 사회적으로, 가정적으로 곤고한 지경에 이르렀을 때 옆에 있는 성도가 그를 도와줄 수 있는 가장 좋은 방법이 뭘까요? 그건 바로 "기도"입니다. 중보기도입니다.

옆에서 간절한 기도의 지원사격을, 그것도 일회성이 아니라 꾸준히 기도가 응답될 때까지, 아니면 일정한 기간을 정해놓고 그 기간 동안 정말 내가 아픈 것처럼, 정말 내 아이의 장래 문제가 걸린 것처럼, 정말 내가 사람들에게 억울한 일 당하고 있는 것처럼, 정말 내 통장에 문제가 있는 것처럼, 그렇게 간절히 기도해 줄 수만 있다면 그는 두 손을 초대한 넓게 펴고 그를 끌어주고 있는 겁니다.

혹시 여러분 중에 나를 위해서 기도할 시간도 없는데, 다른 사람 위해서 기도할 시간이 어디 있느냐고 생각할 분은 아무도 안 계시겠죠? 그런 얌체 같은 분은 이 책을 읽는 분 중에 아무도 안 계실 겁니다. 잠언에는 내 것을 많이 나눠줄수록 나는 더욱 풍족해진다는 기막힌 진리가 나옵니다.

"흩어 구제하여도 더욱 부하게 되는 일이 있나니 과도히 아껴도 가난하게 될 뿐이니라 구제를 좋아하는 자는 풍족하여질 것이요 남을 윤택하게 하는 자는 자기도 윤택하여지리라" (잠 11:24,25)

아끼는 자는 오히려 가난해지고, 아낌없이 나눠주는 자는 오히려 풍족해진다. 기가 막힌 말씀입니다. 이걸 물질로만 한정 짓지 마세요. 기도도 마찬가지입니다. 내 기도만 하면 나만 잘 될 것 같죠? 아닙니다. 굉장히 빈약한 인생이 됩니다. 그리고 우린 내 기도만 하라고 구원받은 적 없습니다.

우리는 기도를 나눠주는 자가 되어야 합니다. 아낌없이 내 기도의 시간과 내 기도의 열정과 내 기도의 체력을 남을 위해서 써야 합니다. 그게 그 사람을 살리는 길이고 여러분도 사는 길입니다. 우리가 물질로 남을 돕는 건 굉장히 한계가 많지만, 기도로 남을 돕는 건 전혀 한계가 없습니다. 지구 반대편에 있는 사람을 위해서도 기도할 수 있고, 아무리 가난한 사람도 최고의 부자를 위해서 기도의 수고를 베풀어줄 수 있습니다. 기도 부자가 진짜 부자입니다.

기도로 남을 윤택하게 하는 자는 자기도 윤택해질 겁니다. 그리고 사실, 중보기도를 열심히 한 뒤에 나한테 돌아오는 게 하나도 없다고 해도 괜찮습니다. 이 험난한 세상에서 우리 기도로 말미암아 하나님의 손이 움직여 그 사람이 웅덩이에서 빠져나와 함께 기뻐하게 된다면, 그 기쁨으로써 우리는 이미 충분히 보상받은 거 아닙니까?

여러분. 베드로와 요한이 "은과 금은 내게 없거니와 내게 있는 이것을 네게 주노니"(행 3:6)라고 말했던 것을 기억하세요. 우리도 우리에게 가진 것이 별로 없지만, 내게 있는 것으로 사람들을 크게 도울 수 있습니다. 그게 바로 기도입니다.

이제 여러분이 하실 일은 주위의 곤고한 자를 찾으시고 그를 위한 기도 제목을 수집하는 겁니다. 기도 제목은 직접 물어보시는 게 좋습니다. 그걸 수첩이나 핸드폰이나 A4 용지에 적어놓고 매일 일정한 시간에 간절히 기도하시기 바랍니다. 그게 그를 살리고 여러분을 살리는 길입니다.

우리가 만약 게으르고 이기적이어서 이런 수고를 외면한다면, 우리는 나중에 큰 책망을 받을 것입니다. 잠언에는 친절하게도 이런 책망이 아주 잘 나와 있습니다.

"너는 사망으로 끌려가는 자를 건져 주며 살륙을 당하게 된 자를 구원하지 아니하려고 하지 말라 네가 말하기를 나는 그것을 알지 못하였노라 할지라도 마음을 저울질하시는 이가 어찌 통찰하지 못하시겠으며 네 영혼을 지키시는 이가 어찌 알지 못하시겠느냐 그가 각 사람의 행위대로 보응하시리라" (잠 24:11,12)

우리 마음을 저울질하시는 하나님이 "난 그런 곤고한 사람이 있는 줄 몰랐다"라는 여러분의 핑계가 거짓인 것을 아신다는 것입니다. 여러분이 "남의 근심과 고통은 내 알 바 아니다" 이런 이기적인 태도로 살았다는 것을 주님이 아신다는 것입니다. 하나님은 각 사람의 행의대로 보응하실 것입니다. 절대로 가난한 자, 곤고한 자, 근심 속에 싸인 자를 못 본 체 그냥 지나가지 마세요.

결론

이제 결론을 내려 보겠습니다. 다시 한번 두 손을 들어보실까요? 여러분의 두 손이 무엇을 의해 준비된 것이라고요? 곤고한 자들을 향해 두 팔 벌려 그들의 손을 붙잡고 웅덩이에서 끌어올리라고 준비된 것임을 믿으시기 바랍니다. 그리고 하늘 향해 두 팔 벌려 그 곤고한 영혼을 위해 기도하라고 두 손이 준비된 것임을 믿으시기 바랍니다.

"그는 곤고한 자에게 손을 펴며 궁핍한 자를 위하여 손을 내밀며" (잠 31:20)

여러분. 오늘의 결론은 아주 분명합니다. 첫째, 다들 근심이 있다는 겁니다. 여러분도 근심이 많겠지만, 여러분이 알고 있는 누군가는 벌써 근심의 무게에 압도되어서 질식 직전에 와 있습니다. 아까 제가 직원 손톱에 있던 보우선 이야기를 해드렸죠. 토우선이 손톱에만 생기겠습니까? 세상살이가 너무 힘들어 심령 여기저기에 보우선 자국이 선명한 곤고한 심령들이 우리 주위에 얼마나 많은지 모릅니다. 다들 웃고 있어도 그 안에 슬픔이 있습니다.

둘째, 그들을 불쌍히 여기세요. 그리고 따뜻하게 위로해 주세요. 용기를 주세요. 모든 염려를 다 주께 맡기라고 그의 믿음을 일깨워 주세요. 그가 아직 안 믿는 자라면 복음을 전하세요. 그리고 수고하고 무거운 짐 진 자들을 기다리시는 주님께 인도하시기 바랍니다.

이제 세 번째 할 일이 있습니다. 물질적으로, 육체적으로, 정신적으로, 사회적으로, 가정적으로, 교회적으로 곤고한 그 영혼을 적극적으로 두 손으로 도우시기 바랍니다. 어떻게 도울 수 있을까요? 우리에겐 기도라고 하는 엄청난 무기가 있습니다. 중보기도의 전사들이 되시기를 진심으로 바랍니다. 중보기도는 그 사람을 위해서도 천군만마가 되지만, 나를 위해서도 꼭 필요합니다. "무릎을 꿇고 기도하는 자는 비틀거리지 않는다"라는 말이 있습니다. 중보기도의 용사는 자기 삶도 흔들리지 않을 것입니다.

여러분. 사람들의 힘든 이야기를 잘 들어주라고 두 귀가 있는 것이고, 곤고한 자들을 구하고 그들을 위해 기도하라고 두 손 주신 것인 줄 믿습니다. 어두운 세상에 빛으로 오신 우리 예수님을 본받아, 이 어두운 세상에 등대처럼 곤고한 자들을 위한 빛으로 살아가시는 모든 분들이 되시기를 주님의 이름으로 간절히 축원합니다. 할렐루야.

14. 여호와를 경외하라 _ Fear the Lord!

‖ 잠언 1:7 ‖
여호와를 경외하는 것이 지식의 근본이거늘 미련한 자는 지혜와 훈계를 멸시하느니라

‖ 잠언 9:10 ‖
여호와를 경외하는 것이 지혜의 근본이요 거룩하신 자를 아는 것이 명철이니라

필요 없는 두려움

세상 살다 보면 이런저런 두려움이 생깁니다. 그리고 그중에는 근거 없는 두려움, 어처구니없는 두려움도 많이 있습니다.

제 나이 40이 되었을 때가 기억납니다. 왜냐하면 그 해에 제 평생 처음으로 내시경이라는 것을 받아봤기 때문입니다. 저는 건강검진을 매년 받고 있습니다. 의료인들은 의무적으로 그렇게 하게 되어있습니다. 그런데 만 40세가 되니까 '생애전환기'라면서 위내시경을 무료로 받을 수 있는 쿠폰을 나라에서 준 겁니다. 아마 여러분도 그거 받아본 분들 많으실 겁니다. 그래서 다른 환자 내시경하는 건 많이 봤지만 이젠 제가 처음으로 내시경을 받아보게 되었습니다.

내시경실에 누웠는데, 내시경에서 위암이 발견되었다는 몇 선배들 얼굴이 떠오르고 해서 좀 두려워졌습니다. 그런데 마취가 깨어난 뒤 제게 내시경 시술을 해주신 선생님께서 사진을 판독해 주시는데, 찍은 사진들을 보면서 선생님이 고개를 좀 흔들면서 그러는 거였습니다. "음, 이건 너무…"

거기까지 들었을 때, 갑자기 두려운 마음이 들었습니다. "요즘 속이 좀 안 좋았었는데, 어쩐지.." 이런 생각이 든 그 몇 초밖에 안 되는 시간이 1시간처럼 길게 느껴졌습니다. 무슨 말인지 이해되는 분들 많으실 겁니다. 그런데 선생님의 입에서 나온 말씀은 이랬습니다. "음, 이건 너무... 깨끗한데요." 제가 시술 전 기록지에 술, 담배를 전혀 하지 않는다고 적은 것을 보고 예상은 했었다는 말씀도 덧붙이셨습니다. 속이 그렇게 시원할 수가 없었습니다. 하루 종일 휘파람 불고 다녔던 거 같습니다.

제가 그 이야기를 저보다 여섯 살 많은 제 사촌 형에게 해주었습니다. 그런데 그 형은 자기도 내과 의사면서 지금까지 한 번도 내시경을 안 받아봤다는 거였습니다. 혹시 나쁜 게 나오면 어쩌나 하는 걱정 때문이라고 했습니다. 본인은 환자들에게 내시경을 그렇게 열심히 해주었을 텐데도, 정작 자기는 두려움 때문에 내시경을 한 번도 안 받아본 거였습니다. 내과 의사가 말입니다. 사실 그 형만 그런 게 아니라 우리 주위에 그런 분들이 꽤 많이 있죠. 뭐가 나올까 봐 두렵다는, 그런 종류의 두려움이 적극적으로 건강검진을 받기 어렵게 만드는 경우가 있습니다.

이런 걸 쓸데없는 걱정이라고 합니다. 괜한 두려움입니다. 나중에 어디가 아파서 병원 갔을 때 거기서 안 좋은 병이 나오는 게 두려운 것이지, 별 증상도 없을 때 건강 검진해서 뭐가 나온다면 그건 아직 초기일 테니까 치료도 어렵지 않은 게 보통입니다. 이건 두려워할 필요가 없습니다.

그런데 이 책을 쓰다가 그 형이 지금도 내시경을 안 받고 사는지 굉장히 궁금해졌습니다. 시간이 꽤 많이 흘렀기 때문입니다. 그래서 전화를 걸었습니다. 혹시 요즘도 내시경 안 받느냐고 물었습니다. 그랬더니 요즘은 자주 받고 있다고 했습니다.

하지만 별것도 아닌 것을 두려워하며 계속 고통받는 사람들이 있습니다. 그래서 세상에서도 "쓸데없는 두려움에서 벗어나라"라고 말합니다. 과도한 두려움은 인생에 도움이 안 되기 때문입니다.

성경도 예외가 아닙니다. 루마니아의 공산정권 치하에서 신앙 때문에 10년 이상이나 감옥에 갇혔던 리차드 범브란트라는 목사님이 계십니다. 이분이 그 절망적인 감옥 속에서 "두려워하지 말라"는 말이 성경에 몇 번 나오는지 열심히 세어보았더니, 모두 365번 나왔다고 합니다. "이건 1년 365일, 두려움 떨쳐버리고 살라는 하나님의 뜻이다"라는 확신이 들었고, 그래서 감옥생활을 끝까지 잘 이겨낸 뒤 나중에는 미국 상원 안보위원회에서 공산주의의 잔학상을 폭로하게 됩니다.

두려워하지 말라는 용기의 메시지로 성경을 가득 채워주신 하나님을 우리 모두 찬양드립시다. 할렐루야.

꼭 필요한 두려움

그런데 저는 오늘 뜻밖에, 우리가 두려워하며 살아야 한다는 말씀을 드리려고 이 글을 쓰고 있습니다. 그래서 이번 글의 제목은 바로 "여호와를 경외하라"입니다.

경외한다는 게 무슨 말인지 혹시 아세요? 저는 어릴 때 이 말이 단순히 공경하라는 뜻인 줄 알았습니다. 부모를 공경하듯 여호와를 공경하라. 진짜 오랫동안 그렇게 알고 살았습니다. 그런데 대학교에 와서 영한대역 성경을 읽다가 깜짝 놀랐습니다. 여호와를 경외하라는 말이 영어로, "Fear the Lord!"였던 겁니다. "여호와를 두려워하라" 이 말이었던 겁니다. 히브리어 원어로도 그 뜻입니다. 즉, 단순한 공경이 아니라 두려움이 그 본질이어야 한다는 것입니다.

"두려워하지 말라"라고 그렇게 수도 없이 우리에게 말씀을 통해 용기를 불어넣어 주시던 하나님이, 왜 정작 자신에 대해서는 두려워하라고 명령하신 걸까요? 성경에 여호와를 경외하라는 말씀이 몇 번이나 나오는지 아세요? 제가 찾아보니까, 최소한 150번이 넘습니다. 그리고 잠언에만 열여덟 번 나옵니다. 이게 그만큼 굉장히 중요한 일이라는 겁니다.

그렇다면 여호와를 두려워하며 산다는 게 무슨 뜻일까요? 그리고 그 이유는 무엇일까요? 이 글을 읽으시면서 그 소중한 의미와 이유를 꼭 발견하시기를 바랍니다. 그러면 하나님에 대한 우리의 신앙 자세와 예배 태도도 많이 바뀌게 될 겁니다.

오늘 본문은 두 말씀입니다. 아마 이 말씀들이 성경에 나오는 가장 유명한 "여호와를 경외하라는 말씀"들일 겁니다. 여기 보시면 알겠지만, 여호와를 경외한다는 것은 결코 공포심을 말하는 게 아닙니다. 단순히 하나님을 무서워하라는 뜻이 아닙니다. 무서운 것과 두려운 건 다릅니다. 무서우면 도망가야죠. 하지만 하나님에 대한 거룩한 두려움은 도망가는 게 아니라, 우리가 하나님께 더 간절히 붙어살게 만듭니다. 첫 번째 말씀을 먼저 보겠습니다.

"여호와를 경외하는 것이 지식의 근본이거늘 미련한 자는 지혜와 훈계를 멸시하느니라" (잠 1:7)

여호와를 경외하는 것이 지식의 근본이다... 이게 무슨 말씀일까요? "근본"은 히브리어로 "레쉬트"이고, 레쉬트는 첫걸음 또는 가장 중요한 것이라는 뜻입니다. 따라서 이 말씀은 여호와를 경외하는 것이 모든 지식의 시작이고, 또 모든 지식 중 으뜸의 위치에 있다는 뜻입니다. 지식은 "앎"을 말합니다. 그런데 여기 보니까 여호와를 경외하는 자의 반대편에 있는 "미련한 자"는 지혜를 멸시한다고 했습니다. 지혜라는 것은 지식의 실천적 측면이고 "삶"과 관계되는 말입니다.

따라서 우리가 알 수있는 것은 첫째, 지식과 지혜, 즉 앎과 삶은 서로 분리된 개념이 아니라는 것이고 둘째, 여호와를 경외하는 것은 우리의 지식과 지혜, 우리의 앎과 삶 모두에서 가장 중요한 것이라는 겁니다! 다음에 말씀드리는 두 번째 잠언 말씀도 비슷한 교훈을 줍니다.

"여호와를 경외하는 것이 지혜의 근본이요 거룩하신 자를 아는 것이 명철이니라" (잠 9:10)

이번에는 여호와를 경외하는 것이 지혜의 근본이라고 했습니다. 그리고 "여호와를 경외하는 것"과 "거룩하신 자를 아는 것(지식 곧 지혜)"이 근본적으로 같은 의미라는 사실을 말해줍니다.

그런데 그것이 지식의 차원이건 지혜의 차원이건, 거룩하신 하나님을 "알면" 우리는 왜 하나님을 두려워하게 되는 걸까요? 그건 하나님의 거룩하심을 깨닫는 그 순간, 우린 우리가 얼마나 더럽고 조잡하고 지저분하고 악한 존재인지 깨닫게 되기 때문입니다. 그러면 자연히 두려움에 휩싸이게 됩니다. 이건 무서운 감정이나 공포하고는 전혀 다릅니다. 이걸 독일 신학자 오토는 "누미노제(Numinose, das Numinöse)"라는 유명한 말로 불렀고 우리말로는 "피조물 감정"이라고 합니다. 피조물 감정은 우리를 지으신 거룩하신 하나님을 알면 알수록 더욱 강해집니다.

우리는 거룩하신 하나님의 임재 앞에서 모세처럼 발에서 신을 벗을 수밖에 없고, 베드로처럼 "주여 나를 떠나소서 나는 죄인이로소이다" 하고 고백할 수밖에 없습니다. 이게 거룩하신 자를 아는 결과이고 여호와를 경외한다는 즉 두려워한다는 말의 의미입니다. 산길에서 호랑이를 만나면 무서워서 줄행랑을 쳐야 하지만, 인생길에서 하나님을 만나면 거룩한 두려움에 휩싸여 그 앞에 무릎 꿇고 "주여 나는 죄인이로소이다" 할 수밖에 없다는 것입니다.

저는 여러분이 평생 이 거룩한 두려움 속에 주님과 아름답게 동행하시기를 진심으로 기원합니다. 자 그렇다면, 여호와를 경외한다는 것은 우리 삶에서 구체적으로 어떤 의미를 가질까요?

1. 여호와를 경외하는 것은 곧 악에서 떠나는 것이다

잠언은 세 가지 메시지를 선포합니다. 첫째는, "여호와를 경외하는 것은 곧 악에서 떠나는 것이다"라는 겁니다. 우리가 누군가를 두려워하게 되면 자동적으로 그 사람이 싫어하는 말과 행동을 삼가게 됩니다. 마찬가지로 우리가 진정 거룩하신 여호와를 경외하고 두려워한다면, 우린 당연히 거룩하지 않은 것들 즉 악으로부터 우리를 멀리하게 될 것이며 또 멀리해야만 됩니다.

사실 잠언의 많은 말씀들이 여호와를 경외하는 것과 악에서 떠나는 것을 거의 동의어처럼 말합니다. 어떻게 보면 당연합니다. 우리는 자신이 얼마나 냄새나는 존재인지 잘 모릅니다. 그러다가 거룩하신 하나님 앞에 서면 갑자기 냄새가 진동하는 걸 느낍니다. 자신의 역한 냄새를 거룩하신 하나님 앞에서 못 맡을 사람은 아무도 없습니다. 그러니 악에서 떠나지 않고는 도저히 견딜 수가 없게 됩니다. 그래서 잠언은 여호와를 경외하는 자는 악에서 "떠나게 된다"라고 분명히 말합니다.

"인자와 진리로 인하여 죄악이 속하게 되고 여호와를 경외함으로 말미암아 악에서 떠나게 되느니라" (잠 16:6)

동시에 잠언은 여호와를 경외하는 자는 악에서 "떠나야 한다"라고 분명히 명령합니다.

"스스로 지혜롭게 여기지 말지어다 여호와를 경외하며 악을 떠날지어다 8이것이 네 몸에 양약이 되어 네 골수를 윤택하게 하리라" (잠 3:7-8)

악 중에서도 특별히 스스로 지혜롭게 여기는 악은 범하지 마시기 바랍니다. 성경을 많이 읽으시는 분들이 공통적으로 깨닫는 바는 "교만"이 하나님이 제일 싫어하시는 죄라는 겁니다. 어쨌든 우리는 교만을 포함해서 모든 악을 떠나야만 합니다. 이것은 우리 몸에 좋은 약이 되어서 우리 골수를 윤택하게 만들어 줄 겁니다.

그런데, 골수가 윤택해진다는 건 무슨 말씀일까요? 공동 번역엔 "뼈마디가 시원해지리라" 이렇게 나옵니다. 새 번역 성경엔 "상처가 낫고 아픔이 사라질 것이다", 현대인의 성경엔 "너의 몸과 마음을 건강하게 할 것이다", 결국 우리 몸과 마음이 건강해지는 진짜 비결이 "여호와를 경외하고 악에서 떠나는 것"에 있다는 것입니다.

이제 분명해졌습니다. 악에서 떠나는 것은 여호와를 경외하는 삶의 "결과"이며 동시에 "명령"입니다. 이 글을 읽으시는 모든 분들이 더욱 여호와를 경외하고 두려워함으로 어제보다 오늘, 오늘보다 내일 더 악을 멀리하는 삶을 살게 되시기를 거룩하신 주님의 이름으로 축원합니다.

그런데 악에서 떠나는 것이 어디 쉽던가요? 그냥 결심만으로는 안 됩니다. 그래서 잠언은 아주 실제적인 훈계를 합니다.

"여호와를 경외하는 것은 악을 미워하는 것이라 나는 교만과 거만과 악한 행실과 패역한 입을 미워하느니라" (잠 8:13)

네, 그렇습니다. 여호와를 경외하는 것은 곧 "악을 미워하는 것"입니다. 우리는 악을 미워하는 수준이 되어야 진정으로 악을 떠날 수 있습니다. 악은 싫어하는 정도가 아니고 미워해야 합니다! 그동안 악으로 인해 발생했던 가슴 아픈 실패들과 후회, 그리고 하나님과의 관계가 파괴되어 방황했던 시간들을 기억해 보세요. 악이 미워지지 않으면 정상이 아닙니다.

특별히 이 말씀에 언급된 악이 네 개입니다. 교만, 거만, 악한 행실, 그리고 패역한 입입니다. 교만이 심적으로 자기를 높이는 거라면, 거만은 외적으로 다른 사람을 깔보는 걸 말합니다. 다 결국 교만한 겁니다. 하나님이 싫어하시는 악 네 가지 중에 두 개가 교만과 거만이라고 하는 이 사실을 기억하시고, 교만하셨던 분과 거만하셨던 분들은 지금 당장 거기서 떠나시기를 바랍니다.

그리고 혹시 여러분 중에 자신이 구원받은 증거를 찾는 분들이 계신가요? 증거가 있습니다. 내가 예수님 믿는 게 분명하다면, 그 사람에게는 구원의 내적 증거와 외적 증거들이 나타나게 됩니다. 대표적인 내적 증거가 바로 "죄에 대한 새로운 인식"입니다. 이전에 아무렇지도 않게 행하던 일들이 죄라는 게 깨달아지는 겁니다. 그리고 대표적인 외적 증거가 "죄에서 떠나려고 시도하는 것"입니다. 그러므로 여호와를 진정 경외하는 사람, 예수님을 진실로 믿고 구원받은 사람에게서 어제 지었던 죄, 지난해에 지었던 죄와 똑같은 죄를 지금도 아무렇지도 않게 짓는 것을 본다는 것은 사실상 불가능한 일입니다.

그리고 그 결과, 함께 죄짓던 사람들과의 관계도 이젠 재정립하게 됩니다. 함께 죄짓던 거 그만두게 되고, 죄의 유혹을 받을 것 같은 사람들에게서는 떠나려는 시도가 있게 됩니다. 이건 잠언에도 나옵니다.

"내 아들아 여호와와 왕을 경외하고 반역자와 더불어 사귀지 말라" (잠 24:21)

여호와와 왕을 반역하는 사람들과는 절대로 친하게 지내지 말라는 것입니다. 여러분도 이제 사람들과의 관계를 정리하는 시간을 가져보시기 바랍니다. 내가 하나님을 경외하고 찬양하고 예배하고 오직 그분 영광 위해 살아가는데 방해를 줄 뿐인 사람들은, 그들을 전도의 대상으로는 계속 남겨놓으시되 가장 가까운 사람들 명단에서는 기도하면서 제하시기를 바랍니다.

2. 여호와를 경외하는 삶은 축복이 약속된 삶이다.

잠언의 두 번째 메시지는, "여호와를 경외하는 삶에는 축복이 있다"라는 것입니다. 잠언에는 하나님 없이 형통하는 삶과 하나님을 경외하며 사는 삶을 비교하는 말씀이 여럿 나옵니다.

"네 마음으로 죄인의 형통을 부러워하지 말고 항상 여호와를 경외하라" (잠 23:17)

우리가 죄인의 형통을 부러워하거나 시기할 때가 있죠. 왜 없겠습니까? 저도 있습니다. 물론 금방 회개합니다만 저도 그런 죄를 지었던 적이 있습니다. 그런데 좀 더 정확하게 말해본다면, 우리는 "죄인"의 형통이 아니라 그저 나보다 "다른 사람"이 더 잘 되면 그게 부럽습니다. 어떤 때는 심술도 납니다.

저는 제가 가르쳐 준 치료법으로 저보다 더 병원이 잘 되는 후배를 보며 속으로 부러워한 적도 있습니다. 심지어 저보다 설교 잘하는 목사님을 보면서 속으로 부러워하다가, 나중에 그 목사님이 설교 중간에 잠시 버벅대시는 걸 보고 속으로 박수를 친 적도 있습니다. 얼마나 못난 사람입니까. 설교를 실수하신 분에게 조롱하는 박수라니요. 나중에 회개를 많이 했습니다.

우리는 다른 사람의 형통이 부러워지기 시작할 때 조심해야 합니다. 첫째는, 그게 시기와 질투와 조롱과 비아냥으로 발전하기 때문입니다. 그건 큰 죄입니다. 둘째는, 보이는 것이 다가 아니기 때문입니다. 큰 걸 가진 사람들이 번뇌도 더 크다는 걸 꼭 제가 말씀드려야 아는 건 아니시겠죠? 돈이 많고 하는 일이 많고 재능이 많고 칭찬 듣는 일이 많은 사람은, 그만큼 신경 쓸 일이 많고 번뇌가 많습니다. 가진 게 없어도 그저 하나님 경외하며 소박하게 사는 것이 더 낫습니다. 잠언에도 나옵니다.

"가산이 적어도 여호와를 경외하는 것이 크게 부하고 번뇌하는 것보다 나으니라" (잠 15:16)

왜일까요? 왜 가산이 적어도 여호와를 경외하며 사는 게 훨씬 나을까요? 제가 지금부터 여호와를 경외하는 삶에 약속된 구체적인 축복들을 말씀드리겠습니다만, 방금 이 말씀은 시사하는 바가 큽니다. 여호와를 경외한다고 꼭 가산이 늘어나는 건 아니라는 말씀을 먼저 드립니다.

그리고 여호와 경외하기를 어떤 목적을 바라면서 한다는 것 자체가 얼마나 웃긴 짓인지도 미리 말씀드립니다. 여러분도 누가 여러분을 유별나게 살갑게 대하고 잘해주었는데, 알고 보니 다른 목적이 있었다는 걸 알게 되면 얼마나 기분이 나쁩니까? 정말 기분이 안 좋죠. 하나님은 안 그러실까요? 똑같습니다.

하지만 그럼에도 우리가 여호와를 경외하면 받는 축복들이 성경에 많이 나오는 것이 사실입니다. 이걸 절대로 목적으로 삼지는 마시되 그런 축복들을 주시면 그저 감사하게 받으시길 바라고, 만약 안 주시더라도 그저 이 벌레 같은 인생이 감히 하나님을 아버지로 부르며 살게 해주신 은혜 하나 감사하고 사시기를 바랍니다.

우선 눈에 띄는 축복은 "장수"의 축복입니다.

"여호와를 경외하면 장수하느니라 그러나 악인의 수명은 짧아지느니라" (잠 10:27)

성경에 부모를 공경하면 장수한다는 말씀은 여러 곳에 나오지만, 여호와를 경외하면서 사는 것도 이 땅에서 건강하게 오래 사는 비결인 것을 믿으시기 바랍니다. 물론 하나님의 특별한 뜻이 있으시다면 일찍 데려가실 수도 있습니다. 하나님의 높으신 뜻을 우리가 어찌 다 알겠습니까? 그러니 혹시 일찍 소천하신 성도가 있을 때 그가 하나님을 경외하지 않는 사람이었나 보다고 생각하시면 절대로 안 됩니다. 이 말씀은 일반적인 원리가 그렇다는 겁니다. 일반적인 하나님의 계획은, 하나님을 경외하고 부모를 공경하고 사는 당신의 백성에게 장수의 복을 주시는 것이라는 겁니다. 그뿐만이 아닙니다. "만족"의 축복도 약속되었습니다.

"여호와를 경외하는 것은 사람으로 생명에 이르게 하는 것이라 경외하는 자는 족하게 지내고 재앙을 당하지 아니하느니라" (잠 19:23)

다시 말해서 (크게 부하지는 않을지라도) 그들은 물질적으로 부족함이 없을 것이며 재앙으로부터도 보호될 것이라는 약속입니다. 하나님을 경외하는 자들은 일반적으로 먹고사는 데 별문제 없도록 도와주신다는 이 말씀은 굉장히 힘이 됩니다. 이건 우리 주님이 다음과 같이 약속해 주신 것과 일맥상통합니다.

"그러므로 염려하여 이르기를 무엇을 먹을까 무엇을 마실까 무엇을 입을까 하지 말라 이는 다 이방인들이 구하는 것이라 너희 하늘 아버지께서 이 모든 것이 너희에게 있어야 할 줄을 아시느니라" (마 6:31-32)

물론 아까와 마찬가지로 하나님의 개별적인 계획에 따라, 하나님을 경외하고 삶에도 불구하고 얼마든지 물질적으로 세상적으로 가난하게 살 수도 있습니다. 사실 그건 그 자체로도 또 하나의 축복입니다. 풍요로우신 하나님의 자녀가 궁핍한 가운데 거한다면 그를 향한 하나님의 특별하신 뜻이 분명히 있는 것 아니겠습니까?

세 번째 축복은 "재물과 영광과 생명"입니다.

"겸손과 여호와를 경외함의 보상은 재물과 영광과 생명이니라" (잠 22:4)

솔직히 이런 축복들을 막 받아도 되나 하고 부담이 될 정도입니다. 하지만 우리는 겸손한 자와 여호와를 경외하는 자에게 약속된 이런 물질적, 비물질적 축복들이 있다는 사실 자체를 애써 부인하면 안 됩니다. 재물과 영광과 생명은 다 귀한 것들입니다. 다만 다시 한번 말씀드립니다만, 이런 축복들이 우리 삶의 결과이지 결코 목표가 되어서는 안 된다는 사실입니다.

이게 거꾸로 되면 인생이 참 이상해집니다.

애를 키워보신 분들은 다들 그런 기억이 있을 겁니다. 애들이 혹시 나보다 선물을 더 좋아하는 건 아닌가 하고 의심해 본 기억 말입니다. 제가 옛날 일기를 뒤적이다가 제 딸이 네 살 때의 일기가 나와서 한 번 읽어봤습니다.

어느 날 서연이가 오빠 핸드폰으로 제 병원에 전화를 걸더니 대뜸 그러는 거였습니다. "아빠, 까자 사 와. 까자 안 사 오면 집에 안 오고 까자 사 오면 집에 와." 그때 저도 그런 의심이 들었습니다. 얘가 벌써부터 아빠보다 과자가 더 좋은 건 아닐까.

그래서 이럴 때 다들 물어보시는 그 질문, 저도 제 딸에게 해봤습니다. "서연아. 서연이는 아빠가 더 좋아 까자가 더 좋아?" 일기에 보니까 한 2초 있다가 대답한 걸로 되어 있습니다. 네 살짜리 딸이 한 말을 그대로 옮기면, "이떠연은 아빠가 더 좋아."였습니다. 기분이 참 좋더군요. 이제는 그런 대화를 더 나눌 수도 없게 딸이 훌쩍 커버렸지만, 그때 그 대답을 들었을 때는 그런 까자 라면 한 트럭이라도 집에 배달시켜 줄 수 있겠다는 생각이 들었었습니다.

하나님이 우리에게 하고 싶으신 질문도 별로 다르지 않을 겁니다. "너는 나를 더 사랑하느냐 아니면 내가 준다고 했던 선물을 더 사랑하느냐?"

여러분은 모두 "저는 선물보다 선물 주시는 분을 더 사랑합니다." 그런 대답을 하시기 바랍니다. 1초도 지체할 이유가 없어요. 아니, "선물은 안 주셔도 돼요. 저는 하나님 한 분으로 충분합니다." 그렇게 대답하시기 바랍니다. 사실 우리가 하나님 말고 뭐가 더 필요하겠습니까? 그런데 그럼에도 잠언에 보면 여호와를 경외하는 자에게 약속된 게 자꾸 또 나옵니다.

"여호와를 경외하는 자에게는 견고한 의뢰가 있나니 그 자녀들에게 피난처가 있으리라 여호와를 경외하는 것은 생명의 샘이니 사망의 그물에서 벗어나게 하느니라" (잠 14:26-27)

그에겐 "견고한 피난처"가 약속되어 있습니다. 하나님이 사망의 그물에서, 죽음의 올가미에서 반드시 그 크신 오른팔로 여러분을 거뜬히 건져 올리실 것을 믿으시기 바랍니다! 세상에 이런 피난처는 둘도 없습니다. 그러니 우리는 사망의 그물이 아니라 여호와를 두려워하며 살아야 합니다.

그리고 우리가 환난 때에 어디로 피하는지를 우리 자녀들이 보고 배웁니다. 이 말씀처럼 든든한 망대와 같은, 견고한 탑과 같은 우리 여호와께 피하시는 분들은 나중에 자녀들도 위기의 순간에 거기로 피하게 될 줄 믿습니다.

이 모든 것이 여호와를 경외하는 자들이 누릴 축복이고 선물들입니다. 그리고 여자 성도들에게는 약속이 하나 더 있습니다. 그건 그가 외모에만 빠져서 살지 않았기 때문에 주시는 "하나님의 칭찬"입니다.

"고운 것도 거짓되고 아름다운 것도 헛되나 오직 여호와를 경외하는 여자는 칭찬을 받을 것이라" (잠 31:30)

여성이 갖춰야 할 가장 큰 덕목이 뭘까요? 혹시 "외모"일까요? 하나님 주신 외모를 잘 가꾸는 거 자체는 나쁠 게 없습니다. 그런데 그걸 인생의 중요한 목표처럼 추구하는 건 외모지상주의입니다. 이건 배금사상과 더불어 굉장히 비성경적이고 세속적인 사상입니다. 그런데 외모지상주의가 3,000년 전에도 있었나 봅니다. "고운 것이 최고야, 아름다운 게 최고야", 이런 생각이 당시에도 널리 퍼져있으니까 여기 잠언에 이런 말씀이 기록된 것 같습니다.

　잠언은 선포합니다. 고운 것도 거짓되고, 아름다운 것도 헛되다! 그럼 뭐가 중요하냐. 그건 그가 여호와를 경외하는 사람이냐 아니냐 하는 것이라는 겁니다. 너무 교과서적인 결론인가요? 맞아요. 성경은 우리 인생의 교과서 아닙니까? 교과서가 그렇다면 그게 맞는 겁니다. 여호와를 경외하는 것이 가장 중요합니다. 그게 되어 있으면 외모는 할 수 있는 범위 내에서 깔끔하게 가꾸고 살면 됩니다. 이건 남자도 마찬가지입니다.
　그런데도 악한 영은 우리가 사람들에게 어떻게 보이는지를 굉장히 두려워하며 살게 만듭니다. 그게 가장 중요한 문제인 것처럼 말입니다.

3. 여호와를 두려워하고 사람을 두려워하지 말라.

　자, 그래서 우리는 이제 굉장히 중요한 세 번째 메시지를 접하게 됩니다. 그건 바로, "여호와를 두려워하고 사람을 두려워하지 말라!"는 것입니다. 이건 우리가 살면서 많이 부딪히는 문제입니다. 여호와를 두려워할 것이냐 사람을 두려워할 것이냐, 그 갈림길에 여러분도 다들 서 보셨죠? 매일은 아니어도 잊을만하면 한 번씩 그 갈림길이 돌아옵니다. 어떠셨어요? 결정이 쉽던가요? 어렵더라도 하나님을 택했을 때 두고두고 보람이 있지 않으셨나요? 아니면, 비겁하게 사람을 택했을 때는 두고두고 부끄럽지 않으셨나요?
　잠언이 정확하게 그 문제를 지적합니다.

"사람을 두려워하면 올무에 걸리게 되거니와 여호와를 의지하는 자는 안전하리라" (잠 29:25)

맞습니다. 사람을 두려워하면 올무에 걸리게 됩니다. 결국 그물에 걸리게 되고 후회하게 됩니다. 물론 잠시는 잘 풀리는 것처럼 느껴질 수 있습니다. 드물게 어떤 사람들은 꽤 오랫동안 별문제 없는 것처럼 살 수도 있습니다. 어떤 개그맨 말처럼 "역시 세상은 조금은 비겁하게 살아야 돼." 하면서 스스로 합리화시키며 살 수도 있습니다. 그런데 비겁한 행동이 몇 번 쌓이다가 결국은 올무에 걸리는 날이 옵니다. 정말 그렇게 아슬아슬하게 살고 싶으신가요? 우리가 두려워할 대상은 하나님이지 사람이 아닙니다.

혹시 하나님을 두려워하라는 것이 구약에만 나오는 원론적인 명령에 불과한 걸까요? 아닙니다. 신약도 마찬가지입니다.

"그러므로 우리가 흔들리지 않는 나라를 받았은즉 은혜를 받자 이로 말미암아 경건함과 두려움으로 하나님을 기쁘시게 섬길지니" (히 12:28)

구원받은 자들은 하나님을 기쁘시게 섬기되 거기엔 경건함(reverence 즉 숭배, 존경)과 두려움(awe)이 있어야 한다고 했습니다. 사실 오늘날 교회에서 너무 은혜만 강조하다 보니까, 하나님께 두려움으로 예배드리고 섬기는 모습이 많이 약해졌습니다. 우리는 은혜의 회복도 필요하지만 하나님에 대한 두려움의 회복이 너무나 필요합니다. 우리가 없애버려야 할 두려움은 세상에 대한 두려움, 사람에 대한 두려움, 실체도 없는 쓸데없는 두려움들이지 결코 하나님에 대한 두려움이 아닙니다!

루터가 말했듯이 우리는 그저 용서받은 죄인들일 뿐입니다. 그런 우리가 감히 우주의 창조자 되시며 모든 생명의 근원 되시는 거룩하신 하나님께 예배드리면서, 모세처럼 발에서 신을 벗거나 베드로처럼 주여 나를 떠나소서 나는 죄인이로소이다라고 매번 고백할 필요는 없지만, 두려움마저 잊고 예배드린다면 그건 진짜 예배가 아닙니다. 그건 그냥 종교 행위일 뿐입니다.

특히 코로나 사태가 끝난 지가 언젠데 아직도 집에서 온라인으로 예배드리는 성도님들이 계신다면 잘 들으셔야 합니다. 하나님은 "모이기를 폐하는 어떤 사람들의 습관과 같이 하지 말"(히 10:25)라고 분명히 말씀하셨습니다. 그런데도 군대나 외국이나 병원에 있는 것도 아니면서 왜 아직 인터넷 설교 듣는 것으로 예배를 대신하시나요?

물론 온라인 예배를 진중하게 드리는 분들도 계실 겁니다. 하지만 혹시 중간에 문자 확인하고 카톡하고 인스타하고 화장실 다녀오시고 물 마시러 냉장고에 다녀오시면서 예배드리고 계신 건 아닌가요? 언제부터 예배에 "피조물 감정"이 사라져 버리신 겁니까? 여러분. 하나님을 두려워하셔야 합니다. 우리 행동을 다 보고 계시는 심판주 하나님을 두려워하셔야 합니다.

혹시 우리는 사랑의 예수님을 믿는 사람들이니 너무 두려움을 강조하지 말라고 하고 싶으신가요? 그러면 혹시 성경이 우리가 서로에 대해 성자 하나님이신 예수님 곧 "그리스도를 두려워하면서(in the fear of Christ)" 피차 복종하라고 말씀하고 있다는 사실은 아시나요?

"그리스도를 경외함으로(in the fear of Christ, NASE) 피차 복종하라" (엡 5:21)

우리의 인간관계 속에는 그 안에 그리스도를 두려워함이 있어야만 한다는 것입니다. 그리스도를 두려워함이 없이는 그 집은 그저 세상의 일반 가정과 다를 바 없고, 그 교회 모임은 그저 세상의 별 의미 없는 종교 행사와 다를 게 없어집니다. 하나님에 대한 두려움 곧 경외는 우리 신앙의 가장 근본적인 부분이며 이게 무너져서는 안 됩니다. 그리고 예수님도 잠언 말씀처럼 사람이 아니라 하나님을 두려워해야 한다고 분명히 명령하셨습니다.

> "몸은 죽여도 영혼은 능히 죽이지 못하는 자들을 두려워하지 말고 오직 몸과 영혼을 능히 지옥에 멸하실 수 있는 이를 두려워하라" (마 10:28)

이 말씀을 무겁게 받아들이시기 바랍니다. 기껏해야 너희 몸을 죽이는 것밖에 못 하는 세상 사람들을 두려워하지 말라는 것입니다. 오직 너희 몸과 영혼을 능히 지옥에 멸하실 수 있는 하나님을 두려워하라는 것입니다.

탈무드에 이런 이야기가 나옵니다. 어떤 랍비가 로마에 갔다가 거리에 나붙은 공고문을 보았는데, 거기 보니까 왕비가 귀한 보석을 잃어버렸습니다. 그런데 그걸 30일 내로 찾아주는 자에겐 큰 상금을 줄 것이지만, 만약 30일이 지난 후에 그 보석을 가지고 있는 사람이 발견되면 그를 즉시 사형에 처할 것이라는 공고였습니다. 그리고 랍비는 얼마 후에 우연히 그 보석을 발견했는데, 그는 31일째 되는 날이 되어서야 왕비에게 갖다 드렸습니다.

왕비가 랍비에게 물었습니다. "당신은 30일 이후에 이걸 가져오는 자에게 어떤 형벌이 있는지 알고 있었는가?" 랍비는 자기도 그 공고를 읽어서 잘 알고 있다고 대답했습니다. 왕비가 또 물었습니다. "그러면 이걸 왜 지금 가져왔는가? 어제까지 가져왔으면 큰 상금을 받았을 텐데, 이제는 사형을 받을 수도 있다."

그러자 랍비가 대답합니다. 자기가 만약 30일 이전에 그 물건을 가져왔다면, 사람들은 자신이 왕비를 두려워하거나 죽음이 두려워서 보석을 돌려주었다고 생각할 것이라는 것이었습니다. 하지만 오늘까지 기다렸다가 보석을 가져온 이유는, 자신이 결코 왕비나 죽음을 두려워하지 않기 때문이라는 거였습니다. 그리고 자기가 유일하게 두려워하는 것은 오직 하나님뿐이라는 사실을 사람들에게 알려주고 싶었다고 했습니다. 정말 대단한 이야기입니다.

여러분. 여러분이 이전에 사람을 두려워하고 살았던 걸 탓할 사람은 아무도 없습니다. 하나님을 몰랐으니 말이죠. 하지만 예수님을 믿고 천국 백성이 되었고 이제 하나님을 아버지라 부르는 주의 자녀들이 되었는데도 여전히 하나님보다 사람을 더 두려워하는 자가 여러분 가운데 있다면, 그건 굉장히 이상한 일입니다. 그리고 큰일 날 일입니다.

우리가 사회생활을 하다 보면, 직장에서 학교에서 일터에서 또 친구들 사이에서 사람과 하나님 중에 어느 하나를 택해야 할 순간이 분명히 옵니다. 명심하세요. 그때 사람을 두려워하지 마세요. 하나님을 두려워하고 경외하며 결정을 내리셔야 합니다.

하나님을 택했다는 이유로 사람에게 밉보이고 사람에게 욕이나 벌을 받게 될 수도 있습니다. 그 욕이나 벌은 달게 받으시기 바랍니다. 주님이 어떤 식으로든 여러분을 구해주실 것이고 피난처가 되어주실 것이고 지혜도 주시고 사람도 보내주실 것입니다.

하지만 일이 그렇게 멋지게 안 풀리고 여러분의 명예와 재산과 경력에 상처만 남아도 괜찮습니다. 그건 영광의 상처 아닙니까? 천국 갔을 때 그 상처 보고 주님이 여러분을 꽉 안아주실 겁니다. 눈에서 눈물도 다 닦아주실 겁니다. 이제 얼마 안 남았습니다. 힘내시기 바랍니다.

결론

두려움은 정신과적으로 크게 두 종류로 나눕니다. 하나는 대상이 없는 두려움이고 또 하나는 대상이 있는 두려움입니다. 대상이 없는 두려움은 불안이라는 말로도 표현합니다. 이건 안 좋은 일이 닥칠 것 같은 막연한 두려움이고, 이건 기독교인이고 아니고를 떠나서 우리 모두에게 해로운 두려움입니다. 당연히 떨쳐버리고 살아야 합니다. 우리는 성경에 365번이나 "두려워하지 말라"는 말씀을 주신 주님을 의지하면서, 말씀과 찬양과 기도를 통해 넉넉하게 이 두려움을 극복할 수 있습니다.

그런데 대상이 있는 두려움도 있습니다. 이게 심각하면 공포라고 부릅니다. 이것도 일반적으로 해로운 것이고, 다양한 방법을 동원해서 벗어나야 합니다. 앞집 개한테 물릴까 봐 항상 공포에 떨었다면 다니는 길을 바꿔야 할 수도 있습니다. 어떤 사람에 대한 공포가 너무 심하면 전문가와의 상담을 통해서라도 그 두려움을 벗어나야 합니다. 그렇지 않으면 그거 힘들어서 어떻게 삽니까?

그런데 성경은 우리가 절대로 떠나면 안 되는 거룩한 두려움이 있다고 말씀하십니다. 그건 바로 거룩하신 여호와를 경외하는 것이고, 우리 주인이신 그리스도를 경외하는 그런 두려움입니다. 이건 해로운 두려움이 아니라 우리에게 꼭 필요한 좋은 두려움입니다. 거룩하신 하나님 앞에서는 우린 모두 자신의 더러움과 죄악을 깨닫고 온몸에 전율을 느끼며 무릎을 꿇게 됩니다. 이 두려움은 소위 "피조물 감정"이라고도 부른다고 아까 말씀드렸습니다.

그런데 여호와를 경외한다는 것은 단순히 피조물 감정을 느끼는 데서 멈추지 않습니다. 하나님은 잠언을 통해서 우리에게 오늘 세 가지 의미를 가르쳐 주셨습니다. 첫째, 여호와를 경외하는 것은 곧 악에서 떠나는 것입니다. 둘째, 여호와를 경외하는 삶은 축복이 약속된 삶입니다. 그리고 셋째, 우리가 두려워할 대상은 여호와 하나님이지 결코 사람이 아닙니다.

여러분. 여러분도 이제는 오직 하나님을 경외하며 사시기를 바랍니다. 악에서는 떠나시고, 약속된 축복도 누리시고, 특히 사람보다 하나님을 두려워하며 사시기를 바랍니다. 세상과 하나님의 갈림길에 서게 될 때, 아까 그 랍비처럼 내가 사람을 두려워하지 않는다는 것을 세상에 보여주시기를 바랍니다.

그것이 갈수록 어두워져 가는 이 세상에서 보석 같은 인생으로 사는 길입니다. 그리고 이 책의 제목과 같이 "어떻게 살 것인가" 하는 우리 모두의 물음에 대한 가장 궁극적인 해답이 될 것입니다. 할렐루야.